ETNOMETODOLOGIA
e EDUCAÇÃO

EDITORA AFILIADA

Coordenador do Conselho Editorial de Educação
Marcos Cezar de Freitas

Conselho Editorial de Educação
José Cerchi Fusari
Marcos Antonio Lorieri
Marli André
Pedro Goergen
Terezinha Azerêdo Rios
Valdemar Sguissardi
Vitor Henrique Paro

Dados Internacionais de Catalogação na Publicação (CIP)
(Câmara Brasileira do Livro, SP, Brasil)

Coulon, Alain
    Etnometodologia e educação / Alain Coulon ; tradução de Ana
Teixeira ; prefácio de Marilia Pontes Sposito. — São Paulo : Cortez,
2017.

    Título original: Ethnométhodologie et education
    Bibliografia
    ISBN: 978-85-249-2552-8

    1. Etnometodologia 2. Sociologia educacional - França I. Sposito,
Marilia Pontes. II. Título.

17-06941   CDD-370.190944

Índices para catálogo sistemático:

1. França : Sociologia educacional : Educação   370.190944

Alain Coulon

ETNOMETODOLOGIA e EDUCAÇÃO

Tradução de
Ana Teixeira
Prefácio de
Marilia Pontes Sposito

Título original: *Ethnométhodologie et education*
Alain Coulon

Capa: de Sign Arte Visual
Preparação de originais: Ana Paula Luccisano
Revisão: Maria de Lourdes de Almeida
Composição: Linea Editora Ltda.
Coordenação editorial: Danilo A. Q. Morales

Nenhuma parte desta obra pode ser reproduzida ou duplicada sem autorização expressa do autor e do editor.

© 2017 by Autor

Direitos para esta edição
CORTEZ EDITORA
R. Monte Alegre, 1074 — Perdizes
05014-001 — São Paulo-SP
Tels. +55 11 3864-0111 / 3611-9616
cortez@cortezeditora.com.br
www.cortezeditora.com.br

Impresso no Brasil — setembro de 2017

SUMÁRIO

PREFÁCIO 13
Marília Pontes Sposito

INTRODUÇÃO 19

Capítulo I
A INVERSÃO ETNOMETODOLÓGICA

1. RACIOCÍNIO DE SENSO COMUM E RACIOCÍNIO CIENTÍFICO 22
    O raciocínio sociológico prático 24
    O motorista de táxi não é um cartógrafo 24
    O ator social não é um idiota cultural 26
    É necessário considerar os fatos sociais como ações práticas.... 26
    Os procedimentos interpretativos do ator social 27

2. A RACIONALIDADE DO ATOR 31
    Garfinkel *versus* Parsons 32
    Estrutura social e personalidade 33

3. PARADIGMA NORMATIVO E PARADIGMA INTERPRETATIVO 36

O paradigma normativo 36

O paradigma interpretativo 37

As implicações metodológicas dessa dualidade 38

Capítulo 2
UMA ABORDAGEM MICROSSOCIAL DOS FENÔMENOS SOCIAIS

1. A CRÍTICA FEITA PELAS SOCIOLOGIAS DA VIDA COTIDIANA À MACROSSOCIOLOGIA 43

Estudar as interações em seu meio natural 43

Uma crítica radical 44

2. ESTRUTURA SOCIAL E INTERAÇÃO SOCIAL 46

A ordem social é cognitiva 46

Uma nova definição do problema 47

O entrelaçamento entre o micro e o macro 48

3. ANÁLISE DA CONVERSAÇÃO: UMA ABORDAGEM MACROSSOCIOLÓGICA? 49

A competência social de membro de uma sociedade se
manifesta na linguagem 51

A trama entre micro e macro segundo E. Schegloff 52

A "reparação" 53

Os homens interrompem as mulheres? 54

Entre o micro e o macro: o contexto 55

A conversa é produzida pelos indivíduos, mas é exterior
a eles 56

4. EM DIREÇÃO A UMA INTEGRAÇÃO MICRO-MACRO 56

O indispensável, mas difícil diálogo entre micro-macro 57

A integração dos dois níveis nos quadros sociais cotidianos.. 58

A mobilidade social é um duplo fenômeno 59

O "modelo interativo" 61

5. DIFERENÇAS DE MÉTODOS 62

Descrever: um imperativo 62

Uma etnografia semiológica 63

As categorias descritas constituem tanto recursos
como temas 64

Ver, enfim, aquilo que não é observado 66

Capítulo 3
AS PERSPECTIVAS INTERACIONISTAS EM EDUCAÇÃO

1. O INTERACIONISMO SIMBÓLICO 69

A natureza simbólica da vida social 72

Uma ecologia social? 74

Duas versões concorrentes 75

2. A PRIMEIRA PESQUISA INTERACIONISTA EM EDUCAÇÃO 77

A cultura específica da infância 78

O conflito professor-aluno 81

A definição de situações novas 83

A resistência à escola 84

3. AS NOÇÕES DE "PERSPECTIVA" E DE "CULTURA ESTUDANTIL" EM UMA ORGANIZAÇÃO 86

A noção de perspectiva 86

A "cultura estudantil" 89

4. A ESCOLA INTERACIONISTA INGLESA 90

Participar para observar 90

Seis conceitos principais 95

O ingresso numa nova turma 96

A negociação do trabalho escolar 98

O aluno e sua carreira 100

A resistência da classe operária 102

Pesquisadores e práticos 106

5. A "NOVA SOCIOLOGIA DA EDUCAÇÃO" 108

A "Nova Sociologia da Educação" nasce a partir de uma
crítica à "antiga" 109

A primeira fase da "Nova Sociologia da Educação" 111

As críticas dirigidas a "Nova Sociologia da Educação" 112

A segunda fase da "Nova Sociologia da Educação" 113

6. A TEORIA DOS RÓTULOS 114

A teoria geral dos rótulos 114

A rotulação na escola 117

O fim da segregação racial na escola? 123

Capítulo 4
OS TRABALHOS DE INSPIRAÇÃO ETNOMETODOLÓGICA EM EDUCAÇÃO

1. OS PRINCÍPIOS REGULADORES DA ETNOMETODOLOGIA NO CAMPO DA EDUCAÇÃO 128

   A "estruturação da estrutura escolar" 129

   As pesquisas de campo convencionais 130

   A etnografia constitutiva e a microetnografia da sala de aula .. 131

2. ESCOLHAS METODOLÓGICAS E DISPOSITIVOS PRÁTICOS 133

   A descrição etnográfica 133

   A "trilha" etnográfica 135

3. OS QUADROS DA ORIENTAÇÃO E SELEÇÃO DOS ALUNOS 137

   Avaliar as práticas de avaliação e classificação 138

   Mobilidade social de concorrência e mobilidade social de
   apadrinhamento 141

4. A ETNOGRAFIA CONSTITUTIVA NA SALA DE AULA 143

   Os marcadores escolares de competência 145

   Interações e aprendizagens 147

   Classificação escolar e classes sociais 149

5. ESTUDOS CONSTITUTIVOS DA SELEÇÃO ESCOLAR 151

   O tratamento da "deficiência" escolar 151

   Os testes e os exames 155

   As entrevistas de orientação 157

   Etnicidade e diferenças culturais 162

   O nível da organização e da instituição 166

6. A SOCIALIZAÇÃO DA CRIANÇA E AS PRÁTICAS ESCOLARES 169

7. O OFÍCIO DE ESTUDANTE 172

8. CONCLUSÃO 178

CAPÍTULO 5
REPRODUÇÃO E AFILIAÇÃO

1. REPRODUÇÃO E *HABITUS* 179

   O *habitus* 180

   Um estruturalismo construtivista 184

   Habitus e aprendizagem 185

2. A AFILIAÇÃO 188

   A noção de membro 190

   As evidências 193

   A competência 195

   A afiliação 198

Capítulo 6
SEGUIR UMA REGRA

1. NORMAS E REGRAS 203

   As regras governam nossas ações 203

   A utilização da regra 204

   Do recurso implícito ao objeto sociológico de pesquisa 207

   Como seguimos as instruções? 208

2. O MÉTODO DOCUMENTAL DE INTERPRETAÇÃO 212

Todo código é incompleto 212

Como tornar a realidade social compreensível? 213

Uma experimentação 214

3. A FORÇA DA REGRA 217

Uma regra "corresponde" a quê? 219

Seguir uma regra é uma prática 222

Aprendizagem e afiliação 226

A "praticalidade" da regra 229

A construção social da regra 231

As propriedades adormecidas das regras 232

BIBLIOGRAFIA 237

ÍNDICE ONOMÁSTICO 259

SOBRE O AUTOR 264

PREFÁCIO

O CONTEXTO E O TEXTO

Há 20 anos, Alain Coulon lançava no Brasil a primeira edição de *Etnometodologia e educação*. A relevância e a oportunidade de uma segunda edição que somente agora, após 20 anos, vem a público, se exprimem por dois aspectos indissociáveis.

O primeiro diz respeito ao ambiente intelectual e à produção acadêmica no interior da Sociologia da educação no Brasil: o contexto.[1] O segundo, igualmente importante, diz respeito à qualidade do trabalho empreendido pelo autor: o texto.

Se a escola ocupou lugar central no pensamento sociológico no exame da reprodução social e dos processos socializadores, o modo como essa instituição foi concebida mudou no interior das orientações teóricas ao longo do tempo. No Brasil, o nascimento da reflexão sociológica sobre a educação foi amplamente ancorado na perspectiva

---

1. Desenvolvi essas ideias em dois artigos: "Uma perspectiva não escolar no estudo sociológico da escola", em *Sociologia da Educação. Pesquisa e realidade brasileira*. Petrópolis, Vozes, 2. edição, 2011; o segundo tem como título "A Sociologia e a vida cotidiana: a contribuição pioneira de José de Souza Martins", em Fraya Frehse, (org.). *A Sociologia Enraizada de José de Souza Martins*. São Paulo (no prelo).

de Durkheim e sistematizado por Fernando de Azevedo, em seus trabalhos dos anos 1940.

O imediato pós-guerra, sobretudo durante a década de 1950 e início de 1960, marca a forte presença dos estudos funcionalistas sobre a educação escolar, em especial de Talcott Parsons. Em busca dos fundamentos capazes de tornar possível uma nova ordem social, a análise da realidade escolar foi realizada procurando compreender as possíveis variáveis que estariam condicionando o seu funcionamento.

Em 1955, ao fazer um balanço da Sociologia da educação, Antonio Candido tratava da retração de outros temas diante da evidente importância do estudo da escola, traduzido, nesse momento, por uma demanda de conhecimento da própria instituição, diante da ausência de investigações sobre as situações de ensino.

No artigo de 1956 — "A estrutura da escola" —, Candido[2] abre perspectivas para um conjunto de investigações, ao se apropriar da designação de Florian Znaniecki, considerando a escola como grupo social instituído. Assim, propõe um esquema analítico de estudo da escola a partir da imbricação de duas orientações: parte da vida escolar seria determinada por grupos externos a ela mesma e, sob esse ponto de vista, seria relevante o estudo dos componentes burocráticos dos sistemas escolares, derivados da ação do Estado que exprimia novas formas da racionalidade da sociedade moderna opostas à dominação tradicional, na acepção de Max Weber. Por outro lado, parte da vida escolar estaria definida pelos padrões de sua sociabilidade interna que demandariam, assim, esforço sociológico para a sua compreensão.

A partir dos anos 1970, a Sociologia da educação no Brasil esteve, em grande parte, sujeita à conjuntura política — que estreitava as possibilidades de ação da sociedade e sua interferência junto aos aparelhos de Estado — e submetida a certa compreensão do marxismo a partir de uma leitura althusseriana das relações entre educação, sociedade e Estado, consagrada nos denominados aparelhos ideológicos estatais.

---

2. Antonio Candido. A estrutura da escola. In: PEREIRA, Luiz; FORACCHI, Marialice M. *Educação e sociedade*. São Paulo, Editora Nacional, 1987.

As insuficiências dessas formulações apareciam para muitos pesquisadores, inspirados em Thompson, que consideravam como desafio passar de um modo de produção altamente abstrato para as determinações históricas como o exercício de pressões, como uma lógica do processo.[3]

Nesse escopo, a vida do homem comum e suas formas de conhecimento afiguram-se como centrais para a compreensão da realidade social. As dificuldades da tradição sociológica em relação ao homem comum e sua consciência não são pequenas. Duas fortes tradições sociológicas, tanto o positivismo como a tradição dialética, desconfiaram do senso comum, como afirma José de Souza Martins, porque seria

> [...] banal, destituído de verdade. Na perspectiva erudita o senso comum é desqualificado porque banal, privado de verdade, fonte de equívocos e distorções. Do lado do positivismo seria preciso estabelecer a crítica e a revisão da ideia de que só o fato desprovido de vida é social. Do lado da dialética conduz à revisão da ideia de que só a conversão consciente ao projeto revolucionário pode revolucionar a vida.[4]

A partir de meados dos anos 1980, verificou-se um movimento de diversificação teórica, semelhante ao observado em alguns países da Europa dos quais a reflexão brasileira sempre esteve muito próxima, especialmente França e Inglaterra. Com o nascimento da Nova Sociologia da Educação na Inglaterra por meio dos estudos sobre o currículo e linguagem desenvolvidos por Michael Young e Basil Bernstein, no início dos anos 1970, e com a diversificação teórica dos anos 1980, pela incorporação das perspectivas interacionistas e etnográficas, o interesse pela instituição escolar permanece. A influência de duas autoras mexicanas, Elsie Rockwell e Justa Ezpeleta, também foi bastante significativa nos anos 1980 com o estudo do cotidiano escolar sob uma perspectiva etnográfica.

---

3. Edward Thompson, *A miséria da teoria*, Rio de Janeiro, Zahar, 1981.

4. Martins, José de Souza, *A sociabilidade do homem simples*, São Paulo, Hucitec, 2000, 57 p.

A partir desse momento, alguns pesquisadores brasileiros entram em contato com a riqueza e a diversidade das correntes fenomenológicas que trataram do conhecimento do homem comum.

A leitura de autores como Alfred Schütz, Erving Goffman, Peter Berger e Thomas Luckmann abriu, para muitos, o leque de perspectivas teóricas. Nesse contexto é lançado para o público brasileiro, nos anos 1990, o trabalho de Alain Coulon que retoma essa tradição sob a perspectiva de Harold Garfinkel e, ao mesmo tempo, apresenta de modo inédito e original as contribuições da etnometodologia para o estudo dos fenômenos educativos.

A segunda edição do livro *Etnometodologia e educação*, após 20 anos, continua a preencher lacunas importantes nos estudos da Sociologia da educação desenvolvidos no Brasil. O texto apresenta inúmeras qualidades, dentre as quais destaco apenas algumas.

Em primeiro lugar, *o ineditismo*, ao apresentar ao leitor, de modo rigoroso, um intelectual pouco lido em meios acadêmicos brasileiros: Harold Garfinkel. Além de situar a obra desse autor nas abordagens fenomenológicas e interacionistas, Alain Coulon traz para o leitor o aporte específico da etnometodologia que se ocupa da descrição e análise dos procedimentos que os indivíduos utilizam para levar a cabo suas ações habituais. Assim, restitui em seu trabalho a importância do senso comum e situa a problemática da etnometodologia no interior "das relações entre conhecimento leigo do mundo social pelos indivíduos comuns e o conhecimento erudito construído pelos sociólogos a partir desse conhecimento".

Em segundo lugar, aponto a discussão que Coulon realiza sobre *a integração possível e necessária entre as escalas de análise: micro e macro*. Durante algum tempo, a adoção de novas referências teóricas que privilegiaram a adoção de orientações próximas da microssociologia suscitou, também, algumas críticas diante das evidentes dificuldades de articulação dessas perspectivas voltadas para o estudo minucioso da instituição escolar com processos mais amplos de natureza estrutural. Recorrendo às suas palavras: "O nível micro não se absorve inteiramente no nível macro, do mesmo modo que o macro não pode

ETNOMETODOLOGIA E EDUCAÇÃO

ser reduzido à soma dos fenômenos e acontecimentos observados em âmbito micro". Ao enfrentar essa espinhosa e difícil questão, Alain Coulon apresenta com rigor sua perspectiva, evidenciando a importância dos contextos e a análise da conversação para a compreensão da vida social.

Em terceiro lugar, destaco a riqueza das suas contribuições sobre as implicações dos estudos interacionistas e, especialmente, da etnometodologia para o estudo dos fenômenos educativos. De acordo com o autor, "para que a explicação e interpretação sejam possíveis, é preciso, antes de tudo, observar e descrever. Isso pressupõe que nos tornemos testemunhas diretas dos fenômenos que são tomados como objeto". Os estudos desenvolvidos por essas abordagens buscam evidenciar, mais do que as desigualdades escolares já realizadas, os processos ativos e cotidianos que as constituem.

Finalmente, *the last but not the least*, situo a originalidade com que traz duas noções importantes para a pesquisa em Sociologia da educação e vida escolar: *afiliação* e *regra*. A *afiliação* é para Coulon uma categoria que poderá completar a noção de *habitus* desenvolvida por Pierre Bourdieu. Examina, para tanto, as análises que marcaram a ruptura com a noção de *membro* cunhada pelo funcionalismo parsoniano, recorrendo às formulações de Howard Becker e David Matza para situar sua perspectiva e o modo como ela opera no estudo sobre os estudantes universitários.

Integrada à ideia de *afiliação* aparece, como decorrência, a categoria *regra*, uma vez que os processos que possibilitam a *afiliação* estão vinculados à capacidade dos atores de seguir as regras dos novos universos a que se integram. Mas a ideia de adesão às regras está ancorada em autores do campo da fenomenologia, da etnometodologia e da filosofia analítica. Para essas tradições teóricas, afirma Coulon,

> [...] os indivíduos descobrem a extensão e aplicação das regras no próprio momento em que as põem em prática. Não chegaram a interiorizá-las, antes de serem utilizadas concretamente, nem conhecem seu modo

de emprego, como é perfeitamente ilustrado pela impossibilidade de predizer um comportamento a partir exclusivamente da existência de uma regra".

As reflexões desenvolvidas por Alain Coulon constituem elementos fundamentais para a formação dos pesquisadores na área da Sociologia da educação. Independentemente das filiações teóricas, certos textos são de leitura obrigatória porque alargam nossa compreensão do campo de estudos e solidificam a nossa formação. *Etnometodologia e educação* integra esse seleto conjunto.

Marilia Pontes Sposito
Junho de 2015

INTRODUÇÃO

Ao longo dos anos 1970, novas correntes de investigação em Sociologia da educação se desenvolveram nos Estados Unidos e, em menor escala, na Inglaterra. Se há alguns anos, no plano teórico, essas correntes eram desconhecidas na França, atualmente elas já ganharam mais visibilidade, e colocam em questão várias pesquisas realizadas anteriormente nesse campo de estudo. Essas questões são fundamentais na medida em que as teorias que as inspiraram nos direcionam a uma visão diferente do mundo social e a uma prática distinta da Sociologia, evidenciando outra inteligência do social.[1]

Portanto, esta obra persegue vários objetivos. Trata-se, em primeiro lugar, de mostrar em que as abordagens sociológicas conhecidas como etnometodologia e interacionismo são capazes de impactar a pesquisa francesa sobre os fenômenos educativos, tanto no que se refere aos métodos de investigação que adotam, quanto ao pano de fundo teórico em que se sustentam.

É por isso que apresento, inicialmente, as diferentes concepções interacionistas e etnometodológicas, tentando mostrar as linhas de

---

1. No campo da sociologia geral podemos nos reportar a obra de Jean-Michel Berthelot, *L'intelligence du social*, Paris, PUF, 1990, 249 p.; ver também Jean-Michel Berthelot, *La construction de la sociologie*, Paris, PUF ("Que sais-je?", n. 2602), 1991, 128 p.

ruptura que essas correntes provocam na Sociologia da educação "tradicional". Assim, indico a inversão paradigmática a que assistimos no campo da Sociologia quando se adota uma abordagem etnometodológica. Entretanto, não apresento novamente a gênese da etnometodologia, seus conceitos e os seus campos de aplicação. Para ter acesso a esses conteúdos o leitor poderá, eventualmente, consultar minha obra de introdução à etnometodologia.[2] Em contrapartida, apresento uma série de considerações que nos parecem essenciais ao exercício concreto da etnometodologia, por exemplo, a distinção necessária entre o raciocínio do indivíduo de senso comum e o esforço de objetivação do sociólogo. Além disso, as concepções teóricas da etnometodologia e do interacionismo implicam uma concepção específica da pesquisa de campo, cujos métodos se inscrevem numa microssociologia cujas características vou apresentar.

Num segundo momento, exponho as principais orientações da Sociologia interacionista e da Sociologia etnometodológica no campo da educação, mostrando como essas considerações teóricas foram colocadas concretamente em prática na realização de pesquisas de campo, essencialmente nos Estados Unidos e na Inglaterra. Indico, igualmente, de modo resumido, o uso que fiz desses princípios na investigação que conduzi sobre os processos de afiliação dos novos estudantes quando ingressam na universidade, mostrando como fui levado a desenvolver o conceito de afiliação, no prolongamento da noção *habitus* de Pierre Bourdieu e de membro formulada por Harold Garfinkel.

Finalmente, para concluir, convido o leitor a refletir sobre a noção de regra, que deveria ser um conceito essencial da pesquisa em educação, na medida em que está no coração dos processos de aprendizagem.

---

2. Alain Coulon, *Etnometodologia*, Petrópolis, Rio de Janeiro: Vozes, 1995, 134 p.

CAPÍTULO I
A INVERSÃO ETNOMETODOLÓGICA

O termo "etnometodologia" não deve ser entendido como uma metodologia específica da etnologia, nem como uma nova abordagem metodológica da Sociologia. A originalidade da etnometodologia está em sua concepção teórica dos fenômenos sociais. O projeto científico da etnometodologia é analisar os métodos ou os procedimentos que os indivíduos utilizam para concretizar as diferentes ações que realizam na sua vida cotidiana. É a análise "das maneiras de fazer" triviais que os atores sociais comuns mobilizam a fim de realizar as suas ações frequentes. Essa metodologia do senso comum — constituída pelo conjunto do que chamaremos de etnométodos — que os membros de uma sociedade ou de um grupo social utilizam de maneira banal, mas engenhosa para viver juntos, constitui o *corpus* da investigação etnometodológica. A etnometodologia é, portanto, definida como a "ciência" dos "etnométodos", ou seja, dos procedimentos que constituem aquilo que Harold Garfinkel, o fundador da corrente e o "inventor" da palavra, chama de "raciocínio sociológico prático".[1]

---

1. Harold Garfinkel, nascido em 29 de outubro de 1917 em Newark, próximo de Nova York, é um grande expoente da sociologia americana. Fez seus estudos em Newark e, depois

Essa definição de etnometodologia que indico aqui provoca, evidentemente, certo número de questões essenciais que devem ser examinadas. De modo particular, a problemática etnometodológica nos obriga a reexaminar as relações entre o conhecimento do senso comum que os indivíduos comuns têm do mundo social e o conhecimento científico construído pelos sociólogos a partir desses conhecimentos de senso comum.

1. RACIOCÍNIO DE SENSO COMUM E RACIOCÍNIO CIENTÍFICO

Desde as primeiras linhas do primeiro capítulo de *Studies*,[2] H. Garfinkel indica que seus estudos:

> [...] tratam das atividades práticas, as circunstâncias práticas, e o raciocínio sociológico prático, como objetos de estudo empírico. Atribuindo às atividades banais da vida cotidiana a mesma atenção que se atribui habitualmente aos acontecimentos extraordinários, procura-se apreendê-los como fenômenos de pleno direito.

O interesse essencial das ideias de H. Garfinkel reside, com efeito, no estudo das atividades práticas, em especial do raciocínio prático, seja ele profissional ou de senso comum. Mostrando que

---

na Universidade da Carolina do Norte, onde, em 1942, tornou-se Mestre em sociologia. Em 1946 iniciou o doutorado que seria concluído em 1952, sob a orientação de Talcott Parsons em Harvard (sob o título *"The Perception of the Other*: A Study in Social Order, Ph.D., Harvard University, junho 1952, 602 p., anexos, bibliografia, 12 p.). Em 1954, torna-se professor do departamento de sociologia da Universidade da Califórnia em Los Angeles (UCLA), onde construiu toda sua carreira. Em 1988, tornou-se professor emérito da UCLA e permaneceu ativo em suas produções até seu falecimento em 21 de abril de 2011.

2. Harold Garfinkel, *Studies in Ethnomethodology*, Englewood Cliffs, NJ, Prentice-Hall, 1967, 2e éd. Cambridge (G-B.), Polity Press, 1984, 288 p. A partir desse ponto do texto esta obra será identificada como *Studies*. Sua tradução para o francês foi tardia, pois ocorreu apenas em setembro de 2007, ou seja, 40 anos depois da publicação da obra original: *Recherches en ethnométhodologie*, Paris, PUF ("Quadrige"), 2007.

os procedimentos do raciocínio do senso comum são idênticos àqueles que presidem a atividade científica — incluindo aqueles da Sociologia —, H. Garfinkel supõe, ao mesmo tempo, que o corte epistemológico entre conhecimento prático e conhecimento científico não é o problema fundamental a ser resolvido pela Sociologia. Na verdade, não há diferença de natureza entre os procedimentos que os membros de uma sociedade utilizam para viver juntos, num arranjo institucional permanente, e os procedimentos de pesquisa adotados pelos sociólogos.

> De um ponto de vista etnometodológico, a maioria dos sociólogos não vê a evidência das origens do seu trabalho: a cientificidade da Sociologia começa pela compreensão da vida cotidiana, tal como se manifesta através das ações práticas dos atores. A produção de uma visibilidade do social passa, portanto, por uma objetivação que não é monopólio da atividade científica. De acordo com Albert Ogien,[3] a Sociologia de H. Garfinkel "institui-se sobre o reconhecimento da capacidade reflexiva e interpretativa própria de qualquer ator social" (p. 62).

O modo de conhecimento prático, é

> [...] esta faculdade de interpretação que qualquer indivíduo, cientista ou não, possui e coloca em funcionamento na rotina das suas atividades práticas diárias. [...] Procedimento regido pelo senso comum, a interpretação é colocada como inseparável da ação e igualmente compartilhada pelo conjunto dos atores sociais. [...] O modo de conhecimento científico não se distingue em nada do modo de conhecimento prático quando se considera que são confrontados a um problema de elucidação similar: nenhum dos dois pode ocorrer fora do conhecimento "de uma linguagem natural" e sem colocar em jogo uma série de propriedades indexicais que lhes são referentes (ibid., p. 70).

---

3. Albert Ogien, *Positivité de la pratique. L'intervention en psychiatrie comme argumentation*, tese de doutorado, Universidade Paris 8, 1984, 339 p. Outra obra a ser consultada e parcialmente extraída dessa tese é: Albert Ogien, *Le raisonnement psychiatrique*, Paris, Méridiens-Klincksieck, 1989, 274 p.

O raciocínio sociológico prático

Se os atores produzem a objetivação, isso implica dizer que a forma de conhecimento científico não tem o monopólio da objetivação. A etnometodologia vai, por conseguinte, sustentar que a atividade científica, como um conjunto de operações que são idênticas àquelas que os atores comuns utilizam, é produto de um modo de conhecimento prático, que pode se tornar, ele mesmo, um objeto de investigação da Sociologia e ser, por sua vez, interrogado cientificamente. Os etnometodólogos — e está aí toda sua dívida em relação à fenomenologia — consideram o mundo como um objeto de percepções e ações do senso comum.

O objetivo da etnometodologia é a pesquisa empírica dos métodos que os indivíduos utilizam para dar sentido, e ao mesmo tempo concretizar, suas ações cotidianas: comunicar, tomar decisões, raciocinar. Para os etnometodólogos, a Sociologia será, então, o estudo dessas atividades do dia a dia, quer sejam corriqueiras ou científicas, tendo em vista que a Sociologia, em si mesma, deve ser considerada uma atividade cotidiana comum.

Como destaca George Psathas, (1980)[4] a etnometodologia se apresenta como: "Uma prática social reflexiva que procura explicar os métodos de todas as práticas sociais, incluindo as suas próprias". (p. 3)

O motorista de táxi não é um cartógrafo

Contudo, a grande atenção atribuída ao ator, como sujeito, não implica, de modo algum, o abandono da atitude científica que é, ao contrário, claramente reivindicada por H. Garfinkel em sua tese, desde 1952.[5] Levar

---

4. George Psathas, "Approaches to the Study of the World of Everyday Life", *Human Studies*, 3, 1980, p. 3-17.

5. Harold Garfinkel. *The Perception of the Other: A Study in Social Order*, op. cit.

em consideração a subjetividade não provoca uma confusão entre o ator real e o ator construído, nem entre a descrição do objeto pelo sociólogo e aquela do mesmo objeto por qualquer outro ator social.

As pessoas empíricas do sociólogo — os seus policiais, seus pais, suas crianças, seus compatriotas irlandeses, seus Trobiandeses — são objetos sociológicos e não objetos da vida cotidiana. Para um cartógrafo, a cidade de Boston é descrita por um mapa de Boston, [...] o objeto Boston construído através de procedimentos cartográficos e não através de um consenso das concepções que os motoristas de táxi têm sobre Boston [...]. Não se elabora um retrato científico do traçado de Boston consultando os motoristas de táxi. (1952, p. 223-224).

A posição de H. Garfinkel é, portanto, clara, e o programa científico da etnometodologia não consiste, contrariamente ao que indica, por exemplo, P. Bourdieu (1987, p.148)[6], em um "resumo dos resumos dos atores". A questão é saber como os atores produzem os seus mundos, quais as regras que ordenam esses mundos e seus julgamentos. De fato, se o sociólogo efetua, necessariamente, um trabalho de objetivação a fim de transformar os seus objetos empíricos em objetos sociológicos, o ator social também faz um trabalho semelhante a fim de interpretar o mundo que o cerca e, assim, realizar as suas ações.

A etnometodologia encontrou uma de suas origens teóricas na fenomenologia. Nas primeiras pesquisas de H. Garfinkel, a influência das ideias de Schütz e Husserl é evidente. H. Garfinkel agradece a Schütz por ter permitido aos sociólogos "estudar a atitude natural e o mundo do senso comum como fenômenos problemáticos"(H. Garfinkel, 1963, p. 238)[7].

Tomando emprestado de Schütz a hipótese da cláusula "et caetera", bem como "a tese geral da reciprocidade das perspectivas",

---

6. Pierre Bourdieu, *Coisas ditas*, São Paulo: Brasiliense, 1987, 2004, 2009.

7. Harold Garfinkel, "A Conception of, and Experiments with, "Trust" as a Condition of Stable Concerted Actions", p. 187-238, in O. J. Harvey (ed.), *Motivation and Social Interaction, Cognitive Determinants*, New York, Ronald Press, 1963, 332 p.

Garfinkel descreve as determinações que se vinculam a um acontecimento banal da vida diária e constata que as características desse acontecimento "são vistas sem ser observadas" pelos atores que, contudo, supõem constantemente a sua existência e compartilham a visão "de um mundo evidente". O sociólogo deve "perseguir" essas características porque a atitude natural permite aos indivíduos transformar facilmente a estranheza em familiaridade. Esses são, de acordo com H. Garfinkel, traços invariantes da vida cotidiana.

O ator social não é um idiota cultural

A Sociologia defende que, em certa medida, a realidade social existe independentemente das investigações em que é tomada como objeto. De acordo com H. Garfinkel, essa é a razão pela qual os estudos sociológicos descobrem, sobretudo, "coisas razoáveis" e produzem "trabalho documental" (*Studies*, p. 99-100). De acordo com a Sociologia, o sentido das ações dos membros apenas seria acessível ao sociólogo profissional. Assim, o sociólogo cientista trata o ator social de acordo com a fórmula de H. Garfinkel, ou seja, como "um idiota cultural, que produz a estabilidade da sociedade agindo em conformidade com alternativas de ação preestabelecidas e legítimas que a cultura lhe fornece".

Até o presente, os sociólogos têm "sobressocializado" o comportamento dos atores e suas hipóteses sobre a internalização das normas, provocando condutas "automáticas" e impensadas, o que não explica o modo como os atores percebem e interpretam o mundo, reconhecem o familiar, constroem o aceitável, da mesma forma que não explica como as regras organizam, concretamente, as interações.

É necessário considerar os fatos sociais como ações práticas

Segundo H. Garfinkel, é a razão pela qual os fatos sociais não nos são impostos como uma realidade objetiva, contrariamente ao que afirma Durkheim: é necessário considerar os fatos sociais não como coisas, mas como ações práticas. Entre uma regra, uma instrução, uma norma social e a sua aplicação pelos indivíduos, se estabelece um imenso campo de contingências gerado pela prática, que nunca é pura aplicação ou simples imitação de modelos preestabelecidos. O fato social não é objeto estável, é o produto da atividade contínua dos homens, que colocam em ação o saber-fazer, os procedimentos, as regras de conduta, isto é, uma metodologia do senso comum que dá sentidos a essas atividades e cuja análise constitui, de acordo com H. Garfinkel, a verdadeira tarefa do sociólogo: "Os estudos etnometodológicos analisam as atividades de todos os dias como métodos que os membros utilizam para tornar essas mesmas atividades visivelmente racionais e relacionadas a todos os fins práticos, ou seja, descritíveis" (*Studies*, p. vii)[8].

Os procedimentos interpretativos do ator social

Aaron Cicourel,[9] por sua vez, evidenciou certo número de propriedades daquilo que chamou de "procedimentos interpretativos". Por esse termo ele designa o que H. Garfinkel já tinha chamado de "raciocínio sociológico prático".[10]

Após ter apresentado as principais correntes da investigação linguística sobre o papel da linguagem na socialização da criança, em

---

8. Encontramos uma ilustração desses princípios no notável trabalho de campo realizado por Renaud Dulong e Patrícia Paperman: *La réputation des cités HLM. Enquête sur le langage de l'insécurité*, Paris, Éditions L'Harmattan, 1992, 236 p.

9. Aaron Cicourel, The Acquisition of Social Structure: Toward a Developmental Sociology of Language and Meaning, chap. 6, p. 136-168, in Jack D. Douglas, *Understanding Everyday Life*: Toward the Reconstruction of Sociological Knowledge, Chicago, Aldine Publishing Company, 1970, 358 p.

10. A. Cicourel ao referir-se muito frequentemente neste texto aos trabalhos de H. Garfinkel, nem sempre deixa clara a paternidade das ideias que ele avança, indicando que elas provêm, às vezes todas duas, dos trabalhos de Schütz. Apesar disso o texto de A. Cicourel conserva o seu interesse na medida em que constitui uma tentativa de síntese.

especial no processo de internalização das normas sociais, A. Cicourel se propôs a estudar, a partir dos trabalhos etnometodológicos de H. Garfinkel, as proibições e as obrigações que balizam a vida cotidiana, que chama de "regras de superfície". Trata-se de estudar a forma como os indivíduos, no seu raciocínio prático diário, ou ainda nas suas atividades científicas,

> [...] utilizam procedimentos interpretativos para reconhecer a pertinência das regras de superfície e convertê-las em comportamento prático imposto (p. 145).

Ora, não existem regras para dizer à criança ou ao adulto como essa articulação deve ser encontrada. Considerando que os indivíduos adquirem a competência necessária para dar um sentido ao seu ambiente, os procedimentos interpretativos devem, então, possuir propriedades invariantes do raciocínio prático. Os procedimentos de interpretação dos indivíduos permitem dar um sentido "às regras de superfície", que são antes de tudo "uma estrutura aberta" que tem "um horizonte" de significações possíveis. Assim, à maneira da linguística chomskiana, a estrutura social seria "generativa". A. Cicourel propõe caracterizar os procedimentos interpretativos através das seguintes propriedades:

a) *A reciprocidade das perspectivas*: A. Cicourel retoma aqui as ideias de Schütz sobre o caráter intercambiável dos pontos de vista e a conformidade do sistema de pertinência, duas idealizações que, articuladas, formam "a tese geral da reciprocidade das perspectivas".[11]

b) *A hipótese da cláusula "et caetera"*: contudo, essa reciprocidade das perspectivas não é suficiente para que dois atores se compreendam. É necessário também que eles compartilhem uma compreensão comum das trocas que realizam. A cláusula "et caetera" que os atores utilizam permanentemente conforme seu conhecimento, permite-lhes

---

11. Sobre Schütz, podemos nos reportar, em francês, a seleção de artigos reunidos em: Alfred Schütz, *Le Chercheur et le quotidien*, Paris, Méridiens-Klincksieck, 1987, 286 p.

apreender o significado dos acontecimentos, apesar do seu caráter vago ou de sua ambiguidade. Ela os autoriza a considerar certas descrições como adequadas. De acordo com A. Cicourel, essa propriedade que é utilizada no decorrer das trocas entre atores não implica dizer que exista, previamente, um consenso entre os dois interlocutores. O acordo é feito ao longo da interação, como uma consequência da aplicação da cláusula "et caetera", que "revela" que o locutor e o ouvinte aceitam tacitamente, e assumem juntos, a existência de significados e de compreensões comuns, seja o conteúdo das suas descrições evidente ou não para eles. Evidencia-se, então, que existe um saber comum socialmente distribuído.

c) *As formas normais*: as duas características precedentes supõem que existem "formas normais" de expressão, às quais os membros se referem para dar sentido ao seu ambiente. A "dissonância" produzida durante uma troca verbal é superada à medida que os atores lançam mão das formas de normalidade. Assim, eles manifestam sua competência de membros que, de acordo com a expressão de H. Garfinkel, "sabem o que todo mundo sabe".

d) *O caráter prospectivo-retrospectivo dos acontecimentos*: a conversação comum está cheia desses momentos em que se deve esperar o aparecimento de um enunciado específico para dar sentido, de forma retrospectiva, ao que tenha sido dito anteriormente. Essa propriedade permite tanto ao locutor como ao ouvinte manter o sentido da estrutura social, apesar das suas incompreensões momentâneas ou das suas dúvidas. A. Cicourel definiu num outro texto[12] essa propriedade:

> Expressões vagas, ambíguas ou truncadas, são identificadas pelos membros, que atribuem a elas significações contextuais e transcontextuais, graças ao caráter retrospectivo-prospectivo dos acontecimentos que estas expressões descrevem. Os enunciados presentes nos fatos descritos, que contêm nuances ambíguas ou previsíveis, podem ser

---

12. Aaron Cicourel, *Cognitive Sociology*: Language and Meaning in Social Interaction, New York, Free Press, 1972, 191 p.; tr. fr., *La Sociologie cognitive*, Paris, PUF, 1979, 239 p.

examinados prospectivamente pelo locutor-ouvinte nos seus sentidos potenciais futuros, supondo, assim, que a integralidade das significações e das intenções presentes se manifestarão num momento posterior. Ou comentários realizados anteriormente podem, de repente, clarificar enunciados presentes. Os princípios de integralidade e de conexão permitem que o ator mantenha um sentido da estrutura social que ultrapassa o tempo dos relógios e o da experiência, apesar do caráter deliberadamente vago, ou supostamente vago e mínimo, da informação transmitida pelos atores durante as suas trocas (p. 87).

Até agora os sociólogos têm tomado esses procedimentos de interpretação como evidentes e, por conseguinte, não foram estudados, notadamente porque eles também os utilizam, uma vez que igualmente são membros comuns da sociedade. Todos, sociólogos ou não, se utilizam dessas propriedades "como métodos práticos para construir e manter a ordem social" (p. 149). H. Garfinkel considera essas propriedades instruções reflexivas que os membros se dão entre si a fim de poder compreender e decidir as suas ações.

e) *A própria linguagem é reflexiva*: a linguagem é um elemento constitutivo fundamental da nossa vida. Ela nos permite reconhecer e tornar compreensíveis as nossas instituições. De acordo com H. Garfinkel, ela é constitutiva de todos os quadros sociais: por um lado, os membros a consideram um indicativo de que "tudo vai bem"; por outro, ela é um instrumento indispensável para descrever e tornar compreensíveis as suas atividades e as cenas nas quais elas se desenrolam.

f) *Os vocabulários descritivos como expressões indexicais*: segundo H. Garfinkel, os vocabulários são traços e índices constitutivos da experiência que ele quer descrever. Ele toma o exemplo dos fichários de biblioteca, nos quais as palavras-chave utilizadas para indexar o conteúdo de uma obra ou de um artigo fazem sempre parte da terminologia empregada nas próprias obras ou artigos: assim, os catálogos são os vocabulários dos próprios trabalhos que eles descrevem. Esses vocabulários descritivos são indexicais e a sua importância deve-se ao fato de fornecerem aos investigadores a possibilidade, ao seguirem as instruções que contêm, de reencontrar a plena significação de um enunciado, o contexto que permite "dar um conteúdo" e capturar "a fidelidade" da expressão índice considerada.

Ao finalizar o exame dessas propriedades, A. Cicourel indica que a socialização do homem passa, necessariamente, pela aquisição desses "procedimentos interpretativos". Por um lado o seu uso supõe a aquisição, pela criança, de certo número de regras e, por outro, que sejam consideradas como instruções que permitem negociar a ordem social.

Os procedimentos interpretativos e os seus traços reflexivos fornecem, permanentemente, instruções aos participantes, de tal modo que se pode dizer que os membros programam as suas ações recíprocas à medida que a cena se desenrola (p. 152).

2. A RACIONALIDADE DO ATOR

H. Garfinkel atribui à racionalidade um lugar central na etnometodologia:

No que se refere ao seu caráter racional, as descrições produzidas pelos membros são reflexiva e essencialmente ligadas às circunstâncias socialmente organizadas para o seu uso, pois este caráter é precisamente ditado aos membros pelo uso singular que eles têm destas circunstâncias socialmente organizadas. Esta relação situa o tema central das nossas investigações: este caráter racional das descrições de ações práticas, visto como resultado de um desempenho prático e contínuo (*Studies*, p. 13).

A concepção da racionalidade em H. Garfinkel distingue-se pela sua contingência ao considerar o caráter "evidente", reflexivamente "razoável", da vida social de todos os dias.

A investigação sociológica considera quase como um truísmo que a capacidade de agir racionalmente de uma pessoa [...] dependa da sua aptidão a admitir, aceitar cegamente, um grande número de características da ordem social. (*Studies*, p. 172).

Com efeito, há dois tipos de racionalidade: uma é característica da atividade científica, a outra é própria das atividades corriqueiras de senso comum. Confrontando as concepções de Parsons e de H. Garfinkel, pode-se ver que o tipo de racionalidade exigida na condução da nossa vida comum não é o mesmo adotado na resolução de problemas científicos.

Garfinkel *versus* Parsons

Apesar da homenagem que presta a Parsons no prefácio dos *Studies* (p. ix), no qual se refere ao "raciocínio sociológico impressionante de profundidade e de precisão" elaborado por esse autor, H. Garfinkel coloca-se, com efeito, em desacordo profundo com o pensamento parsoniano.

Parsons constrói uma teoria que quer explicar a estabilidade das estruturas sociais pela reprodução da ordem social. De acordo com ele, uma ação é racional na medida em que persegue objetivos que as condições da situação permitem atingir, com meios, dentre aqueles disponíveis ao ator, que melhor se adaptem ao objetivo, por razões compreensíveis e verificáveis "pela ciência empírica positiva".

Por conseguinte, essa questão da racionalidade da ação torna-se um problema no âmbito da teoria do conhecimento, que, na concepção neokantiana presente em Parsons, demanda que "os conceitos gerais da ciência apreendam estreitamente as características do mundo objetivo exterior". A expressão "mundo objetivo exterior" indica-nos claramente o corte que Parsons introduz entre o observador científico e o mundo empírico, cuja existência independe dos meios pelos quais ele é conhecido. A objetividade dessa perspectiva será garantida pela racionalidade intrínseca do método científico.

A racionalidade ou, pelo contrário, a irracionalidade das condutas dos atores dependerá do grau de interiorização das normas sociais. Linhas de conduta não racionais poderão ser explicadas e compreendidas como uma má integração, uma interiorização incompleta ou falha das normas sociais. Isso porque, de acordo com Parsons, a maior parte das ações seguiria o "teorema da institucionalização". O ator, ao sofrer essa interiorização, cujo processo é de ordem psicológica, tem suas condutas inteiramente determinadas. É por isso que, na concepção que Parsons elabora sobre a ação social, o ator é privado de "reflexividade", pois, de outro modo, ele seria capaz de analisar sua relação de dependência a esse conjunto de normas. Esse processo é indispensável à existência social: sem ele, o corpo social se desagregaria.

Compreende-se, assim, porque o desacordo de H. Garfinkel é praticamente total. A partir do primeiro parágrafo da sua tese (1952), ele já tinha revelado a diferença entre o seu projeto e os trabalhos de Parsons:

> Dois importantes desenvolvimentos teóricos, pelo menos, provêm das investigações de Max Weber. O primeiro, já bem estudado, quer chegar a um sistema social generalizado [...] estabelecendo uma síntese entre os fatos da estrutura social e os fatos de personalidade. O segundo, insuficientemente desenvolvido, quer atingir o mesmo objetivo apoiando-se apenas sobre a análise das estruturas da experiência (p. 1).

Estrutura social e personalidade

Desde o início dos seus trabalhos, H. Garfinkel está, portanto, à procura de um quadro teórico suscetível de apoiar-se sobre os procedimentos que os atores lançam mão para analisar as circunstâncias da sua ação. Ele indicará mais tarde, em *Studies*, sua intuição inicial:

> Apesar dos desacordos evidentes entre o conhecimento e os procedimentos de uma pessoa comum e aqueles de um homem de ciência,

os sociólogos consideraram que as propriedades racionais que as suas definições distinguiam empiricamente não eram interessantes. Preferiram estudar as características e as condições das condutas humanas não racionais. O resultado é que na maior parte das teorias da ação social e da estrutura social, as ações racionais têm um estatuto residual (p. 262-263).

Ora, de acordo com H. Garfinkel, o ator não é somente este ser incapaz de julgamento, que apenas reproduziria, sem ter consciência, as normas culturais e sociais que teria previamente interiorizado. A análise "das condutas cientificamente racionais" dos atores impede-nos de ver suas características "razoáveis".

Por outro lado, de acordo com H. Garfinkel, as normas não saberiam de maneira alguma determinar a ação. O conhecimento intersubjetivo não se baseia em tais regras, não mais que a comunicação é fundada sobre um acordo prévio quanto ao sentido das palavras.

Enfim, em lugar de considerar a reflexividade como um obstáculo à manutenção e à compreensão da ordem social, H. Garfinkel, ao contrário, a considera como uma condição primeira.

Definitivamente, a diferença principal em relação às concepções de Parsons e as concepções das ciências sociais que "esquecem" que as suas construções são, antes de tudo, sociais sobre o mundo social, reside no fato de que, para H. Garfinkel, elas tratam os julgamentos e as ações dos atores como insignificantes ou como epifenômenos na análise da ação social. Parsons não leva em conta o mundo do senso comum no qual os atores comuns escolhem a sua linha de conduta, com base em considerações e julgamentos que são acessíveis à análise tal como H. Garfinkel mostrou no seu estudo sobre o raciocínio de senso comum utilizado pelos jurados para realizar a sua tarefa.[13]

Essa crítica constitui o ponto nodal da concepção garfinkeliana da ordem social e da teoria da ação. O caso das deliberações de jurados é, a esse respeito, exemplar, pois como um sociólogo pode avaliar "cientificamente" os elementos de racionalidade e irracionalidade

---

13. Cf. Harold Garfinkel, *Studies*, op. cit., capítulo 4.

contidos nas deliberações de um júri? A única resposta possível é levar em conta a reflexividade dos atores, sem o exercício da qual não poderiam exercer a sua atividade excepcional de jurados. De acordo com H. Garfinkel, o mesmo vale para as atividades corriqueiras e aquelas "quase racionais" da vida diária que "resistem ao cálculo científico".

A consequência dessa visão sobre a investigação em ciências sociais é considerável, já que altera o papel que se atribui à teoria no âmbito da análise social. O papel da teoria não será mais o de explicar e avaliar as ações em termos de racionalidades ou de normas preestabelecidas. A sua nova tarefa será analisar, através das ações dos atores, a construção e o reconhecimento das circunstâncias e dos acontecimentos que lhes deram origem.

A análise das atividades práticas dos membros, em situações concretas, revela as regras e os procedimentos que eles seguem. Em outros termos, a observação atenta e a análise dos processos levados a efeito nas ações permitem atualizar os procedimentos pelos quais os atores interpretam, constantemente, a realidade social. Será, então, capital observar como os atores de senso comum produzem e tratam a informação ao longo das trocas e de que maneira eles utilizam a linguagem como um recurso; resumidamente, como fabricam um mundo "razoável" a fim de poder viver nele.[14]

Se a Sociologia é capaz de dar conta das atividades dos indivíduos, é graças à existência de uma propriedade "natural" do mundo que H. Garfinkel chama de *accountability*:[15] vivemos num mundo que é descritível, relatável, compreensível, analisável, descritibilidade, relatabilidade que se revelam nas ações práticas em que nos engajamos em nossa vida cotidiana.

---

14. A obra de Jack Katz, *Seductions of Crime. Moral and Sensual Attractions in Doing Evil*, New York, Basic Books, 1988, 384 p., que explora e analisa o universo emocional e sensual dos criminosos, é representativa dessa abordagem.

15. *Accountability* é uma expressão que indica a permanente relatabilidade ou descritibilidade do mundo social. Ou seja, o mundo social está sempre disponível a ser descrito por qualquer pessoa. Para assegurar o sentido original da expressão manteremos sua grafia em língua inglesa. Nota da tradutora.

3. PARADIGMA NORMATIVO E PARADIGMA INTERPRETATIVO

Esse antagonismo entre Sociologia profissional e Sociologia do senso comum, que representam, respectivamente, quer a objetivação científica dos sociólogos, quer a objetivação de senso comum dos atores sobre a sua prática, pode ser ilustrado pela distinção, introduzida por Thomas Wilson (1970), entre o que ele chamou de paradigmas normativos e interpretativos da Sociologia.[16]

O paradigma normativo

Por "normativo" é necessário entender, tal como escrito por T. Wilson, "o papel estratégico das normas na explicação sociológica convencional" (nota 1, p. 58).

De acordo com T. Wilson, duas ideias principais caracterizam o paradigma normativo: por um lado, a interação social é considerada como orientada por um sistema de regras; por outro, a explicação sociológica é dedutiva, como nas ciências naturais.

As interações entre os indivíduos seguiriam as expectativas, os papéis e os *status* respectivos a cada um dos parceiros, que se distanciam, mais ou menos, das condutas que se supõe que teriam. Em dada situação, espera-se que certo ator comporte-se de determinada maneira que o seu *status* nos faz prever ou pressentir. Exige-se dele que se adeque a certas regras que ele interiorizou ou aprendeu. Portanto, isso supõe que existe um acordo entre os atores sobre a significação das situações sociais nas quais se encontram engajados, e que compartilham os mesmos valores culturais, sobretudo a linguagem. Mesmo quando as situações reais diferem do que é esperado, supõe-se que "um consenso cognitivo" continua a regê-las.

---

16. Thomas P. Wilson, "Normative and Interpretive Paradigms in Sociology", p. 57-79, in Jack D. Douglas, *Understanding Everyday Life*, op. cit.

A segunda hipótese fundamental do paradigma normativo é que a análise da ação social deveria seguir o modelo dedutivo que caracteriza as ciências naturais.

Seguindo esse modelo, evidencia-se que os fatos empíricos podem ser explicados logicamente por referência a um conjunto teórico, e existe uma relação estável entre uma situação e a ação que se supõe lhe corresponder, como no modelo da ação de Skinner,[17] no qual o desrespeito a uma regra é acompanhado de uma sanção. Essas características são reencontradas, com algumas variações, nos trabalhos de numerosos sociólogos, em especial em Parsons, para quem o ator socializado comporta-se, como vimos anteriormente, em função das normas coletivas, culturais e cognitivas, que interiorizou.

O paradigma interpretativo

T. Wilson considera que no paradigma interpretativo a concepção da interação social é muito diferente, como demonstraram os trabalhos de Herbert Blumer,[18] de George Mead[19] ou de H. Garfinkel. Nesse caso, o ator não é mais concebido como aquele que age exclusivamente de acordo com um sistema de normas. A sua ação é definida igualmente pelas relações que estabelece com o outro, que contribui para identificar o seu papel social. As ações não têm mais um significado estável: no curso das interações, devem frequentemente ser reinterpretadas. Assim, a interação é concebida como um processo de interpretação, que ao ser empreendido pelos atores lhes permite comunicar e prosseguir suas trocas, interpretando a sua linguagem e os seus atos. O

---

17. B. F. Skinner, *Science and Human Behavior*, New York, Macmillan, 1953, 461 p.; B. F. Skinner, *Verbal Behavior*, New York, Appleton-Century-Crofts, 1957, 478 p.

18. Herbert Blumer, "Sociological Implications of the Thought of George Herbert Mead", *American Journal of Sociology*, 1966, 71, March, p. 535-544.

19. George Herbert Mead, *Mind, Self and Society from the Standpoint of a Social Behaviorist*, Chicago, University of Chicago Press, 1934, 400 p.; tr. fr., *L'esprit, le soi et la société*, Paris, PUF, 1963, 332 p.

contexto não é mais um simples quadro passivo da ação, ele é, por sua vez, interpretado e ativamente utilizado.

Por outro lado, tanto a ação como o próprio contexto em que a ação ocorre podem sofrer reinterpretações ulteriores: as definições da situação não são postas de modo definitivo, estão, pelo contrário, constantemente abertas. Resulta que os significados atribuídos às ações são também susceptíveis de reformulações.

As implicações metodológicas dessa dualidade

Se o processo fundamental da interação repousa sobre a interpretação, então torna-se necessário para o investigador colocar-se na posição do ator. É preciso que o investigador perceba o mundo do ator "do ponto de vista do ator", a fim de poder identificar e compreender as suas ações. O investigador, que é também um ator social comum no mundo, não escapa ao fato de que esse mundo é interpretado, por qualquer ator, através do método documental de interpretação:

> As descrições do investigador são elas mesmas, uma interpretação documental. [...] Pode-se chamá-las de descrições interpretativas. [...] As suas características são incompatíveis com a lógica da explicação dedutiva (*Studies*, p. 70).

Como sublinhou Schütz, as ciências naturais consideram como evidentes certo número de recursos que utilizam nas suas investigações, a exemplo da intersubjetividade ou da linguagem. Dado que o investigador é um membro da sua comunidade, o seu trabalho repousa sobre um substrato de senso comum, não questionado, e é, portanto, impossível para ele descrever completamente as suas atividades científicas. Consequentemente, a questão está em saber como as suas descrições podem ser consideradas adequadas pela comunidade científica, ou seja, desconectadas do seu contexto. De acordo com T. Wilson, elas são vistas como válidas, e tornam-se, então, recursos se os colegas compartilham das mesmas referências de senso comum (p. 73). A atividade científica é, portanto, uma atividade prática que, da mesma forma que qualquer outra atividade, é fundada sobre um contexto implícito de conhecimentos.

Essa é a razão pela qual se torna necessário, conclui T. Wilson, rever radicalmente a teoria e a metodologia sociológica se existe a intenção de considerar o caráter interpretativo da interação social.

CAPÍTULO 2
UMA ABORDAGEM MICROSSOCIAL DOS FENÔMENOS SOCIAIS

Ao contrário da maior parte das outras Sociologias que, geralmente, consideram o saber do senso comum "uma categoria residual", a etnometodologia considera as crenças e os comportamentos do senso comum os constituintes necessários "de toda conduta socialmente organizada". Portanto, o estudo etnometodológico implicará a análise das situações menores. Pode-se aproximar essa escolha das recomendações feitas por Erving Goffman[1] para explorar no cotidiano aquilo que ele chama de "comportamentos menores":

> Adotaremos uma sociologia das circunstâncias. [...] Não evitaremos a psicologia, pelo contrário, utilizaremos uma psicologia livre de artifícios e limitada, que convenha ao estudo sociológico das conversações, dos encontros casuais, banquetes, processos, passeios. Portanto, não os homens e os seus momentos; mas, por outro lado, os momentos e os seus homens (p. 8).

---

1. Erving Goffman, *Les rites d'interaction*, Paris, Éditions de Minuit, 1974, 232 p.

Então, a etnometodologia não é a única corrente teórica das ciências sociais que incorpora a análise microssocial: encontramos, igualmente, a sociologia cognitiva, o interacionismo simbólico, a fenomenologia, a sociologia existencial, a sociologia da vida cotidiana, bem como a abordagem "dramatúrgica".

Por outro lado, a oposição tradicional, que pode ser julgada artificial, entre análise dos fenômenos microssociais e abordagem macrossocial das estruturas sociais, coloca diversos problemas teóricos, metodológicos e epistemológicos, como mostrou o colóquio anual da Associação Americana de Sociologia (ASA) em 1989, que adotou o tema das relações entre micro e macro como um dos seus dois temas principais.[2]

Mesmo sendo um debate clássico, essa questão continua a colocar certo número de problemas importantes à prática da Sociologia. Certamente, as abordagens de um mesmo problema serão radicalmente diferentes de acordo com a ótica escolhida, como é possível evidenciar, por exemplo, nas duas comunicações que Alan Kerckhoff e Hugh Mehan apresentaram no colóquio da ASA em 1989. Ambas tratavam da "criação da desigualdade na escola", mas o primeiro adotava uma perspectiva estrutural enquanto o segundo privilegiava uma abordagem interacionista.[3]

As inter-relações que se estabelecem entre esses dois níveis de análise são, com efeito, complexas. Se é possível acordar facilmente sobre o sentido que deve ser dado à macrossociologia, o mesmo não ocorre com uma definição adequada da microssociologia.

Para alguns, a microssociologia caracteriza-se pelos estudos que são fundados sobre as interações observadas diretamente pelo

---

2. Associação Americana de Sociologia, 84° Reunião Anual, São Francisco, 9 a 13 de agosto de 1989. Dois temas foram escolhidos e definiram a organização das comunicações: o primeiro, classicamente representativo das disputas dos sociólogos (sobretudo os americanos), tratava das relações entre os níveis micro e macrossocial da análise; o outro tratava do estudo das implicações sociais da aids.

3. A. Kerckhoff, "Creating Inequality in the Schools: A Structural Perspective", colóquio anual da *American Sociological Association*, San Francisco, 9-13 agosto 1989; Hugh Mehan, "Creating Inequality: An Interactionist Perspective", colóquio anual da *American Sociological Association*, San Francisco, 9-13 agosto 1989.

investigador e sua equipe. Essa perspectiva seria adequada apenas para os estudos no âmbito da etnometodologia, do interacionismo simbólico e da fenomenologia. Nessa concepção, qualquer pesquisa que se apoia sobre dados recolhidos por meios clássicos é caracterizada como macrossociológica, ou não seria, eventualmente, nem micro, nem macro.

Para outros, o nível micro é tomado como referência desde que o indivíduo seja a unidade básica da investigação, qualquer que seja o método empregado. Essas duas definições da microssociologia alteram, evidentemente, o debate inicial, e as relações entre os dois níveis micro e macro encontram-se alteradas.

1. A CRÍTICA FEITA PELAS SOCIOLOGIAS DA VIDA COTIDIANA À MACROSSOCIOLOGIA

Patricia Adler, Peter Adler e Andrea Fontana[4] consideram que o desenvolvimento do que chamam de Sociologia da vida cotidiana contribuiu para realizar a síntese entre os níveis micro e macro.

Na abordagem macrossocial, assim como em Parsons, o ator é considerado interiorizando as normas e os valores da sociedade. Ele também é um homem econômico determinado pela sua classe social de origem, pela sua posição de classe presente e por suas aspirações ideológicas futuras. Essa concepção desenvolveu uma visão passiva do ator, cujo mundo não seria tão complexo que não pudesse ser traduzido por algumas variáveis principais.

Estudar as interações em seu meio natural

Pelo contrário, de acordo com Adler e Fontana, as Sociologias da vida cotidiana respeitaram a integridade dos fenômenos estudados

---

4. Patricia Adler, Peter Adler e Andrea Fontana, "Everyday Life Sociology", *Annual Review of Sociology*, 13, 1987, p. 217-235.

considerando os indivíduos em seus contextos naturais. Assim, as suas interações são compreendidas como o fundamento da vida social, na medida em que criam permanentemente as suas microestruturas. O modelo do ator é diferente, e a relação entre a sua consciência e a interação é reflexiva: o ator é socializado pela interação, que por sua vez é gerada pelo ator. Por conseguinte, a estrutura social e a ordem social não existem independentemente dos indivíduos que as constroem. No movimento contrário, as instituições influenciam o seu comportamento microssocial.

A Sociologia existencial, sustentam os autores, é um tanto diferente das perspectivas teóricas que lhes são próximas, como o interacionismo simbólico ou a etnometodologia. Fundada sobre a Filosofia existencial de Heidegger, Sartre, Merleau-Ponty, e a fenomenologia de Husserl e de Schütz, ela desenvolve uma visão multidimensional do ator, cuja complexidade não se reduz aos seus elementos racionais ou simbólicos. De acordo com a Sociologia existencial, os indivíduos agem também obedecendo a elementos irracionais e emocionais. Eles são ao mesmo tempo livres e determinados: assim como são influenciados pelos constrangimentos estruturais, permanecem aptos à mudança.

Por outro lado, diversas descobertas feitas por investigadores essencialmente visto como sociólogos microssociais são consideradas como de alcance muito geral. Como exemplo, podemos indicar as análises de Goffman sobre as formas microssociais e as de H. Garfinkel revelando o fundamento irremediavelmente moral de todas as nossas interações, ou ainda as análises de conversação, para a qual a linguagem natural ao mesmo tempo "encarna" a estrutura social e a realiza.

Uma crítica radical

De acordo com Randall Collins, a microssociologia dirige à macrossociologia uma série de críticas radicais.[5]

---

5. Randall Collins, "Micro-Translation as a Theory-Building Strategy", p. 81-108, in Karin D. Knorr-Cetina e Aaron V. Cicourel (eds.), *Advances in Social Theory and Methodology. Toward an Integration of Micro- and Macro-Sociologies*, Boston, Routledge & Kegan Paul, 1981, 325 p.

Em primeiro lugar, pode-se considerar a microssociologia a única forma empírica direta e exclusiva da Sociologia. Ao contrário do uso que é feito na macrossociologia, o empírico não significa mais o recurso a dados numéricos, mas levar em consideração a construção cognitiva dos atores.

Outras diferenças são notáveis no processo de investigação utilizado pelas microssociologias: uma abordagem crítica da intervenção dos investigadores nas operações de codificação, a desconfiança para com o emprego sistemático das estatísticas, bem como em relação à tendência à generalização que compartilham as abordagens macrossociológicos.

Com efeito, a macrossociologia não leva em consideração o "aqui e agora" das situações sociais, ignora o processo da sua construção, é cega quanto às contingências práticas que a investigação provoca. Acima de tudo, não se interroga sobre a intervenção do investigador no seu campo de pesquisa, a perturbação que sua presença sempre provoca, nem sobre a sua implicação:

> Ela ignora os mecanismos cognitivos que os sociólogos compartilham com os outros atores sociais, especialmente os mais importantes dentre eles: indexicalidade e reflexividade (p. 85).

Reconhecem-se aqui algumas noções centrais da etnometodologia que, considera R. Collins, deve ser distinguida do interacionismo simbólico ou de outras formas tradicionais da microssociologia.

De acordo com R. Collins as microssociologias radicais permitiram, sobretudo, mostrar em que medida os conceitos "macroteóricos" do estrutural funcionalismo, por exemplo, não somente são inadequados porque não fundados empiricamente, mas também comportam uma boa dose de ideologia e reificação. Assim, os atores em suas vidas cotidianas, e os sociólogos em suas construções analíticas, apoiam-se sobre os mesmos procedimentos cognitivos e os mesmos processos de reificação.

2. ESTRUTURA SOCIAL E INTERAÇÃO SOCIAL

Karin Knorr-Cetina[6] considera que, desde os anos 1960, observa-se um número crescente de teorias e metodologias que se interessam pela análise dos fenômenos microssociais, tais como as interações, as práticas de classificação dos indivíduos em suas vidas cotidianas ou, ainda, a análise de conversação. Embora essas abordagens tenham fundamentações teóricas muito diferentes, elas têm, contudo, em comum o fato de terem iniciado o monopólio das orientações macrossociais dominantes, dentre as quais figuram como principais o marxismo e o estrutural funcionalismo. Essas abordagens levaram, igualmente, a macrossociologia a integrar em suas metodologias e análises diversos resultados microssociais.

A ordem social é cognitiva

É particularmente o caso, considera K. Knorr-Cetina, quando se observa que as teorias macrossociais foram obrigadas a enfrentar os problemas cognitivos. Conforme a autora, de Durkheim a Parsons, a concepção da ordem social é normativa e as microssociologias, em sua totalidade, introduziram uma abordagem cognitiva atenta ao raciocínio prático dos agentes sociais, que constroem as situações sociais nas quais estão engajados e negociam as significações que lhes atribuem. O trabalho da Sociologia consiste, então, em analisar os procedimentos que os atores utilizam em suas vidas cotidianas, em suas interações com os seus semelhantes, para dar uma significação a seu mundo: "O que emerge dos estudos microscópicos da vida social é a ordem cognitiva das significações e das descrições" (p. 7).

---

6. Karin Knorr-Cetina, "The Micro-Sociological Challenge of Macro-Sociology: Towards a Reconstruction of Social Theory and Methodology", p. 1-47, in Karin D. Knorr-Cetina e Aaron V. Cicourel (éds.), *Advances in Social Theory and Methodology*, op. cit.

De acordo com as abordagens microssociais, a ordem social não é considerada uma estrutura monolítica que determina as nossas ações, ela é, ao contrário, uma comunicação interativa.

O fato de considerar e analisar os problemas cognitivos não é a única característica das microssociologias. Existe, igualmente, uma mudança de escala que privilegia a análise das próprias situações microssociais e permite analisar os atos sociais visíveis, diretamente perceptíveis, e as interações concretas. Na sua versão mais radical, as microssociologias consideram que os fenômenos macrossociais são analisáveis apenas através da análise de microssituações. Certamente existem conceitos institucionais que não podem ser reduzidos às interações individuais, e certo número de condutas individuais não pode ser explicado sem referência a uma ordem macrossocial que lhes dá sentido. Contudo, a análise deve ser feita do ponto de vista dos participantes, a partir das suas perspectivas. Essa concepção torna o método comparativo, utilizado nas abordagens macrossociológicas, extremamente problemático na medida em que ignora a produção interacional dos dados analisados.

Uma nova definição do problema

Conforme K. Knorr-Cetina, desde o aparecimento e desenvolvimento das "microssociologias", várias oposições clássicas da Sociologia devem ser reconsideradas, e mesmo abandonadas, se quisermos colocar o problema das relações entre os níveis macro e micro corretamente. Isso inclui a oposição entre indivíduo e coletividade, ação e estrutura, a uniformidade da pequena escala e a complexidade da grande escala, a neutralidade da primeira contrariamente à extrema implicação da segunda em termos de poder. Ainda segundo essa autora, os polos dessas dimensões talvez se situem mais em função da distância entre o pesquisador e seu objeto do que como polos inerentes ao problema estudado. Isso porque o nível microsocial não é menos complexo, não se interessa menos pelos fenômenos relacionados ao poder, não é menos afetado pela estrutura e pela coletividade que o nível macrossocial. A descoberta de uma ordem social que se apresenta sob outra escala, mais microscópica, nos conduz a realizar uma séria revisão dos conceitos sociológicos anteriores e de suas metodologias, como se faz frequentemente em outras ciências, tal como é o caso das ciências naturais ou psíquicas.

Contudo, se há divergências teóricas profundas entre micro e macro, também podemos identificar algumas preocupações comuns. R. Collins, por exemplo, propôs que os fenômenos macrossociais fossem o produto de agregações e de repetições de numerosas microexperiências. Podemos, igualmente, considerar, por exemplo, que o conceito de *habitus* de P. Bourdieu transcende a clivagem tradicional entre o micro e o macro. Ou pensar, com K. Knorr-Cetina, que: "A realidade social é composta de microssituações, mas as macroconstruções são endógenas a essas situações (p. 31).

Assim, seria necessário reconstruir, de um ponto de vista sociológico, as circunstâncias nas quais os agentes "definem suas situações", analisar a maneira como eles constroem suas reapresentações e estruturam suas práticas, sejam elas de senso comum ou profissionais. Pois, paradoxalmente, é através do exame da ordem microssocial que temos a possibilidade de apreender os fenômenos macrossociais.

O entrelaçamento entre o micro e o macro

Por sua vez, Thomas Wilson[7] considera que a interação e a estrutura social estão entrelaçadas, e que é impossível tratar separadamente a estrutura social e o indivíduo. A interação e a estrutura são,

---

7. Thomas P. Wilson, "Social Structure and Social Interaction", comunicação apresentada na *International Conference on Ethnomethodology and Conversation Analysis*, Boston University, agosto de 1985.

portanto, interdependentes: a estrutura social constitui um recurso para a interação e é reproduzida pela interação.[8]

Esse fenômeno é particularmente visível quando analisamos as sequências de uma conversa. T. Wilson dá três exemplos dessa análise (uma conversa ao longo de uma audiência em um tribunal e duas chamadas de urgência) pelas quais ele mostra que os indivíduos, na gestão de suas atividades cotidianas e em sua linguagem, fazem, constantemente, uso da estrutura social, que é uma fonte indispensável para o desenrolar das trocas e para a compreensão mútua. Esse recurso é um sinal da competência para se comunicar com os seus semelhantes; os indivíduos não recriam a sociedade a cada nova interação, eles são obrigados a se apoiar em uma ordem social comum que, ao mesmo tempo, constroem. A sociedade é, então, simultaneamente, reproduzida pelas interações, mas ela é também "exterior e impositiva". Esse aspecto foi, especialmente, desenvolvido pela análise da conversação.

3. ANÁLISE DA CONVERSAÇÃO: UMA ABORDAGEM MACROSSOCIOLÓGICA?

À primeira vista, a análise da conversação, que se situa incontestavelmente, segundo seus defensores, no campo da Sociologia, parece ser a abordagem microssocial mais radical.[9] De fato, como seria possível imaginar um quadro de análise menor do que aquele

---

8. Esse ponto de vista se aproxima daquele formulado por P. Bourdieu para quem a estrutura social "se dissimula nas interações".

9. Nas múltiplas conversas amistosas que mantive com Emanuel Schegloff na UCLA, durante a primavera de 1988 ou ao longo de sua permanência na Universidade de Paris 8, em junho de 1991, ele confirmou que no seu ponto de vista, não se colocava a questão de saber se sua prática da análise da conversação o colocava, ou não, fora das fronteiras habitualmente admitidas pela sociologia. Ele estava convencido que permanecia um sociólogo "de pleno direito", o que não parecia ser seriamente contestado pela maior parte dos outros sociólogos. Alguns, como Goffman, lhe prestaram homenagem (cf. E. Goffman: *Les moments et leurs hommes*, textos reunidos e apresentados por Yves Winkin, Paris, Le Seuil/Minuit, 1989, 252 p.).

que se evidencia nas interações verbais que realizamos ao longo de nossa vida comum e cotidiana?

Embora às vezes seja considerada um campo autônomo, separado da etnometodologia, por ter se afastado da problemática habitual da Sociologia, a análise da conversação constitui-se, atualmente, como o programa mais avançado da etnometodologia. É, em todo caso, mais rico e mais desenvolvido, ao menos nos Estados Unidos.[10]

A análise da conversação foi uma corrente inaugurada por Harvey Sacks e Emanuel Schegloff no começo da década de 1960; essa corrente foi parcialmente influenciada por certas considerações teóricas da etnometodologia. Ainda que a linguagem esteja constantemente no coração do problema relativo à coleta de dados, a Sociologia, curiosamente, não adotou essa questão como um de seus temas de estudo. H. Sacks e E. Schegloff, ao contrário, incorporam as interações verbais como tema central de suas pesquisas e estudaram as estruturas e as propriedades formais da linguagem. Essa prática é central na medida em que, dada a própria natureza de suas pesquisas a respeito das trocas verbais, sobre as conversas comuns, ela dialoga com outros campos das ciências sociais e humanas. Seu objeto é a análise da linguagem natural, considerada um sistema social em si mesmo, exterior ao indivíduo que, por sua vez, se serve dele para "fazer as coisas".

---

10. Para uma informação sucinta, consultar meu livro de introdução a etnometodologia: Alain Coulon, *L'Ethnométhodologie*, op. cit., em particular as páginas 65-70. Tradução em português: Alain Coulon, *Etnometodologia*, Petrópolis: Rio de Janeiro: Vozes, 1995, p. 72-77. Para uma apresentação mais completa sobre a análise da conversação consultar o livro de John Heritage, *Garfinkel and Ethnomethodology*, Cambridge, Polity Press, 1984, 336 p., especialmente o capítulo 8. Em francês as anotações feitas por Gail Jefferson ao longo de conferências proferidas por Harvey Sacks entre 1964 e 1972 foram publicadas em "Arguments ethnométhodologiques", *Revue d'épistémologie en sciences sociales*, 3, (Maison des Sciences de l'Homme/CNRS), p. 138-144; ver também nesse mesmo número o artigo de Bernard Conein, "L'enquête sociologique et l'analyse du langage: les formes linguistiques de la connaissance sociale", p. 5-30; ou ainda Bernard Conein, "Langage ordinaire et conversation: recherches sociologiques en analyse du discours", *Mots*, 7, 1983, p. 124-142; e Bernard Conein, "Les actions politiques sont accomplies localement et temporellement", *Raison présente*, 82, 1987, p. 59-63. Ver ainda Bernard Conein, Michel de Fornel e Louis Quéré, (org.), *Les Formes de la conversation*, Paris, CNET, 1991, 2 v., 282 p. et 294 p.

ETNOMETODOLOGIA E EDUCAÇÃO

Entretanto, a preocupação da análise da conversação não é a análise linguística das interações verbais, mas evidenciar as propriedades elementares da ação social: como os participantes de uma interação verbal evidenciam a organização social local?

A linguagem natural torna-se um objeto de estudo que é, simultaneamente, situacional e transcendental. Ele se manifesta apenas mediante uma interação, mas, simultaneamente, obedece à estrutura social que subjaz a toda troca social e ao tempo que a revela. É por isso que a análise da conversação mostra-se tão cuidadosa ao estudar amostras tomadas durante interações verbais naturais, isto é, que ocorrem espontaneamente na vida cotidiana.

Aqui não é o lugar para apresentar a riqueza das análises produzidas pela análise da conversação. Contudo, vamos registrar sua reivindicação, paradoxal à primeira vista, de constituir uma abordagem macrossocial.

A competência social de membro de uma sociedade se manifesta na linguagem

No campo da linguagem, assim como em outros, encontramos na análise da conversação a preocupação permanente da etnometodologia: descrever os métodos que adotamos para construir a ordem social. A análise da conversação mostra como, em nosso cotidiano mais banal, colocamos em funcionamento nossa competência e nosso conhecimento aprofundado e detalhado da estrutura social. Descrevendo e analisando os métodos que utilizamos para exibir socialmente nossa competência de membro-comum-da-sociedade, o que nos permite a comunicação com nossos semelhantes, a análise da conversação indica a ligação possível de ser construída entre as abordagens micro e macrossociais.

Em primeiro lugar, essa afirmação emerge como uma provocação na medida em que a análise da conversação pode, ao contrário, ser considerada a microssociologia mais radical, a última fronteira da disciplina, além da qual deixamos o território da ambição sociológica.

Vamos, então, apresentar os argumentos que podem ser utilizados em favor da tese segundo a qual a sociedade seria inteira e fielmente reproduzida "em um grão de arroz", realizando assim uma integração perfeita entre os níveis micro e macro.

A trama entre micro e macro segundo E. Schegloff

Segundo E. Schegloff, a interação verbal é uma forma de organização social.[11] Ela organiza ao mesmo tempo ações sociais e atores que, independentemente do conteúdo de suas trocas, realizam conjuntamente o que pode corresponder a uma ação, que comporta uma estrutura ordenada, tendo propriedades descritíveis, como, por exemplo, "normalmente", as falas alternadas.

Em geral, quando falam de organização social os sociólogos não pensam em uma interação verbal. Contudo, E. Schegloff estima que ela é a "apoteose da organização social" (p. 208). Em verdade, ela organiza as interações entre os indivíduos, coordena seus comportamentos e está na base das instituições sociais mais elaboradas. Como conjunto coerente de práticas ou de regras sociais, a conversação constitui uma "estrutura de ação" e escapa, assim, da polaridade entre individual e coletivo.

Embora os termos micro e macro devam ser relativizados e, de fato, se situem num *continuum*, pode-se tomar como ponto de partida que a análise da conversação situa-se do lado micro da escala, embora não seja certo dizer, segundo E. Schegloff, que ela proceda a microanálises. Com efeito, ela considera o fato de que os interlocutores constroem as suas trocas num quadro social, e mesmo seus resultados mais insistentes mostrando o caráter local da organização da interação não impedem, de modo algum, de considerar

---

11. Emanuel A. Schegloff, "Between Micro and Macro: Contexts and Other Connections", in J. Alexander, B. Giesen, R. Münch e N. J. Smelser: *The Micro-Macro Link*, Berkeley, University of California Press, 1987, 400 p.

seriamente a objetividade das suas análises. Apoiando-se sobre três exemplos, E. Schegloff propõe-se a mostrar as relações possíveis entre os níveis micro e macro, mas também as dificuldades dessa construção teórica.

A "reparação"

O primeiro exemplo refere-se à maneira bastante organizada de fazer "reparações" quando um problema ocorre durante uma conversa. Esse problema pode ser tanto um erro na escolha de uma palavra, um lapso, uma palavra que foge ao espírito no bom momento, a má compreensão etc. É sempre o locutor que tem a iniciativa de retomar a conversa, de reparar o seu erro ou, se ele não o faz imediatamente e, então, outra pessoa começa a realizar a reparação, ainda assim é sempre ele que conclui a conversa. A reparação é uma forma geral e essencial da compreensão mútua durante uma interação, ela permite, de maneira privilegiada, identificar e resolver os desacordos e os conflitos. Fora dos Estados Unidos e, de modo geral, do Ocidente, esse comportamento pode ser observado em contextos macrossociais tão diferentes quanto uma aldeia rural da Tailândia (Michael Moerman),[12] uma ilha do Pacífico Sul (Niko Besnier)[13] ou os altos platôs da Guatemala (Irene Daden).[14] Isso mostra que para além dos contextos sociais extremamente diferentes, esse fenômeno da reparação é relativamente invariável. Ele é, portanto, um fenômeno social a ser estudado sociologicamente, situando-o no interior das interações que o provocam.

---

12. Michael Moerman, "The Preference for Self-Correction in a Tai Conversational Corpus", *Language*, 53, 4, 1977, p. 872-882; Michael Moerman, *Talking Culture. Ethnography and Conversation Analysis*, Philadelphie, University of Pennsylvania Press, 1988, 212 p.

13. Niko Besnier, "Repairs and Errors in Tavaluan Conversation", comunicação não publicada, Linguistics Department, University of Southern California, 1982.

14. Irene Daden, *Bargaining in Guatemalan Highland Quiche-Mayan Market*, Ph. D., Department of Anthropology, University of California at Los Angeles, 1982.

Os homens interrompem as mulheres?

O segundo exemplo apresentado por E. Schegloff sobre a relação entre micro e macro é aquele em que os que conversam utilizam, no curso da sua conversação, atributos que, de um ponto de vista sociológico, são associados no nível macrossocial, por exemplo, a classe social, o sexo, a raça etc. C. West[15] e D. Zimmerman[16] julgaram ser possível mostrar que os homens interrompem as conversas com mais frequência do que as mulheres. Assim, uma variável "geral", transituacional, teria uma influência maciça nas conversas entre os indivíduos. As interrupções podem, então, ser vistas como um símbolo da diferença de poder entre os sexos.

De um ponto de vista sociológico, esse resultado não é tão surpreendente, mas segundo E. Schegloff gera problemas. De acordo com ele, essas identificações são fundadas mais sobre o talento analítico dos pesquisadores do que sobre a existência de mecanismos de conversação que as produziriam, uma vez que os interlocutores não tenham acesso, em suas trocas, à designação dos seus gêneros. O resultado obtido, segundo esse autor, é, então, a projeção de uma variável macrossocial preexistente e abstrata sobre uma situação microssocial real.

Teríamos assim o direito de concluir que a relação entre micro e macro é artificial, que ela depende do sociólogo, mas não se encontra nos dados. Mais precisamente, o estudo meticuloso dos dados mostra que a resolução de uma sobreposição na conversação, ocasionando sua interrupção, não ocorre devido aos atributos dos interlocutores como tais. Isso não quer dizer que seja impossível que as mulheres sejam interrompidas mais que interrompam as conversas, prossegue E. Schegloff, mas a resolução desse conflito coloquial faz-se em tempo real, no curso mesmo da troca. Assim, não é certo que, nesse caso, a relação entre

---

15. C. West, Against Our Will: Male Interruptions of Females in Cross-Sex Conversation, *Annals of the New York Academy of Sciences*, 327, 1979, p. 81-97.

16. Don H. Zimmerman e C. West, "Sex Roles, Interruptions and Silences in Conversation", in B. Thorne e N. Henley (éds.), *Language and Sex*: Difference and Dominance, Rowley, MA, Newbury House, 1975; C. West et D. H. Zimmerman, "Womens' Place in Everyday Talk: Reflections on Parent-Child Interaction", *Social Problems*, 24, 1977, p. 521-529.

formas microssociais e atributos macrossociais possa ser estabelecida claramente, como nos mostram as transcrições das conversas que o antigo presidente Richard Nixon tinha com os seus conselheiros, aos quais ele cedia regularmente a palavra, apesar de seu estatuto inferior, quando ocorria uma sobreposição nas falas. Uma categoria macrossocial como, neste último caso, o poder, não pode, portanto, ser invocada sistematicamente para explicar as formas microssociais que as trocas assumem.

Entre o micro e o macro: o contexto

O terceiro exemplo de um diálogo possível entre micro e macro é a referência ao que chamamos de contexto. Algumas vezes esse contexto foi invocado como um possível nível intermediário entre as estruturas da sociedade e as interações individuais: contexto institucional, burocrático, legal, médico, da sala de aula etc. O problema é que existe um número infinito de descrições possíveis desses quadros sociais e das ações que os indivíduos realizam. Ora, o pesquisador deve poder relacionar a pertinência do que ele afirma às características dos atores implicados na troca. Isso é o que E. Schegloff chama de "as pertinências internas do dispositivo" e devem ser consideradas como limitações para o investigador:

> O fato de uma conversa ocorrer num hospital não torna pertinente a caracterização desse quadro *ipso facto*; é o discurso dos participantes que nos revelará, e antes de tudo revelará a eles mesmos, se o quadro "hospital" é relevante, e quando o é. (p. 219).

De fato, à medida que os participantes falam, constroem juntos a pertinência do contexto, e escolhem os elementos dos quais têm necessidade no imediato.

O que é válido para o contexto vale também para a alternância das falas: elas não são decididas de antemão pelos participantes, não são predeterminadas por um modelo, realizam-se localmente, no aqui e agora da conversa.

A conversa é produzida pelos indivíduos, mas é exterior a eles

Das considerações anteriores, podemos concluir que a análise da conversação apresenta-se como uma análise objetiva da maneira como os atores realizam trocas entre si, mas ela trata a conversação como exterior aos indivíduos. Sob esse aspecto, ganha algumas características habitualmente associadas à investigação macrossocial. Ela toma para si, até mesmo, certas características da abordagem experimental, na medida em que apresenta a possibilidade — e nisso reside, entre outras coisas, o seu interesse — de poder repetir infinitamente suas análises sobre numerosos casos idênticos, permitindo-lhe testar a validade dos seus resultados. Nesse sentido, pode-se considerar a análise da conversação a forma mais completa da abordagem microssocial e, ao mesmo tempo, a que faz a transição com as características da abordagem macrossocial. Assim, por exemplo, H. Sacks mostrou a relação existente entre o que chamou de "dispositivos de categorização dos membros" e, de um lado, as atividades que essas categorias descrevem, de outro, a estrutura institucional.

Para os sociólogos que privilegiam a abordagem macrossocial, a análise da conversação, devido ao seu caráter radical, constitui indubitavelmente a base que lhes permitiria fundar as suas análises estruturais sobre observações feitas durante interações microssociais.

4. EM DIREÇÃO A UMA INTEGRAÇÃO MICRO-MACRO

Outra tentativa de integrar os dois níveis de análise é aquela proposta por A. Cicourel que vamos examinar agora.[17] Segundo esse autor, nossas atividades sociais cotidianas comportam vários níveis de complexidade e integram dados micro e macrossociais. Em parte,

---

17. Aaron V. Cicourel, "Notes on the Integration of Micro- and Macro-Levels of Analysis", p. 52-80, in Karin D. Knorr-Cetina; Aaron V. Cicourel (eds.), *Advances in Social Theory and Methodology*, op. cit.

as diferenças estabelecidas de modo mais frequente entre as micro e as macrossociologias estão relacionadas ao fato de os investigadores escolherem se situar em um dos dois níveis de complexidade da realidade social, e utilizarem métodos de investigação que geram este ou aquele tipo de dado. Os dois campos utilizam estratégias para ignorar o outro, quando, de acordo com A. Cicourel, é possível integrar os dois níveis.

O indispensável, mas difícil diálogo entre micro-macro

Os investigadores que analisam microinterações sociais, ou fragmentos de conversas extraídos de seus contextos de produção, conforme A. Cicourel, não levam em conta o fato de essas ações serem produzidas em quadros institucionais mais amplos. Existe uma tensão entre a análise de um fragmento de conversa e a análise mais global do quadro social que foi objeto de uma observação participante ativa. De acordo com Cicourel, os analistas da conversação podem ser excelentes em detectar as estratégias sutis que os indivíduos empregam para ter sua vez de falar ao longo da conversação, mas deixam de lado o contexto etnográfico e organizacional de onde os dados se originam.

A consequência dessa atitude é que o conteúdo da conversação, em lugar de ser o tema de investigação, torna-se uma fonte tácita que informa a lógica das trocas. Tudo se passa como se a informação utilizada fosse evidente para todos, como se os enunciados tivessem um sentido em si mesmo. Ora, de acordo com A. Cicourel, não é suficiente que a análise da conversação identifique as estruturas formais da conversação, mas é preciso reconhecer que ela se apoia, tacitamente, sobre níveis mais complexos de análise.[18] Da mesma forma, o etnógrafo encontra também níveis de complexidade que ultrapassam o quadro local da ação estudada, mas ele constrói, com a ajuda de seus dados

---

18. A. Cicourel desenvolveu esse ponto de vista em um outro artigo: Aaron Cicourel, "Three Models of Discourse Analysis: The Role of Social Structure", *Discourse Analysis*, 1980, p. 101-131.

de campo, fronteiras que o autorizam a evitar que invoque e utilize dados demográficos ou sociais que tenham uma base mais ampla.

De acordo com A. Cicourel, as microssociologias não podem, portanto, ignorar que interações se desenrolam num quadro social global, do mesmo modo que as macrossociologias não podem ignorar os microprocessos. Isso porque se a investigação que se apoia sobre quadros microssociais faz, tacitamente, referência a quadros sociais mais amplos, pelo contrário, o estudo macrossocial de organizações, ou de movimentos históricos, faz indiretamente referência às micro-atividades da vida social que o compõem.

Assim, os pesquisadores que baseiam suas análises em questionários são obrigados a esquecer que as respostas reais dadas pelas pessoas interrogadas, elas mesmas inseridas na lógica diária de suas vidas e com as suas próprias perspectivas, não correspondem, necessariamente, às perguntas formais que lhes são feitas e às intenções contidas nessas perguntas. De fato, para poder considerar as respostas dos indivíduos às perguntas contidas num questionário, é preciso eliminar as condições contextuais e locais nas quais as pessoas interrogadas responderam, pois se essas condições fossem consideradas, permitiriam incontestavelmente clarificar as perspectivas daqueles que foram pesquisados.

A integração dos dois níveis nos quadros sociais cotidianos

Segundo A. Cicourel, todas as organizações sociais se caracterizam por integrar os níveis micro e macro em seu funcionamento diário. A burocracia, por exemplo, noção habitualmente associada à macroestrutura, implica interações pessoais que a alimentam: ligações telefônicas, encontros diários, notas escritas, atas, relatórios etc.

Todas essas ações são supostamente realizadas de maneira racional e, inclusive, sua racionalidade foi, frequentemente, estudada. Essas práticas burocráticas, dentro de uma organização, fundamentam certas decisões, por exemplo, a promoção das pessoas. Da mesma maneira, os professores avaliam o desempenho escolar dos seus alunos, atribuem-lhes notas e escrevem apreciações no dossiê de cada um deles.

Todas essas práticas constituem a rotina de qualquer organização social. Fazem parte do ambiente, e não estão apenas "na cabeça das pessoas". Elas são culturalmente organizadas e repousam sobre inúmeros microacontecimentos que balizam a vida cotidiana dos membros da organização considerada. Esses microacontecimentos que representam, ao mesmo tempo, a vida da organização e o trabalho que ela deve realizar mostram igualmente, de forma reflexiva, o trabalho dos agentes, que é registrado, relatado e avaliado.

Nessas organizações, sejam elas escolares, judiciais ou sanitárias, a integração micro-macro efetua-se porque temos necessidade de avaliar o trabalho que se faz. O estudo desses processos permite, além disso, compreender como o trabalho cotidiano dos agentes encarregados dessa avaliação é efetuado, e como a sua atividade real é transformada em relatórios: os microacontecimentos são transformados em macroestruturantes:

> As atividades interacionais contribuem na produção de produtos, que são considerados como indicadores estruturais dos objetivos e objetivos complexos das instituições ou organizações (p. 67).

Uma forma de realizar a integração micro-macro seria, então, como propõe A. Cicourel, estudar como as tomadas de decisões rotineiras, que são necessárias ao bom funcionamento de uma organização, contribuem para a criação das macroestruturas.

A mobilidade social é um duplo fenômeno

Por exemplo, a mobilidade social é um tema de pesquisa tradicional da macrossociologia e das teorias da estratificação social.

Os estudos sobre a mobilidade se apoiam, frequentemente, sobre o emprego e a escolaridade de um grupo de pessoas, sobre o emprego e a escolaridade dos seus pais, e medem desvios de mobilidade intergeracionais. Mas, conforme A. Cicourel, podemos considerar outras questões, examinar o desenrolar da carreira dos indivíduos ou a forma como foram tomadas as decisões a cada momento importante da orientação escolar e profissional dos interessados.

Por exemplo, os julgamentos e as avaliações que são feitas pelo corpo docente influenciam diretamente "a carreira" de um aluno.

Esse tipo de preocupação supõe que, como investigador, não se tenha previamente estabelecidas hipóteses sobre a mobilidade e a estratificação sociais, que viriam a ser "verificadas" em uma amostra do campo investigado, mas, pelo contrário, que se estude como fenômenos de pleno direito as atividades diárias nas classes, a utilização dos testes padronizados e as decisões tomadas por todo o pessoal da escola. Podemos, então, mostrar como os *microacontecimentos da sala de aula e da escola são transformados em macroinformações* que vão forjar "o destino" escolar do aluno. Assim, a pergunta da mobilidade social torna-se: como as práticas burocráticas da organização escolar influenciam a mobilidade social dos indivíduos?

Nas escolas, os numerosos documentos que registram as diferentes situações de avaliação são fontes abandonadas pelos sociólogos da educação. Contudo, seria indispensável mostrar como eles são construídos como indicadores objetivos de sucesso ou de fracasso escolares. O estudo dos microfenômenos mostraria as dificuldades relativas à linguagem, a influência dos professores e dos orientadores educacionais, a dos pais ou a da própria turma, sobre a mobilidade social futura do aluno.

Diferentemente desse tipo de pesquisa, aquelas que adotam como orientação um nível macrossocial de análise não permitem compreender os processos concretos de seleção que se desenrolam em uma sala de aula. Assim, numerosas investigações mostraram que a classificação e a orientação precoces dos alunos têm por consequências o fato de receberem tratamento diferenciado e de não serem assegurados a eles possibilidades idênticas de sucesso. Como os estudos macrossociológicos insistem apenas na seleção "objetiva" contínua dessas classificações, acabam não ajudando a compreender esses processos de classificação, que, no entanto, esclareceriam decisões que serão tomadas mais tarde.

O "modelo interativo"

A. Cicourel considera que seria conveniente emprestar à Psicologia cognitiva a noção de "modelo interativo" para conceber as interações entre os níveis micro e macro, cuja integração é análoga ao processo de compreensão. A avaliação de um aluno por um professor, por exemplo, integra um grande número de dados e de observações minúsculas às quais ele não prestou atenção especial, mas que estão presentes no momento da avaliação. Em particular, no instante em que essa avaliação se desenrola, não nos interrogamos sobre a maneira como os documentos sobre os quais ela se apoia foram produzidos. Da mesma forma, quando uma pessoa interrogada responde às nossas perguntas, não temos acesso ao modo como resume a sua experiência passada, como mobiliza e reorganiza a sua biografia para nos responder.

O modelo interativo deve considerar que várias fontes de informação devem *ser ativadas paralelamente*, tal como o processo de leitura, que mobiliza ao mesmo tempo informações lexicais, sintáticas e contextuais. Cada vez que um processo como esse se desenrola, é necessário integrar numerosos microacontecimentos de modo que se possa produzir macroinformações.

Observa-se que, aqui, a noção de tempo é importante. A integração dos fenômenos microssociais exige sempre a consideração dos acontecimentos passados: nesse sentido, a macroestrutura é a mobilização ativa, e sem dúvida seletiva, de microacontecimentos sedimentados.

5. DIFERENÇAS DE MÉTODOS

Se algumas vezes os sociólogos são reticentes em considerar os níveis macro e micro, em contrapartida o ator social comum é forçado a considerá-los simultaneamente na sua vida cotidiana. Ele deve, constantemente, se referir aos objetos que o cerca, aos acontecimentos que experimenta, à sua vida psicológica interna, às suas experiências minúsculas, aos níveis mais amplos da vida social e aos determinismos macroestruturais que podem se desenrolar. Mas como apreender toda a riqueza desse processo? Talvez, antes de qualquer coisa, seja o caso de utilizar o recurso da descrição.

Descrever: um imperativo[19]

A descrição científica do mundo social defronta-se com uma dificuldade importante, já que como atividade social científica ela mesma é afetada pela linguagem, como toda descrição comum e profana, interrogando, assim, o seu próprio estatuto científico. Além disso, o mundo social tem esta extraordinária capacidade de descrever-se a si mesmo sendo sempre descrito por seus atores. No entanto, isso não quer dizer que não seja conveniente interrogar-se cientificamente sobre essa descrição, nem que seja impossível fundar uma atividade científica sobre descrições que não foram produzidas pela ciência em "primeira mão". A descrição científica tem exigências específicas que a distingue das descrições comuns. Tradicionalmente, diz-se que ela deve ser válida, neutra e completa.

---

19. Tomo emprestada essa expressão do título da coletânea que o Centre d'Études des Mouvements Sociaux publicou em 1985 como resultado do colóquio organizado entre 13 e 15 de dezembro de 1984: Werner Ackermann, Bernard Conein, Christiane Guigues, Louis Quéré e Daniel Vidal, *Décrire*: un impératif? Description, explication, interprétation en sciences sociales, Paris, École des Hautes Études en Sciences Sociales, 1985, 2 tomes, 230 p. e 250 p.

Entretanto, essas características trazem várias questões. Assim, a noção de validade está relacionada a essa objetividade. Que autoridade científica superior, exterior ao quadro de análise, ou seja, ao mesmo tempo exterior à Sociologia e à ação descrita, poderá decidir que a descrição é válida, isto é, adequada ao objeto? A neutralidade.

A neutralidade, que implica a abstenção de qualquer julgamento de valor, é possível, uma vez que a própria atividade de descrever supõe a escolha do olhar, a escolha dos termos empregados e um ordenamento que não é neutro? Enfim, será que uma descrição completa é possível, quando toda descrição comporta sempre infinitas virtualidades?

Uma etnografia semiológica

Então, talvez seja preciso ouvir Ludwig Wittgenstein, para quem "é necessário, em certo momento, passar da explicação à simples descrição". Sabe-se que essa recomendação de Wittgenstein é paradoxal apenas na aparência, já que coloca uma questão fundamental nas ciências sociais: a da relação entre explicação e descrição das atividades humanas e, por conseguinte, a da sua hermenêutica. Para Wittgenstein a explicação é "demasiado incerta, é apenas uma hipótese". Com efeito, ela é marcada pelos conhecimentos prévios do investigador, que ele utiliza em detrimento da descrição do objeto. É por isso que devemos recorrer a simples descrição, de modo que

> [...] a gramática não diz como a linguagem deve ser construída para preencher a sua função, para ter tal ou tal efeito sobre os homens. Ela apenas descreve, e não explica de maneira alguma o uso dos signos.[20]

É preciso não confundir a descrição com o relato que não considera a natureza interna das coisas limitando-se a exprimi-las, enquanto a

---

20. Ludwig Wittgenstein, *Philosophische Untersuchungen*, citado por Gérard Guest, in *Décrire: un impératif?*, op. cit., p. 126.

descrição, que se baseia em um pressuposto hermenêutico, é um modo de apresentação que permite, ao mostrar seu ordenamento interno, apreender o sentido. O pressuposto é essa "alguma coisa" sem a qual não pode haver uma dimensão interpretativa que nos torna capaz, por exemplo, de descrever uma cultura estrangeira, porque ela nunca é completamente estranha à nossa e tem em comum essa "alguma coisa" que nos autoriza a perceber, pelo menos, certas características.

Entretanto, a concepção de Wittgenstein não é produzir uma descrição "pura", livre dos seus antecedentes empíricos e ingênuos. Ela consiste em se vincular à descrição dos *signos* da ordem descrita ou, mais exatamente, à descrição de sua utilização. Assim, baseando-se nessa concepção de Wittgenstein seria possível falar de uma Sociologia ainda a ser inventada, uma *Sociologia semiológica prática*, ou ainda uma *etnografia semiológica*, que teria um parentesco profundo com a Sociologia das ações práticas que, finalmente, H. Garfinkel chamou de "etnometodologia". Contudo, deveríamos aplicar esse programa ao próprio ato de descrever, uma vez que descrever é igualmente fazer uso de signos pelos quais outros são evocados. Esse patamar crítico, essa circularidade que aprisiona o investigador, mostra que não poderia existir uma descrição transcendental: a descrição depende sempre da linguagem, porque somos, fundamentalmente, como observou Jacques Lacan, seres dotados de língua, que falam, "faladores", "seres falantes".

As categorias descritas constituem tanto recursos como temas

H. Sacks, por sua vez, colocou a questão da definição e da operacionalidade da descrição em Sociologia.[21] Como a Sociologia quer ser uma atividade científica, procura descrever os fenômenos que estuda. Assim, é conduzida a descrever o mundo social, ou seja, descrever as

---

21. Harvey Sacks, "Sociological Description", *Berkeley Journal of Sociology*, VIII, 1963, p. 1-16. Esse artigo, foi publicado em francês nos *Cahiers de recherche ethnométhodologique*, n. 1, 1993, Laboratoire de recherche ethnométhodologique, Université de Paris, VIII.

descrições que os atores do mundo social fazem desse mundo. A tarefa da Sociologia não é formular um julgamento sobre essas descrições, nem mesmo esclarecer, mas descrevê-las. No trabalho sociológico, qualquer objeto deve ser descrito, mas nem sempre esse é o caso; e se não é o caso, não pode fazer parte da própria aparelhagem descritiva que a Sociologia utiliza. H. Sacks ilustra essa afirmação tomando como exemplo a obra sociológica mais famosa no mundo: *O suicídio*, de Émile Durkheim.

De acordo com H. Sacks, nada é mais "trágico" (p. 3), para a história da Sociologia que considerar a obra de Durkheim um modelo da pesquisa sociológica. O problema, escreve H. Sacks, não é Durkheim ter utilizado estatísticas oficiais, mas o fato de ele não ter se dado conta de que a expressão "suicídio" é uma categoria da linguagem natural:

> Isso conduziu a uma série de problemas práticos como, por exemplo, explicar suicídios específicos, ou taxas de suicídio. [...] O erro de Durkheim foi de não estudar a variabilidade dos processos verbais de suicídios. [...] A tarefa preliminar da sociologia é de pesquisar como a decisão de suicidar-se é tomada, como um acontecimento deve ser percebido de modo que se fale dele "como um suicídio". Descrevendo os procedimentos de construção e de classificação do "suicídio" é possível que seja a categoria e a metodologia aplicadas que se constituam como o problema sociológico interessante. [...] Enquanto não for descrita a categoria "suicídio", e descrito o procedimento empregado para atribuir casos à categoria, a categoria não faz parte do aparelho sociológico. Empregar uma categoria não descrita, isso se assemelha às descrições que figuram nos livros para crianças: espalhados numa sequência de palavras, existem as imagens dos objetos (p. 8).

Portanto, o problema é que a Sociologia utiliza como recurso as categorias do senso comum, em vez de tomá-las como os temas das suas reflexões e de suas investigações. De acordo com H. Sacks, a diferença entre as descrições do senso comum dos atores e as descrições científicas dos sociólogos é, para além da sua preocupação de validade e neutralidade da descrição, o interesse que o sociólogo é obrigado a atribuir à cláusula "et caetera", à qual deve recorrer a fim de remediar a incompletude fundamental de qualquer descrição de determinado objeto. Em compensação, isso implica que um leitor da descrição considerada, para compreender o que lhe é descrito, deve também recorrer à uma cláusula "et caetera" equivalente, ainda que não seja estritamente idêntica à precedente: mesmo na presença do objeto ou do acontecimento descrito, não é suficiente ler a descrição e olhar o objeto ou o acontecimento. É necessário "reconciliar os dois" pela produção da cláusula.[22]

Ver, enfim, aquilo que não é observado

Essas considerações têm consequências diretas importantes sobre a prática de pesquisa. A escolha de nos situar no nível microssocial — incluindo nesse nível o das instituições internas do estabelecimento — corresponde à vontade de compreender como, concretamente, funcionam os mecanismos que fazem da entrada no ensino superior um *jogo de massacre*. Pois *para que a explicação e a interpretação sejam possíveis é necessário primeiro observar e descrever*. Isso supõe que nos tornemos *testemunhas* diretas do fenômeno que tomamos como objeto. Somente respeitando essa condição pode-se adotar a postura indispensável que nos autoriza a descobrir, de acordo com a fórmula de H. Garfinkel, as coisas "vistas, mas não observadas", que atribui aos acontecimentos habituais, vividos cotidianamente por estudantes comuns, a mesma atenção que a Sociologia atribui habitualmente aos acontecimentos extraordinários.

Entretanto, se adotarmos deliberadamente uma perspectiva de análise que privilegia o nível micro do fenômeno considerado, não se deve perder de vista que o problema estudado é um fenômeno

---

22. A existência desta cláusula "et caetera" é particularmente evidente para qualquer pessoa que ouve no rádio a retransmissão de um jogo de futebol. Sem a sua utilização pelo jornalista desportivo por um lado, e sem a sua mobilização permanente pelo ouvinte por outro lado, não haveria a possibilidade de retransmissão porque o relato já não teria mais nenhum sentido.

complexo no qual entram em jogo, como puderam evidenciar outros pesquisadores, um grande número de parâmetros habitualmente situados em nível macro, por exemplo, os determinantes econômicos e sociais do sucesso escolar dos indivíduos.

Pelo contrário, as análises, hoje bem conhecidas, que explicaram o fracasso escolar e a reprodução das classes sociais pelo funcionamento do sistema escolar, negligenciaram a questão dos processos individuais, das interações em nível local na sala de aula ou no anfiteatro.

A abordagem adotada por essas correntes impediu que elas se interessassem pelo próprio processo de fracasso que, se é inegavelmente uma construção social, o é tanto no nível interacional como no estrutural. Não é suficiente, então, dizer que "a interação realiza a estrutura que ela dissimula" para produzir a ilusão de ter considerado o nível individual e ter revelado a alquimia secreta aí existente. O nível micro não está completamente absorvido pelo nível macro, nem o macro pode ser resumido à soma de fenômenos e acontecimentos observados no nível micro. Não se poderia, portanto, pretender que considerando um único nível de análise fosse possível compreender integralmente a complexidade de um fenômeno, como mostrou Jacques Ardoino ao forjar a noção de multirreferencialidade no contexto da pesquisa em educação.[23] A multirreferencialidade, um conceito que invoca várias disciplinas, abordagens, paradigmas ou mesmo diversas abordagens contraditórias, permite ultrapassar o limite das disciplinas monorreferenciais a fim de chegar a uma melhor inteligibilidade dos fenômenos estudados.

---

23. Jacques Ardoino, prefácio à obra de Michel Lobrot: *La pédagogie institutionnelle*, Paris, Gauthier-Villars (Hommes et organisations), 1966, 282 p. Para uma apresentação mais sistemática da noção pode-se consultar: Jacques Ardoino, *Éducation et relations*, Paris, Gauthier-Villars, 1980, 184 p. (especialmente a terceira parte, p. 127-152). Além disso, esse conceito é tema de um número especial de *Pratiques de Formation — Analyses*, n. 25-26, janeiro-junho 1993.

CAPÍTULO 3
AS PERSPECTIVAS INTERACIONISTAS EM EDUCAÇÃO

As pesquisas sobre as práticas e os fatos educativos que vou apresentar neste capítulo se inspiram, ou se originam, da tradição interacionista em Psicologia social e em Sociologia. Tratarei novamente, de forma breve, de sua origem, destacando as grandes linhas do interacionismo simbólico.

1. O INTERACIONISMO SIMBÓLICO

O interacionismo simbólico se desenvolveu paralelamente ao que se convencionou chamar, nos Estados Unidos, de "Escola de Chicago",[1]

---

1. Apresento as grandes linhas históricas e teóricas da Escola de Chicago em sociologia e as principais obras em Alain Coulon: *L'École de Chicago*, Paris, PUF ("Que sais-je?", nº 2639), 1992, 128 p. Tradução em português: Alain Coulon, *A escola de Chicago*, Petrópolis, Rio de Janeiro: Vozes, 1995.

cujos principais representantes são Robert Park, Ernest Burgess e William Thomas.[2]

As primeiras pesquisas que se vinculam a essa corrente são aquelas desenvolvidas por Nels Anderson dedicada aos trabalhadores migrantes sazonais,[3] por Frederic Thrasher que estudava as gangues,[4] Louis Wirth sobre o gueto[5] e por Paul Cressey sobre as bailarinas profissionais dos bailes públicos.[6] Seria necessário citar, dentre outros, os trabalhos de Clifford Shaw que se apresenta como a confissão biográfica de um jovem ladrão,[7] bem como as análises dos desvios de comunidades delinquentes[8] ou, ainda, aqueles consagrados ao mesmo tema do ladrão profissional de Edwin Sutherland.[9] Esses estudos se caracterizam pela reticência em relação às teorias globalizantes e uma preferência pelo conhecimento prático direto e a observação direta das comunidades.

Na introdução que consagrou a obra de C. Shaw, *The Jack-Roller*, quando da sua reedição em 1966, Howard Becker resume a perspectiva de investigação direta sobre o terreno desenvolvida pela Escola de Chicago e inspirada pelo interacionismo simbólico. Ele escreve:

---

2. Robert E. Park; Ernest W. Burges: *Introduction to the Science of Sociology*, Chicago, University of Chicago Press, [1921], 3ª ed., 1969, com uma introdução de Morris Janowitz, 1040 p. William I. Thomas; Florian Znaniecki, *The Polish Peasant in Europe and America*, Chicago, Chicago University Press, [1918-1920], New York, Knopf, 1927, 2232 p.

3. Nels Anderson, *The Hobo: The Sociology of the Homeless Man*, Chicago, University of Chicago Press, 1923, 302 p.

4. Frederic M. Thrasher, *The Gang*: A Study of 1313 Gangs in Chicago, Chicago, University of Chicago Press, [1927], 2ª ed. abrégée 1963, 388 p.

5. Louis Wirth, *The Ghetto*, Chicago, University of Chicago Press, 1928; tr. fr. *Le ghetto* (trad. par P.-J. Rotjman), Saint-Martin-d'Hères, Presses Universitaires de Grenoble, 1980, 309 p.

6. Paul G. Cressey, *The Taxi-Dance Hall*: A Sociological Study in Commercialized Recreation and City Life, Chicago, University of Chicago Press, [1932], First Greenwood Reprinting, 1969, 300 p.

7. Clifford R. Shaw, *The Jack-Roller*: A Delinquent Boy's Own Story, Chicago, University of Chicago Press, [1930], 2ª ed., 1966 (com introdução de Howard Becker), 205 p.

8. Clifford R. Shaw, *The Natural History of a Delinquent Career*, Chicago, University of Chicago Press, [1931], 2ª ed., 1968, 280 p.; Clifford R. Shaw, *Brothers in Crime*, Chicago, University of Chicago Press, 1938, 364 p.

9. Edwin H. Sutherland, *The Professional Thief*, Chicago, University of Chicago Press, 1937; tr. fr. *Le voleur professionnel*, Éditions Spes, 1963, 164 p.

Para compreender a conduta de um indivíduo deve-se saber como ele percebia a situação, os obstáculos que ele acreditava dever enfrentar, as alternativas que via abrir-se em sua frente; não se pode compreender os efeitos do campo das possibilidades, das subculturas da delinquência, das normas sociais e outras explicações de comportamento geralmente invocadas, sem considerá-las do ponto de vista do ator.[10]

Ao longo dos anos 1920 e 1930, os quadros teóricos desses estudos empíricos foram elaborados, em especial, graças à obra de George Mead.[11] É essa teoria que chamamos mais tarde de "interacionismo simbólico".[12]

O interacionismo simbólico encontra suas raízes filosóficas no pragmatismo de John Dewey, inaugurado por Charles Peirce e William James. De acordo com Andrew Reck,[13] no início do século XX, os líderes da Escola de Chicago fizeram "do pragmatismo a filosofia social da democracia" (p. xxxiii). Sua maior influência esteve no desenvolvimento democrático da educação e, de modo mais geral, no desenvolvimento da justiça social e da ação municipal. O pragmatismo é, de fato, uma filosofia da ação. Mead queria fazer do pragmatismo um instrumento de intervenção social, e estava muito implicado com a escola experimental de Chicago, da qual participou ativamente.[14] Ele pensava em contribuir para a melhor educação do cidadão impulsionando uma modificação radical dos programas, como testemunham

---

10. Esse trecho do texto de Becker encontra-se na tradução feita por Suzanne e Jean Peff: "Biographie et mosaïque scientifique", *Actes de la recherche en sciences sociales*, 62/63, junho 1986, p. 105-110.

11. George Herbert Mead, *Mind, Self and Society*, op. cit. É possível, igualmente, consultar em francês: D.Victoroff, *G.H. Mead: Sociologue et Philosophe*, Paris, PUF, 1953, 152p.

12. A expressão "interacionismo simbólico" foi formulada pela primeira vez por Herbert Blumer em 1937.

13. Andrew J. Reck, *Selected Writings: George Herbert Mead*, Chicago, University of Chicago Press (com uma introdução de Andrew Reck), 1964, 416 p.

14. Mead foi mesmo Presidente da Associação dos Pais de alunos em 1902-1903. Ele foi igualmente, durante três anos, de 1907 a 1909, editor chefe da revista *The Elementary School Teacher*, editada pela Universidade de Chicago.

numerosos artigos e editoriais consagrados às questões educativas que escreveu entre 1896 e 1909.[15]

A natureza simbólica da vida social

O interacionismo simbólico salientou a natureza simbólica da vida social: os significados sociais devem ser considerados como "produzidos pelas atividades de interação dos atores"(Blumer, 1969, p. 5)[16]. Portanto, o interacionismo simbólico adota uma posição contrária à concepção durkheimiana do ator. Apesar de Durkheim considerar a capacidade que o ator tem de descrever os fatos sociais que o cercam, pressupõe que essas descrições são excessivamente vagas para que o pesquisador possa usá-las cientificamente, pois, segundo ele, tais manifestações subjetivas não se inserem no âmbito dos estudos sociológicos. Pelo contrário, o interacionismo simbólico defende que a concepção que os atores elaboram do mundo social constitui, em última análise, o objeto essencial da investigação sociológica.

A partir de Arnold Rose,[17] podemos resumir brevemente as principais proposições do interacionismo simbólico em torno das cinco hipóteses indicadas a seguir:

---

15. A este respeito pode-se consultar a bibliografia estabelecida por Andrew Reck (1964: cf. supra), em especial as páginas lxiii-xv e lxviii-lxix; ver igualmente a bibliografia que figura na obra de David L. Miller, *George Herbert Mead: Self, Language and the World*, Chicago, University of Chicago Press, 1973, p. 249-263. Enfim, a bibliografia mais completa dos comentadores da obra de Mead é, sem dúvida, a que Richard Lowy estabeleceu: "George Herbert Mead: A Bibliography of the Secondary Literature with Relevant Symbolic Interactionist References", in Norbert Denzin (ed.), *Studies in Symbolic Interaction*, v. 7, part B, Grennwich CT, JAI Press, 1986, p. 459-521.

16. Herbert Blumer, *Symbolic Interactionism: Perspective and Method*, Englewood Cliffs, NJ, Prentice-Hall, 1969, 208 p.

17. Arnold M. Rose, "A Systematic Summary of Symbolic Interaction Theory", p. 3-19, in Arnold M. Rose (ed.), *Human Behavior and Social Processes. An Interactionist Approach*, Boston, Mass., Houghton Mifflin Company, 1962, 680 p.

— vivemos em um meio ambiente ao mesmo tempo simbólico e físico, e somos nós que construímos as significações do mundo e de nossas ações no mundo com a ajuda dos símbolos;

— graças a esses símbolos "significantes" que Mead diferencia dos "signos naturais", temos a capacidade "de ocupar o lugar do outro", porque compartilhamos com os outros os mesmos símbolos;

— partilhamos uma cultura, que é um conjunto elaborado de significações e de valores, que guia a maior parte de nossas ações e nos permite predizer, em larga medida, o comportamento dos outros indivíduos;

— os símbolos, e por conseguinte também o sentido e o valor associado a eles, não são isolados, mas fazem parte de conjuntos complexos, em face dos quais o indivíduo define o seu "papel", definição que Mead chama de "ego", que varia de acordo com os grupos aos quais se relaciona, enquanto seu "eu" é a percepção que tem de si mesmo em sua totalidade:

O "eu" é a resposta do organismo às atitudes dos outros; o "ego" é o conjunto organizado de atitudes que atribuo aos outros. As atitudes dos outros constituem o "ego" organizado, e reage-se então diante disso como "eu".

— o pensamento é o processo pelo qual as soluções possíveis são examinadas conforme as vantagens e as desvantagens que o indivíduo pode obter em relação aos seus valores e depois ele escolhe. Um "ato" é, por conseguinte, uma interação contínua entre "eu" e "ego", é uma sucessão de fases que terminam por se cristalizar em um comportamento único.

Esse é de modo esquemático, o embasamento inicial do interacionismo simbólico, segundo o qual o autêntico conhecimento sociológico nos é oferecido mediante a experiência imediata, nas interações cotidianas, através do sentido que os atores atribuem aos objetos, aos acontecimentos, aos símbolos que o cercam.[18]

Uma ecologia social?

Essa posição pode parecer ingênua ao nos propor o que poderíamos chamar de uma "ecologia social", um tratamento ecológico da Sociologia, que deseja libertar o olhar sociológico de sua armadura metodológica, a fim de restituir ao "ator" sua "pureza", cujas ações se tornariam diretamente visíveis, compreensíveis e interpretáveis.

O interacionismo simbólico distingue-se radicalmente de outras teorias da ordem social que pressupõem significados sociais escondidos sob o mundo das aparências fenomenais. O interacionismo estuda primeiro o mundo social visível tal como ele funciona e como ele é compreendido pelos atores envolvidos. A interação é estudada em si mesma, e não mais apenas como a manifestação das profundas estruturas sociais da sociedade. Não somente o interacionismo insiste no papel criativo desempenhado pelos atores na construção da sua vida cotidiana, mas leva igualmente em consideração os detalhes dessa construção.[19]

O interacionismo está bem fundamentado na tradição de pesquisa anglo-saxônica, e exerceu certa influência nos estudos sobre o desvio[20]

---

18. Em francês é possível consultar: Anselm Strauss, *Miroirs et masques. Une introduction à l'interactionnisme*, Paris, Éditions Métailié, 1992, 194 p.; Anselm Strauss, *La trame de la négociation. Sociologie qualitative et interactionnisme*, Paris, Éditions L'Harmattan, 320 p. Tradução em português: Anselm Strauss, *Espelhos e máscaras*: a busca da identidade, São Paulo, EDUSP, 1999.

19. Um bom exemplo dessa atenção aos detalhes da construção da interação pelos próprios participantes é naturalmente fornecido pela análise da conversação. Podemos nos referir, em particular, ao surpreendente artigo de Emanuel Schegloff que analisa a sutileza dos processos de "reparação" que utilizamos nas interações verbais: Emanuel Schegloff, "Repair after Next Turn: The Last Structurally Provided Defense of Intersubjectivity in Conversation", *American Journal of Sociology*, 97, n. 5, março 1992, p. 1295-1345.

20. Howard Becker, *Outsiders*: Studies in the Sociology of Deviance, New York, The Free Press, 1963, 179 p.; tr. fr.: *Outsiders*. Études de sociologie de la déviance, préface de Jean-Michel

ou em determinadas pesquisas sobre educação, encontrando seu ponto máximo em toda a obra maior de Erving Goffman.[21]

Duas versões concorrentes

A partir dessas posições comuns, podem-se distinguir duas versões do interacionismo: uma sensível aos objetivos da ciência social clássica e outra que permanece fiel à crítica ao positivismo e à interpretação subjetiva do mundo. Jack Douglas[22] atribui essa clivagem à presença simultânea dessas duas concepções na obra de Mead, que considera como "um daqueles que mais influenciaram a sociologia americana":

> Existe um conflito fundamental no pensamento de Mead entre um interacionismo comportamentalista, e um interacionismo mais fenomenológico [...] Este conflito persiste nos trabalhos de muitos sociólogos interacionistas (p.16).

O interacionismo "comportamental" insiste, sobretudo, sobre a construção de um vocabulário científico próprio, designando conceitos

---

Chapoulie, Paris, A.-M. Métailié, 1985, 248 p. Tradução em português: Howard Becker, *Outsiders*: estudos de sociologia do desvio, Rio de Janeiro: Jorge Zahar, 2009.

21. Seria necessário, sem dúvida, citar toda a obra de Erving Goffman. Contudo, destacamos em especial: *Asiles*, Paris, Éditions de Minuit, 1968, 450 p.; *La mise en scène de la vie quotidienne. 1 — La présentation de soi*, 256 p.; *2 — Les relations en public*, 376 p., Paris, Éditions de Minuit, 1973; *Les rites d'interaction*, Paris, Éditions de Minuit, 1974, 232 p.; *Stigmate*, Paris, Éditions de Minuit, 1975, 178 p.; *Les cadres de l'expérience*, Paris, Éditions de Minuit, 1991, 573 p. Traduções em português: Erving Goffman. *A Representação do Eu na Vida Cotidiana*. 14. ed., Petrópolis: Vozes, 2011; *Manicômios, Prisões e Conventos*. 7. ed. São Paulo: Editora Perspectiva, 2001. *Estigma: Notas sobre a Manipulação da Identidade Deteriorada*, Rio de Janeiro, Editora LTC, 1988. *Ritual de interação*: ensaios sobre o comportamento face a face. Petrópolis: Vozes, 2011. *Os quadros da experiência social*: uma perspectiva de análise. Petrópolis, Vozes, 2012. *Estigma*: notas sobre a manipulação da identidade deteriorada. 4. ed. Rio de Janeiro: LTC, 1988.

22. Jack D. Douglas, "Understanding Everyday Life", in Jack D. Douglas (ed.), *Understanding Everyday Life*, op. cit.

teóricos — segundo Douglas, é nesse aspecto que se aproxima da tradição objetivista —, enquanto o interacionismo "fenomenológico" procura efetuar a investigação sociológica através da descrição e da análise de conceitos e raciocínios utilizados pelos próprios atores.

Essa segunda versão, mais fenomenológica, foi designada por David Matza como "sociologia naturalista":[23]

> Esse naturalismo posiciona-se contra todas as formas de generalização filosófica. A sua lealdade se vincula ao mundo natural. [...] Não pode considerar as eternas pressuposições sobre a natureza dos fenômenos. (p. 5)

A Sociologia "naturalista" reproduz do modo mais fiel possível, com o mínimo de interpretação por parte do observador, o mundo tal como os atores o compreendem e percebem.[24] Nesse caso, o problema da objetividade e dos "métodos científicos" não se apresenta. A única fidelidade da Sociologia "naturalista" é com o fenômeno em si mesmo, o que não lhe impede, de acordo com D. Matza, de ser rigorosa: "O naturalismo, no âmbito dos estudos do homem, é um humanismo disciplinado e rigoroso. (p. 9)

Naturalmente, a pureza desse modelo não existe. Sabe-se que não há nunca uma observação da realidade social que seja direta, pura, ingênua. O próprio D. Matza parece admitir isso quando lamenta (p. 9): "Infelizmente, nenhuma filosofia pode chegar a ser antifilosófica". Rejeitando qualquer postura teórica, a Sociologia naturalista limitou-se a descrições, tratando, em seguida, essas descrições como se fossem generalizáveis.[25]

---

23. David Matza, *Becoming Deviant*, Englewood Cliffs, NJ, Prentice-Hall, 1969, 203 p.

24. Encontramos estas preocupações "ecológicas" no estilo de escrita de certas pesquisas, particularmente nas biografias e histórias de vida: longas citações das conversações dos atores, celebração do detalhe, da forma singular como a língua é utilizada e, frequentemente, ausência voluntária de teorização.

25. De acordo com Jack Douglas (1970, nota 24, p. 21), Goffman deve ser considerado como um sociólogo naturalista, "embora isso não se evidencie completamente a um leitor ocasional dos seus livros. Isso porque muitos de seus trabalhos são vinculados ao estruturalismo, mas

2. A PRIMEIRA PESQUISA INTERACIONISTA EM EDUCAÇÃO

A primeira obra interacionista relativa à educação, ou geralmente considerada como tal, é a que Willard Waller, estudante de Park, Burgess e Faris em Chicago nos anos 1920[26] mandou publicar em 1932.[27] No prefácio, Waller escreve o seguinte:

> Este livro diz o que todo professor sabe, ou seja, que o mundo da escola é um mundo social, pleno de significados a serem explorados [...] de modo que os personagens não percam a sua qualidade de pessoas, nem as situações a sua realidade humana intrínseca.

Waller se propõe a estudar empiricamente a vida cotidiana na escola, as interações sociais que se desenrolam, mas também as múltiplas relações que a escola mantém com a comunidade que a cerca. Para tanto, Waller se coloca a tarefa de descrever, tão precisamente quanto possível, a vida dos atores escolares; analisar esse material descritivo à luz da Sociologia e da Psicologia social; enfim, tentar "identificar os mecanismos que são a causa dessas interações humanas tendo por cenário a instituição escolar" (p. 2). Segundo Waller, as chaves da compreensão desses mecanismos encontram-se na experiência empírica dos professores. Mas não se trata apenas de descrever. Waller persegue dois outros objetivos: compreender cientificamente a escola, por um lado, e tentar pensar nos elementos necessários a uma melhor eficácia do professor, por outro.

Quanto aos procedimentos utilizados, Waller adverte que evitará recorrer aos métodos estatísticos "que são de pouca utilidade". Ele

---

os aspectos estruturais dos seus trabalhos nunca ultrapassam os primeiros capítulos. O resto é quase sempre altamente naturalista".

26. Waller concluiu seu Master's Degree em sociologia na Universidade de Chicago em 1925, com uma dissertação intitulada *Fluctuations in the Severity of the Punishment of Criminals from the XI to the XX centuries*.

27. Willard W. Waller, *The Sociology of Teaching*, New York, John Wiley & Sons, [1932], 2. ed., 1967, 467 p.

será tanto "um antropólogo cultural, solto e cultivador do detalhe", quanto se servirá "por fidelidade ao comportamento social observado, das técnicas romancista e realista". Waller utiliza técnicas como as histórias de vida, os estudos de casos, os jornais íntimos, as cartas e diversos documentos pessoais. Essa investigação qualitativa, escreve o autor, não procura ser exaustiva ou objetiva:

> Seu principal mérito é apresentar uma sociologia do senso comum aplicada a um tema da vida cotidiana. Assim, diremos coisas que antes não dizíamos com frequência, seja porque se pensava que não valiam a pena ou porque não foram vistas por estarem demasiado evidentes (p. 3).

Tal como observa Howard Becker,[28] Waller não está muito pre-ocupado com os métodos que utiliza. Mais do que a etnografia propriamente dita, ele colocou em prática aquilo que, mais tarde, seria chamado de observação participante, interessando-se pelos fenômenos que via ao seu redor quando era professor.

Enfim, o material de pesquisa se origina de escolas rurais, ou daquelas que se encontram em pequenas cidades, porque, de acordo com Waller, as atitudes individuais e as interações sociais aparecem mais claramente que nas escolas urbanas.

A cultura específica da infância

Depois de ter examinado as relações que a escola, comparada a um organismo social, mantém com a comunidade, especialmente sob o aspecto da mobilidade vertical que pode gerar, e o lugar dos professores e dos pais nessa comunidade, Waller descreve e analisa a vida na escola, que tem a sua própria cultura.

---

28. Howard Becker, "Studying Urban Schools", *Anthropology and Education Quarterly*, v. 14, 1983, p. 99-108.

A escola é a sede de rituais complexos que regem as relações pessoais. Há jogos, equipes, "guerras sublimadas", um código moral, um conjunto de cerimônias, as tradições e as leis. Tudo isso constitui um mundo diferente daquele dos adultos, pois possui a sua própria cultura, a dos jovens, que está separada da dos adultos. Como toda cultura, a escola vive também seus conflitos. De acordo com Waller, eles são de dois tipos: por um lado, os que opõem os professores que representam a cultura em geral e os alunos que estão impregnados dos valores da comunidade; há, por outro lado, conflitos clássicos de geração entre professores e alunos, porque uns são adultos e outros não, os primeiros tentam impor a sua cultura à cultura particular das crianças. O mundo da criança é totalmente diferente do mundo do adulto, portanto tentar impedir completamente o conflito não seria a melhor pedagogia.

As culturas específicas das crianças manifestam-se nos jogos escolares, nos códigos que governam as suas condutas em relação aos adultos e, em particular, em relação aos professores nas diferentes atividades da escola: trabalho escolar, atividade esportiva, debates, teatro, clube de línguas estrangeiras etc. Frequentemente, essas atividades são promovidas pelos professores como instrumentos pedagógicos ou por representarem derivações de atividades proibidas. As atividades esportivas, constata Waller, são particularmente eficazes como meio de controle social dos adolescentes pela escola. Elas inculcam nos alunos certos valores, lhes ensinam a respeitar determinados rituais e, sobretudo, chamam a sua atenção para o que é socialmente desejável. Enfim, permitem controlar as tensões que emergem entre os grupos de adolescentes, e a suspensão dessas atividades em certos períodos do ano provocam, inevitavelmente, problemas de disciplina.

As atividades estão sempre associadas a cerimônias, especialmente quando se trata de atividades esportivas. De acordo com Waller, é nas cerimônias escolares que aparecem as representações coletivas, e a análise dessas cerimônias revela os mecanismos psicológicos que subjazem a essas representações. Elas constituem, de acordo com o autor, mecanismos de identificação de um papel valorizado pela comunidade. Assim fala-se, nessas ocasiões, de "honra", "espírito da escola", "espírito de equipe", expressões que, ao mesmo tempo, provocam e controlam as emoções dos participantes.

Enfim, a escola é um lugar onde se cristalizam os "quatro desejos", que são quatro categorias de atitude identificadas, segundo William Thomas, como a base de qualquer atividade humana:

— o "desejo de resposta" que inclui a maior parte das tendências que Freud chamou de sexuais, mas que, conforme Waller, referem-se igualmente a outros fenômenos: é a necessidade de intimidade, o desejo de estar próximo dos outros, que vai das condutas sexuais à amizade. Segundo Waller, existem, na situação escolar, interações contínuas entre os alunos, mas também entre os alunos e os professores, que põem ativamente em jogo a sedução sexual, embora esse seja o desejo mais reprimido porque coloca violentamente em questão a ordem formal da escola;

— o "desejo de reconhecimento" é de natureza mais egoísta, mas só encontra sua plena satisfação na sociedade. Induz a influência do grupo sobre o indivíduo, e é motivo de uma luta entre indivíduos para adquirir certas posições sociais. A escola depende muito do desejo de reconhecimento: distribui recompensas e medalhas a fim de suscitar o ego dos adolescentes e mantém, igualmente, esse desejo nos professores;

— o "desejo de uma nova experiência", articulado aos dois desejos precedentes, é, de fato, um mecanismo protetor, que resulta da monotonia social e do aborrecimento que as rotinas geram;

— o "desejo de segurança", que faz eco ao medo: para o professor é o medo de perder o controle da sua classe ou de perder o seu emprego; para o aluno é o medo das punições ou dos exames, e de parecer estúpido.

O conflito professor-aluno

A escola, segundo Waller, é uma instituição na qual os professores e os alunos têm comportamentos rotineiros, e "definem juntos a situação" (p. 193), que é caracterizada pela dominação dos docentes e pela subordinação dos estudantes. Na relação pedagógica existe muita distância e frieza, que Waller chama "formalidade":[29]

> É um conjunto de regras e regulamentos, que definem de uma vez por todas os direitos e privilégios das pessoas implicadas na situação. A formalidade previne a fricção e impede os contatos entre personalidades. A cortesia é uma maneira de evitar as pessoas de quem não se gosta (p. 195).

Existe entre os professores e os alunos um conflito de interesses e um conflito de desejo que nunca poderão ser completamente superados. É por isso que é necessário analisar, considera Waller, a relação professor-aluno como uma forma institucionalizada de dominação e subordinação. O professor, que é o adulto, é também aquele que impõe os deveres, que aplica as punições, ele representa a ordem social estabelecida na escola. Inversamente, os alunos estão mais interessados em seu próprio mundo, consideram a ordem da escola "uma superestrutura feudal" (p. 196). Em função desse antagonismo, as atitudes de uns e outros estão baseadas numa hostilidade fundamental.

> Os alunos se constituem no material sobre o qual os professores supõem fabricar um produto. Os alunos são seres humanos que se esforçam, à sua maneira espontânea, em fabricarem-se a si mesmos (p. 196).

A autoridade está do lado do professor e é sempre ele quem ganha, e deve ser assim se quer continuar a ser professor. Mas a sua

---

29. "formality" em inglês.

tarefa, de acordo com Waller, é fácil, porque os alunos são, em geral, bastante dóceis diante da "maquinaria" do mundo adulto.

Os professores se apoiam constantemente na disciplina: para dar ordens, punições, gerir as relações no grupo, para moderar as paixões e para impor a ordem aos alunos. As punições desempenham um papel específico dado que elas

> Servem para definir a situação. Permitem aos alunos distinguir claramente o que é autorizado e o que não é, indica-lhes a verdadeiro e o falso no interior dessa organização social complexa que é a escola (p. 200).

A aceitação da disciplina só pode ser tolerada porque se apoia sobre a institucionalização da distância social que separa não somente o professor do aluno, mas também o adulto da criança, considerada não instruída e selvagem. Os professores utilizam uma quantidade de atitudes e frases que os mantêm a distância dos alunos, que por sua vez buscam manter distância dos professores que se mostram excessivamente curiosos ou, às vezes, demasiado ousados no jogo da sedução.

Para Waller, o conceito de "definição da situação" é de grande importância para estudar os fenômenos educativos. Ele se refere, sobretudo, a um processo no qual o indivíduo explora as suas possibilidades de ação em uma situação dada. Todas as situações coletivas são objeto de tais definições por parte dos atores, que devem regular os seus comportamentos considerando os limites que os outros lhes impõem. Trata-se de um processo subjetivo: define-se uma situação em relação aos outros, mas também para um outro alguém. O caso da escola é evidente, pois as definições das situações sociais se baseiam nos elementos de ordem cultural que os adultos transmitem. Os conflitos na escola surgem porque vários grupos distintos podem definir as situações de diferentes formas e, frequentemente, de maneira contraditória:

> O problema fundamental da disciplina na escola pode ser definido como a luta entre alunos e professores para estabelecer a sua própria definição das situações escolares (p. 297).

A definição de situações novas

Na escola, o indivíduo pode se encontrar diante de situações que, para ele, ainda não estão definidas. É o caso do novo professor ou daquele que herda uma nova classe, mas é também a condição do novo aluno, que entra em contato com:

> Uma situação que não lhe é familiar, e isso, às vezes, exige muito tempo para ele compreender o que se espera dele. [...] Será bom observar em detalhe o processo pelo qual os indivíduos chegam a definições satisfatórias das situações escolares (p. 297).

Waller descreve o primeiro dia de escola primária da pequena Frances, que deve aprender que a escola é um lugar onde se trabalha, no qual não se pode falar nem quando nem como se quer, onde se corre o risco de receber castigos, de ser colocado fora do grupo pela professora, mas também pelas outras crianças que já compartilham da mesma definição da situação:

> A criança que chega pela primeira vez à escola, ou a uma nova escola, ou entra numa nova classe, encontra situações nas quais as suas experiências passadas não lhe fornecem definição adequada (p. 300). [...] É sabido, entre os professores, que o primeiro dia de escola, ou a primeira aula, é muito importante e determina o sucesso ou o fracasso do ano escolar (p. 301).

Os professores dizem que é necessário estabelecer as rotinas desde o primeiro dia, traçar imediatamente as fronteiras da situação, preparar-se para esses primeiros momentos, seguir, por exemplo, as rígidas recomendações que William Bagley, obcecado pela ordem, fazia aos educadores sobre a conduta a ser adotada desde a primeira aula.[30] No entanto, Waller considera que a subordinação às definições

---

30. William C. Bagley, *Classroom Management:* its Principles and Technique, New York, Macmillan, 1907, 322 p. Podemos pensar que essa obra obteve certo sucesso junto aos professores, pois ela foi reeditada quinze vezes entre 1907 e 1922.

do professor não proporciona qualquer preparação da criança e, certamente, não a prepara para a vida real: "Quaisquer que sejam as regras estabelecidas pelo professor, a tendência dos alunos é esvaziar o significado delas (p. 196).

A resistência à escola

A descoberta fundamental de Waller é a resistência dos alunos frente à escola que eles frequentam apenas porque são obrigados pelos seus pais. Portanto, é normal que as relações sociais dentro da escola sejam fundadas sobre o conflito. As interações na classe são, frequentemente, uma luta, elas dão lugar a uma verdadeira guerra, que opõe, em especial, professores e alunos. Waller descreve as bagunças organizadas pelos estudantes e, às vezes, o medo de certos educadores que, ao longo dos anos, acumulam a hostilidade dos seus alunos e terminam por vê-los como inimigos.

Essa resistência dos alunos à escola manifesta-se de diferentes maneiras: em primeiro lugar no plano da disciplina, em que a desobediência e a busca ativa por incidentes tornam-se regra geral de conduta e, em seguida, no plano do trabalho escolar propriamente dito que é rejeitado por muitos estudantes. As descrições de situações escolares feitas por certos romancistas, lamenta Waller, são exatas: as brincadeiras dos alunos a propósito do professor são abundantes, e em compensação o docente torna-se rígido e sarcástico, reprime incessantemente e sem esperança, exceto se chega a encontrar "mecanismos de conciliação" (p. 351). Waller observa que é impressionante constatar que o léxico utilizado nas escolas é o vocabulário clássico que caracteriza a hostilidade e o conflito: "guerra, vingança, litígio, conflito de ideais, vitória, conciliação, compromissos" (p. 351). Esses conflitos nem sempre são visíveis, e muitos professores não se reconheceriam nessa apresentação da situação escolar.

O conflito é necessário ao funcionamento das instituições, às relações interpessoais e ao desenvolvimento pessoal. Se os professores não veem o conflito, é porque

[...] a noção de conflito entre professor e aluno viola a sua concepção de uma relação que creem fundamentalmente construtiva. [...] Contudo, o conflito é um processo construtivo, cria tanto quanto ele destrói, unifica tanto quanto ele divide, e constitui um fator potente de unificação do grupo. Nossas relações mais significativas são frequentemente caracterizadas por uma cooperação antagônica. O conflito preserva certas relações de se tornarem intoleráveis, e, fundamentalmente, significa a paz. [...] Seria possível dizer que o conflito nas escolas é o aspecto da vida escolar que prepara melhor os alunos para enfrentarem a vida (p. 352).

Submetidos à autoridade dos seus professores e às pressões da sua família, os alunos terminam por se rebelar, e não se pode projetar uma reforma educativa sem compreender esse aspecto fundamental da vida escolar. As notas, em particular, são objeto de uma verdadeira "batalha" entre os estudantes e os seus professores. Elas provocam reclamações constantes e disputas, quando não chega a produzir rancor, mas estão também na origem de fraudes, plágios e outras condutas que buscam ultrapassar o obstáculo dos exames. Essas práticas reforçam mais ainda os antagonismos entre docentes e alunos, na medida em que revelam que não compartilham o mesmo código moral. Assim, Waller observa que em certas universidades a caça aos fraudadores é tão intensa que contribui "apenas para aumentar a fraude, que se torna um jogo interessante" (p. 362).

Definitivamente, Waller considera que as instituições escolares não funcionam. Por que é assim? Porque o sistema escolar em sua totalidade se burocratizou, e os professores que querem facilitar as coisas em relação à essa burocratização recorrem a práticas rotineiras nas suas classes. Para concluir o seu estudo e somando-se a outros pedagogos europeus da mesma época, como por exemplo Célestin Freinet, Waller escreve que a escola é um

[...] terreno estéril para cultivar a personalidade. [...] A escola é um organismo social, mas alguns dos seus tecidos morreram e necessitam de uma gestão despótica, que por sua vez gera a rebelião dos alunos (p. 445).

3. AS NOÇÕES DE "PERSPECTIVA" E DE "CULTURA ESTUDANTIL" EM UMA ORGANIZAÇÃO

Howard Becker, Blanche Geer, Everett Hughes e Anselm Strauss, em obra consagrada à cultura estudantil em uma faculdade de medicina,[31] desenvolvem duas noções importantes para o estudo dos fenômenos do ensino superior que podem ser facilmente transpostas para outros níveis de ensino: a de "perspectiva" por um lado e a de "cultura estudantil", por outro.

Segundo H. Becker e seus colaboradores, as condutas dos estudantes de medicina, quaisquer que sejam elas, são o produto das suas interações recíprocas:

> Toda organização, independentemente do seu objetivo, é feita da interação dos homens, das suas ideias, as suas vontades, as suas energias, os seus espíritos, e dos seus objetivos (p. 14).

A noção de perspectiva

O termo *perspectiva,* de acordo com H. Becker, refere-se um conjunto de ideias e coordenadas que uma pessoa utiliza para resolver um problema em determinada situação: "Isso designa a maneira comum de pensar e sentir de uma pessoa que se encontra em certa situação" (p. 34).

A noção de perspectiva empregada aqui é ligeiramente distinta da definição dada anteriormente, a qual designava sobretudo as ideias e as crenças. Acrescentem-se aqui as ações. Os pensamentos e as ações são coordenados na medida em que, do ponto de vista do

---

31. Howard Becker; Blanche Geer; Everett Hughes; Anselm Strauss, *Boys in White. Student Culture in Medical School,* [1961], 2ª ed., 1977, Transaction Books, New Brunswick, NJ, 456 p.

ator, as ações parecem decorrer naturalmente das ideias contidas na perspectiva. Por outro lado, as ideias podem ser consideradas justificativas da ação ainda que "as ações nasçam das crenças e as crenças justifiquem as ações".

As perspectivas aparecem quando se está numa situação em que é necessário fazer uma escolha. Se a escolha não for forçada por um ambiente físico ou social, uma perspectiva desenvolve-se. Naturalmente, uma situação não é tratada da mesma forma por todos. Quando um estudante escolhe a sua universidade conforme queira se tornar jurista, médico, quadro administrativo, político ou professor, ele o faz em função do que tenha intenção de fazer na sua vida, das ideias que tem sobre seu futuro. Em outros termos, a situação é problemática apenas em função da perspectiva adotada.

É necessário, além disso, distinguir entre as perspectivas imediatas e as perspectivas a longo prazo. Estas últimas são, em geral, as que conduziram o indivíduo a se encontrar na situação em que está no momento presente. Assim, a perspectiva de ser médico leva o indivíduo a frequentar a faculdade de medicina, e considerar que isso é uma boa coisa. Tendo entrado na faculdade, desenvolvem-se então perspectivas a curto prazo.

As perspectivas pelas quais H. Becker mais se interessou foram aquelas compartilhadas por um grupo. São as *maneiras de pensar e agir que aparecem como naturais e legítimas aos membros do grupo*. Elas surgem desde que os indivíduos tenham os mesmos problemas para resolver em situações que todos consideram da mesma forma. Essas perspectivas de grupo têm a validade das coisas "que todos sabem" e "que todos fazem".

A noção de perspectiva não deve ser confundida com aquelas de valor e atitude. As perspectivas são específicas de uma situação, nascem em resposta a uma "pressão institucional", escreve H. Becker (p. 36). Os valores, ao contrário, são gerais e abstratos, e podem se aplicar a numerosas situações. Além disso, as perspectivas contêm "uma definição da situação", mas não os valores. Enfim, a concepção de perspectiva que H. Becker desenvolve inclui a ação, enquanto a noção de valor considera a ação apenas sob o ângulo de uma consequência.

No que se refere à noção de atitude, as perspectivas se diferenciam na medida em que incluem as ações, as ideias e as disposições para agir. Elas têm ainda um caráter coletivo, enquanto a atitude é da ordem do individual.

Para formular uma perspectiva, H. Becker baseou-se nos incidentes relacionais entre os estudantes e os seus professores. Os incidentes definiam uma situação problemática e descreviam as ações que os alunos adotavam para sair dessa situação. Podiam, por exemplo, constatar o fato de que deveriam submeter-se a um professor caprichoso e exigente, que podia pôr a sua carreira de estudante em perigo. Os estudantes encontravam uma forma de agradar aos seus professores, calculavam conscientemente como podiam fazer frente a educadores com reputação de serem severos. Tudo isso formava categorias que quando reunidas constituíam perspectivas.

H. Becker interrogou-se se tal perspectiva corresponderia de fato a um comportamento público. Paradoxalmente, as conversas individuais com os estudantes puderam fornecer a indicação de que ideias eram compartilhadas de maneira coletiva, mesmo que não fossem expressas em público. Às vezes, um grande número de estudantes pensava a mesma coisa sobre uma questão, mas nunca chegavam a compartilhar esses pensamentos entre eles. O pesquisador descobria essa situação estranha no campo de pesquisa, o que permitia distinguir os comportamentos ou as ideias expressas aos investigadores quando estavam sozinhos daquelas que manifestavam em público, em interações com outros estudantes por exemplo. Se uma perspectiva fosse enunciada em público, era a prova de que os estudantes a compartilhavam, dado que não podiam estabelecer essa comunicação sem se compreenderem, sem tornar mutuamente compreensíveis os termos das suas trocas.

Essa posição evoca aquela adotada por Schütz sobre "reciprocidade das perspectivas". Trata-se da mesma palavra — perspectiva — que é utilizada por Schütz e por H. Becker, na esteira de Mead.

A "cultura estudantil"

Segundo H. Becker, por cultura estudantil deve-se entender um conjunto de compreensões coletivas dos alunos sobre diversos assuntos que se referem à sua vida de estudantes. No entanto, a expressão apresenta vários significados diferentes.

Contudo, as perspectivas que compõem a cultura estudantil, descritas na obra, são coerentes e consistentes.

Por outro lado, a expressão "cultura estudantil" indica que as perspectivas que atribuímos aos alunos estão ligadas ao fato de que ocupam uma posição de estudantes numa instituição que se chama universidade. Na qualidade de estudantes universitários, eles têm as obrigações e os deveres vinculados a essa posição, que todos compartilham igualmente. "O termo importante na expressão 'estudante de medicina' é 'estudante'" (p. 46).

A expressão "cultura estudantil" pode adquirir terceiro sentido: embora se preparem e sejam preparados para tornarem-se médicos,

> [...] as influências decisivas sobre as suas perspectivas não são médicas. Não se comportam como jovens doutores poderiam fazê-lo, mas agem como estudantes poderiam agir (p. 46).

O seu futuro como médicos permanece no futuro, e não usam as perspectivas e a cultura dos médicos.

Enfim, pelo termo "cultura estudantil" é necessário entender também que os estudantes não constroem as suas perspectivas a partir das suas experiências anteriores em outras instituições. Dito de outro modo, as experiências anteriores não exercem influência decisiva sobre a forma como os estudantes comportam-se na faculdade de medicina. Eles podem sofrer influências indiretas de muitas maneiras, mas as perspectivas desenvolvidas na faculdade refletem mais as pressões da sua situação presente do que seus papéis e as suas experiências passadas.

Finalmente, "a cultura estudantil", que encontra as suas raízes na organização da escola de medicina, é uma expressão cômoda para designar "a soma organizada das perspectivas dos estudantes que são relativas ao seu papel de estudante" (p. 47).

4. A ESCOLA INTERACIONISTA INGLESA

A partir dos anos de 1970, o interacionismo simbólico exerceu grande influência sobre as pesquisas britânicas em Sociologia da educação.[32] Os princípios teóricos que guiaram essas investigações atribuíram novamente um lugar mais importante aos atores sociais da escola do que o fizeram os estudos estruturais-funcionalistas, e muitos dentre eles se dedicaram a mostrar que para analisar uma situação escolar era necessário levar em conta a forma como os participantes percebiam a situação. A adoção desse ponto de vista teórico exigia, igualmente, a admissão de princípios metodológicos adequados que vamos expor, resumidamente, antes de abordar os principais estudos produzidos por essa corrente.

Participar para observar

Seria possível resumir a postura metodológica global adotada pelos pesquisadores interacionistas em educação invocando as recomendações de pesquisa que fazia H. Blumer num artigo consagrado ao pensamento de Mead:[33]

---

32. Dentre as publicações em francês poderíamos nos reportar a coletânea de textos de Peter Woods, *L'Ethnographie de l'école*, Paris, A. Colin, 1990, 175 p.; ver também: Yves Poisson, *La recherche qualitative en éducation*, Québec, Presses de l'Université du Québec, 1990, 174 p.

33. Herbert Blumer, "Sociological Implications of the Thought of George Herbert Mead", *American Journal of Sociology*, 71, 5, 1966, p. 535-544.

É preciso assumir o papel do ator e ver seu mundo e seu ponto de vista. Esta abordagem metodológica contrasta com a dita abordagem objetiva, tão dominante atualmente, que vê o ator e a sua ação a partir da perspectiva de um observador distanciado e exterior. [...] O ator age no mundo em função da forma como o vê, e não a partir do que esse mundo parece a um observador estrangeiro (p. 542).

As pesquisas em educação que se inscrevem nessa perspectiva interacionista apoiam-se sempre em diferentes formas de observação participante. Certas correntes britânicas chegaram a adotar o modelo do observador completamente "imerso" no seu terreno, que corresponde a uma das três figuras destacadas por Patricia Adler e Peter Adler[34] na tentativa de elaborar uma taxonomia das posições de pesquisa no campo. Lembremos que essas três grandes categorias inspiradas na tipologia estabelecida por R. Gold[35] são:

— O papel "periférico" no qual o pesquisador está, certamente, em contato estreito e prolongado com os membros do grupo, mas não participa das suas atividades, seja devido às suas crenças epistemológicas, seja porque estuda atividades delinquentes de grupos desviantes às quais ele proíbe a si mesmo de participar, seja porque as suas próprias características demográficas ou socioculturais o impedem.

— O papel "ativo" no qual o pesquisador abandona a posição um tanto marginal de observador participante, que caracteriza a figura precedente para assumir um papel mais central no contexto estudado. Participa ativamente das atividades do grupo, assume responsabilidades, comporta-se com os membros do grupo, como um colega.

— Enfim, o papel de membro completamente "imerso" no grupo, como um membro inteiramente natural. O investigador tem,

---

34. Patricia Adler; Peter Adler, *Membership Roles in Field Research*, Qualitative Research Methods, v. 6, Newbury Park, Sage, 1987, 96 p.

35. R. L. Gold, "Roles in sociological field observations", *Social Forces*, 36, 1958 (março), p. 217-223.

então, o mesmo estatuto que os outros participantes do grupo, compartilha os mesmos pontos de vista e sentimentos e persegue os mesmos objetivos. Assim, ele pode ter a experiência das emoções e das condutas dos participantes por si mesmo.

As pesquisas interacionistas que, sob esse ponto, aproximam-se dos estudos etnometodológicos se inscrevem sempre, com algumas variações relacionadas ao campo investigado e à natureza dos grupos estudados, em uma dessas grandes categorias do trabalho etnográfico de campo. Assim, D. Hargreaves tornou-se, durante a realização de sua investigação, professor do ensino médio, assumindo algumas tarefas, a fim de compreender seu funcionamento.[36] Essa posição constitui, segundo D. Hargreaves, uma vantagem decisiva para o pesquisador:

> Ela permite uma entrada fácil na situação social, reduzindo a resistência dos membros do grupo; apresenta menos riscos de perturbar a situação "natural", e permite ao investigador viver por ele mesmo a experiência e descobrir as normas do grupo, os seus valores e os seus conflitos" (p. 193).

Por sua vez, Peter Woods[37] define os objetivos da etnografia na linguagem do interacionismo simbólico: trata-se de descobrir o sentido que os membros do grupo social considerado dão às situações às quais são confrontados ou que contribuem para construir na sua vida cotidiana. Por exemplo, os grupos de torcedores esportivos, *skinheads*, internos de uma ordem religiosa constroem as suas próprias realidades culturais, e é necessário, para compreendê-las, estudá-las a partir do interior delas mesmas. No campo educativo, o interacionismo vai, então, se dedicar a mostrar como os professores e os alunos "definem a situação".

---

36. David Harold Hargreaves, "Social Relations in Secondary School" in Noel J. Entwistle; John D. Nisbet (eds.) *Education Research in Action*, Londres, University of London Press, 1967, 342 p.

37. Peter Woods, *Inside Schools. Ethnography in Educational Research*, Londres, Routledge & Kegan Paul, 1986, 204 p.

Como sabemos, essa é, igualmente, a posição da etnometodologia, que considera indispensável compartilhar a linguagem institucional comum do grupo a fim de compreendê-la. É necessário que o investigador seja testemunha do que quer estudar, de outro modo, independentemente do seu talento de detetive, terá acesso apenas aos "resíduos" da ação social.

Em contrapartida, a etnometodologia diferencia-se da abordagem interacionista e, em certo sentido, é mais radical ao romper com a "atitude natural". É necessário com efeito, para praticar a etnometodologia, adotar certo estado de espírito, *deixar-se penetrar pela estranheza das coisas e dos acontecimentos* que nos cercam, tentar subtrair-se à força "da atitude natural", que tem tendência a invadi-la constantemente. Esse é o motivo pelo qual é importante na pesquisa etnometodológica praticar às vezes — o que o interacionismo não faz, até onde tenho conhecimento — *breachings*[38] experimentais, que permitem evitar nossa atitude natural diante do mundo.[39] Então, o olhar muda, as situações e os acontecimentos que pareciam naturais tornam-se estranhos, porque revelam, ao mesmo tempo que se apresentam a nós ou acontecem em nossa frente, o seu caráter socialmente construído e seu pano de fundo global de códigos negociados. É preciso, assim, tornar o mundo "antropologicamente" estranho, estando, de modo simultâneo, sempre atento à "ameaça epistemológica" que consiste em identificar-se completamente aos membros. O etnógrafo, quer seja interacionista ou etnometodólogo, é necessariamente um agente duplo, que age em dois mundos: o da cultura do senso comum e o da cultura científica.

---

38. Podemos traduzir a expressão *breachings* como ruptura da rotina. Nota do autor.

39. A utilização, fortemente recomendada por Harold Garfinkel, de óculos de inversão, com o qual o mundo aparece ao contrário, permite ver, por exemplo, em que o fato banal de andar consiste verdadeiramente e em particular a exemplo de quando indivíduos andam em grupo, ou em casal e os seus corpos sabem mostrar aos outros, ou seja exibem socialmente o fato de que estão juntos e mantêm uma relação social, que tende a isolá-los temporariamente das outras interações potenciais. São situações tão banais para um membro que passam totalmente despercebidas. A sua análise necessita, portanto, romper com a familiaridade existente.

Quatro tipos de razões podem ser considerados para justificar a escolha de abordar os problemas educativos numa perspectiva interacionista:

— Teórico: a gênese dos problemas sociais da escola não pode ser descoberta pelos estudos clássicos de Sociologia da educação que têm o projeto de atualizar a estrutura social que os gera, mas que não explica nem como esses processos se desenrolam, nem como eles são produzidos pelos atores do ato educativo. A abordagem etnográfica, seja ela ligada à tradição interacionista ou à etnometodologia, permite, pelo contrário, desmontar, por exemplo, os processos do fracasso escolar, da orientação ou da seleção, enquanto a Sociologia positivista da educação limita-se a identificar os efeitos.

— Metodológico: a abordagem da Sociologia convencional está calcada em aspectos importantes que compõem todas as etapas da sua construção "científica", quer consideremos as hipóteses, as entrevistas, os questionários, as práticas de codificação ou o emprego dos testes estatísticos. A Sociologia interacionista utiliza, pelo contrário, a observação participante para alcançar diretamente os fenômenos que ela quer estudar.

— Prático: o conhecimento de conjuntos sociais restritos é mais facilmente apreensível pela etnografia; um investigador isolado pode realizar o estudo sem necessitar de uma equipe numerosa nem de muitos meios.

— Existencial: enfim, os indivíduos vivem em "grupos sociais naturais", e é nesse ambiente que é necessário observar e compreender como organizam a sua vida em comum, como a ordem social é interacionalmente construída e como se perpetua.

Como iremos mostrar agora, as pesquisas interacionistas em educação que seguem esses princípios estão mais próximas das realidades cotidianas dos professores e dos alunos. Elas permitiram melhor compreender as práticas de ensino dos docentes, analisar a vida na sala de aula bem como, por exemplo, os fenômenos de desvios na escola.

Seis conceitos principais

Segundo P. Woods,[40] a abordagem interacionista em educação se interessou, principalmente, por uma série de questões que podem ser elencadas de acordo com as seis noções seguintes: o contexto, a perspectiva, a cultura, a estratégia, a negociação e a carreira:

— O *contexto* é o quadro das nossas interpretações que, tanto na escola como em outro lugar, variam de acordo com as situações. Mas o contexto não é somente o quadro da ação, ele influencia diretamente a ação propriamente dita, em virtude do significado que atribuímos a ele, como notava W. Thomas:[41] "Se define-se uma situação como real, ela é real nas suas consequências" (p. 572).

Em outros termos, é a nossa "definição da situação" que nos dá um quadro de interpretação das nossas ações e as dos outros.

— As *perspectivas*, como vimos com H. Becker (cf. *supra*), são os elementos que permitem definir a situação. É um conjunto de ideias e ações específicas que se utiliza para resolver um problema.

— A *cultura* não se refere apenas à "cultura da escola", mas também aos diferentes subgrupos culturais presentes na instituição de ensino, entre os professores e os alunos. Assim, fala-se de "uma cultura de classe" dos estudantes, de antagonismos culturais, eventualmente de "nova cultura" para aqueles alunos que, por exemplo, começam um novo ciclo de ensino. É preciso que eles descubram o que ordena a vida escolar cotidiana, suas hierarquias e as suas proibições.

— A noção de *estratégia* é central na abordagem interacionista. Ela constitui o ponto de encontro entre os constrangimentos sociais e as intenções individuais, e permite atingir os objetivos fixados. A escola é, em geral, o lugar da elaboração ou realização de

---

40. Peter Woods, *Sociology and the School*: An Interactionist Viewpoint, Londres, Routledge & Kegan Paul, 1983, 204 p.

41. William I. Thomas (em colaboração com Dorothy S. Thomas), *The Child in America*, New York, Knopf, 1928, 583 p.

estratégias complexas, que põem em jogo as subculturas sociais e culturais, os ideais e os projetos profissionais. Assim a estratégia das crianças da classe operária difere daquela adotada pelas crianças da burguesia.

— A vida escolar é uma *negociação* permanente entre interesses diferentes, entre relações pessoais conflituosas, como vimos com Waller.

— A *carreira*, para os interacionistas, não significa apenas a sucessão de empregos que um indivíduo ocupa durante a sua vida profissional, nem os diferentes níveis hierárquicos que ele ocupou ordenados de modo sucessivo. Eles retomam a distinção introduzida por Everett Hughes, para quem "a carreira" é:

> Objetivamente, uma série de estatutos e funções claramente definidos, sequências típicas de trabalho, de execução, de responsabilidade e mesmo de aventura; subjetivamente, uma carreira é a perspectiva móvel na qual o indivíduo considera a sua vida como um todo, e interpreta o sentido dos seus diferentes símbolos, de suas ações e do que lhe acontece (p. 409-410).

Os interacionistas se interessam mais pela carreira "subjetiva" dos indivíduos, ou seja, pela maneira como eles a descrevem, o que permite, ao mesmo tempo, ter uma visão da identidade que eles têm deles mesmos e do seu engajamento institucional. São algumas dessas investigações que vamos apresentar, em seguida, em função da sintonia que estabelecem com esses princípios interacionistas.

O ingresso numa nova turma

Stephen Ball[42] lamenta que, até o momento presente, os sociólogos da educação tenham negligenciado o estudo sobre as atividades

---

42. S. Ball, "Initial Encounters in the Classroom and the Process of Establishment", p. 143-161, in Peter Woods (ed.), *Pupil Strategies*: explorations in the sociology of the school, Londres, Croom Helm, 1980, 220 p.

escolares realizadas nos primeiros momentos ou nos primeiros dias de uma turma.[43] Esse período, diz ele, é aquele da "instalação" ao longo do qual se desenham as relações futuras, mais ou menos previsíveis a partir das primeiras interações entre alunos e professores.

Os primeiros encontros são, particularmente, importantes, diz S. Ball, porque eles vão determinar as perspectivas de alunos e professores, e mostrar as negociações na sala de aula, que se evidenciam abertamente apenas no primeiro dia de aula, na medida em que elas não serão mais verbalizadas posteriormente. Certamente, professores e alunos chegam à sala com suas experiências passadas, mas cada ano é uma nova turma, e os estudantes aprendem, na prática em sala de aula, os comportamentos proibidos, tolerados e permitidos que variam em função de cada educador, que tem cada gesto e cada palavra interpretado como significando alguma coisa capaz de informar sobre a conduta que deve ser adotada. Todos os entrevistados que se lembram desse período, diz S. Ball, indicam esses primeiros momentos das aulas como uma fase distinta na história de suas interações. Assim, enquanto os docentes consideram que os seus alunos têm medo no primeiro dia, e que a "lua de mel" não ultrapassa a primeira aula, os alunos dizem que "testam" seus professores: "nós nos comportamos bem no primeiro dia, é o tempo que o professor se acostuma com a gente, depois nós somos realmente horríveis". É preciso, segundo S. Ball, descobrir os parâmetros que o professor vai utilizar, e verificar se ele terá a força necessária para que seja respeitado pelos alunos.

De todos os exemplos relatados por S. Ball a partir de seu campo de observação, emerge que o primeiro dia é de fato um desafio, durante o qual um testa o outro, a resistência e o limite de tolerância do professor, por um lado, e a obediência e a flexibilidade dos alunos, por outro. O resultado dessas relações conflituosas do primeiro dia de aula, que evocam os conflitos descritos por Waller nas escolas

---

43. Ball sugere, ironicamente, que isso ocorre porque o ano acadêmico universitário ocorre tardiamente em outubro, enquanto os professores primários e secundários começam o ano escolar em setembro.

norte-americanas no final dos anos 1920 (cf. *supra*), vai decidir a atmosfera futura da sala de aula e as possibilidades de trabalhar nesse ambiente.

Por excelência, o primeiro encontro é o momento em que se define a situação escolar, como foi observado por R. Stebbins[44] para quem a definição da conjuntura pelo professor exige a percepção dele sobre os alunos, mas também uma percepção reflexiva de suas expectativas e estratégias. Para os estudantes, o conhecimento social que eles acumulam sobre a sua classe é um "conhecimento de pertinência". Assim, eles precisam saber o que professor entende por "aprender a lição", de tal modo que eles possam mostrar sua competência, que poderia ser mal interpretada se acontecesse de eles conhecerem a lição, mas sem respeitar a concepção que o docente tem sobre o que significa "aprender a lição". Trata-se, portanto, além da definição de uma situação presente, de uma projeção para o futuro, pela qual o aluno poderá escolher e avaliar suas ações. Enfim, se para S. Ball os primeiros encontros se constituem como um "ambiente pessimistas", eles permitem estabelecer a relação indispensável entre o professor e seus alunos, e deveria ser objeto de muita atenção por parte dos educadores.

A negociação do trabalho escolar

Peter Woods[45] acredita que a negociação é a principal estratégia utilizada por professores e alunos durante as suas interações. Ele mostra esse aspecto da vida escolar ao tratar do "trabalho escolar" que é, naturalmente, a atividade principal da escola. O trabalho escolar, de fato, não é uma atividade "natural", ele segue certas regras e procedimentos que os alunos devem aprender.

---

44. R. Stebbins, "The Meanings of Academic Performance: How Teachers Define a Classroom Situation", in Peter Woods; Martyn Hammersley, *School Experience:* Explorations in the Sociology of Education, Londres, Croom Helm, 1977, 298 p.

45. Peter Woods, *Sociology and the School,* op. cit., em particular capítulo 7, p. 127-149.

A maior parte do tempo essas negociações têm caráter implícito. Elas se referem às "leis" gerais de comportamento na sala de aula, mas, de modo mais específico, à maneira como o trabalho escolar (acadêmico) é avaliado. Se, como mostra C. Werthman em seu estudo sobre a delinquência em uma escola americana,[46] o professor é muito severo, ou atribui notas injustas, os alunos adotam uma série de medidas de retaliação, tais como chegar sistematicamente atrasados, sair da sala antes da hora, não responder às perguntas feitas durante a aula, ignorar ostensivamente as aulas, adotar constantemente um "atitude tranquila" e provocadora ou, ainda, se comportar continuamente no limite do permitido. Para que o trabalho escolar possa ser feito ou, simplesmente, que a aula aconteça ocorre uma negociação oculta que permite fazer uma "trégua". Isso é o que A. Pollard[47] chamou de "consenso de trabalho", isto é, um consenso de regras de trabalho, "Um corpo de entendimentos tácitos através do qual a ordem social na sala de aula é definida" (p. 89).

Note aqui que Bourdieu também mostrou como os professores e os estudantes constroem juntos um entendimento tácito de seu relacionamento, com base na ausência mútua de avaliação sobre sua comunicação, e cuja incumbência é estabelecer "uma definição mínima da situação".[48]

Além disso, segundo P. Woods, o tipo e a quantidade de trabalho proposta pelo professor, bem como seus métodos de ensino, também são objeto de negociação. O conjunto do trabalho escolar aparece como uma atividade negociada, na qual se deve lidar com os alunos que "trabalham duro", com os que não fazem nada ou com aqueles com os quais o professor deve negociar, mais ou menos abertamente,

---

46. C. Werthman, "Delinquents in Schools: A Test for the Legitimacy of Authority", *Berkeley Journal of Sociology*, 8, 1, 1963, p. 39-60.

47. Andrew Pollard, "Negotiating Deviance and "Getting Done" in Primary School Classrooms", in L. Barton et R. Meighan (eds.), *Schools, Pupils and Deviance*, Driffield, Nafferton Books, 1979.

48. Pierre Bourdieu, Jean-Claude Passeron, Monique de Saint-Martin, *Rapport pédagogique et communication*, Paris, Mouton, 1965, 128 p.

a quantidade e o estilo de trabalho (p. 133). Na sala de aula, ocorrem, assim, perguntas, protestos, ameaças diversas relativas à disciplina ou ao trabalho e, até mesmo, relacionadas à quantidade de trabalho a ser realizado, situações em que o professor é obrigado a considerar a vontade e a capacidade de seus alunos, desde que não sejam protestos relativos ao trabalho que têm a fazer. Para negociar todas essas atividades, educadores e estudantes usam um certo número de técnicas: persistência, comparações, justificativas, retomada de acordos anteriores que envolvem a "honra" da palavra dada, as promessas e as ameaças.

À luz dessas considerações, pode-se pensar que a cada vez que ocorre uma negociação malsucedida, o trabalho escolar não é feito ou é sancionado como insuficiente, e que esses são os primeiros passos para o fracasso escolar, que poderia, então, ser considerado o fracasso de uma negociação no estabelecimento da situação. Voltaremos a essa hipótese.

O aluno e sua carreira

De acordo com P. Woods,[49] a vida escolar da criança e do adolescente é marcada por certo número de etapas, todas mais ou menos traumáticas. A primeira coisa que a criança deve aprender na escola é "tornar-se um aluno", isto é, entre outras coisas, aceitar uma ruptura relativa com o meio familiar, que ocorre gradualmente durante os primeiros anos de escolarização. Nesse aprendizado, como L. Measor e P. Woods mostraram, a transição entre a escola primária e a secundária é, particularmente, importante: as sequências do trabalho são diferentes, o ritmo não é o mesmo, as regras a seguir são mais numerosas e mais complexas, a disciplina torna-se mais rigorosa. As crianças devem desenvolver novas ferramentas de conhecimento, elaborar novas estratégias de trabalho, e estima Woods, "sobretudo eles aprendem a ser alunos" (p. 163).

---

49. Peter Woods, *Sociology and the School*, op. cit., p. 163-167.

ETNOMETODOLOGIA E EDUCAÇÃO

Na sequência, outras etapas, cada vez mais complexas, marcam a carreira escolar de um aluno: haverá o ensino secundário, em que o problema das provas será mais agudo e depois, possivelmente, a universidade. A cada situação o estudante deve mudar de papel, suas expectativas se alteram, ele deve encontrar novos recursos para resolver eficazmente novos problemas. Dois fatores parecem particularmente pertinentes:

— Em primeiro lugar, o impacto do saber sobre a visão de sua própria identidade, que é um fator pouco estudado na Sociologia da educação. A aquisição de novos conhecimentos transforma a identidade dos indivíduos, isso pode modificar seus projetos, mudar a trajetória de sua carreira, impulsionar novos papéis.

— Em segundo lugar, a influência decisiva de um "agente educativo", que pode ser um dos pais, um amigo ou um professor.

O primeiro desses fatores é especialmente importante se considerarmos o conhecimento dos alunos sobre a vida escolar, como V. Furlong[50] estudou. Furlong acredita que os professores, bem como pesquisadores, ignoram totalmente o que a escola realmente significa para as crianças. Assim, pensou-se que seria necessário propor atividades ou livros de aprendizagem manuais aos alunos que não eram "talentosos" para estudos gerais, acreditando ingenuamente que eles se interessariam pela escola, pelas atividades "práticas": datilografia, trabalhos manuais, artesanato etc. De acordo com V. Furlong, na verdade, os estudantes se interessam, antes de tudo, pelo ato de aprender, seja o assunto história ou datilografia.

Outros fatores sociais, cuja influência é mais conhecida pela Sociologia da educação, tais como a origem de classe ou o sexo dos alunos, orientam também o seu percurso escolar, que é, em grande medida, determinado pela estrutura social que os rodeiam.

---

50. V. J. Furlong, "Interaction Sets in the Classroom: Towards a Study of Pupil Knowledge", in M. Stubbs e S. Delamont (eds.), *Explorations in Classroom Observation*, London, Wiley, 1976, p. 24-44; reeditado em: Martyn Hammersley; Peter Woods, *Life in School*: The Sociology of Pupil Culture, Milton Keynes, G. B., Open University Press, 1984, 274 p.

Conforme P. Woods, podemos considerar essas etapas como passagens, conforme o sentido que Van Gennep[51] ou Barney Glaser e Anselm Strauss[52] deram a essa expressão, embora não se deva submeter sistematicamente todo tipo de passagem a suas análises. Mas podemos facilmente identificar, nas passagens escolares, as três fases sucessivas que Van Gennep e, depois dele, muitos sociólogos e etnólogos têm distinguido: a de separação, margem, e, finalmente, de agregação.

Nessas passagens sucessivas, deve-se ressaltar outro aspecto, que não é abordado por P. Woods, mas que em minha opinião, está presente de maneira intensa: a solidão progressiva daquele que vive as passagens. À medida que as passagens se tornam mais complexas, o aluno é mais solitário para vivenciá-las. Quanto mais a passagem requer habilidades de observação, de síntese, capacidade de tomar decisões, envolvendo uma compreensão aprofundada das situações e das condutas que devem ser adaptadas a elas, menos o aluno é acompanhado nessa passagem e mais ele é deixado por sua própria conta. Esse aspecto terá seu ponto culminante com a entrada na universidade.

A resistência da classe operária

Alguns sociólogos da educação têm desenvolvido uma teoria da resistência, de origem neomarxista, com base em estudos etnográficos de inspiração interacionista. Eles analisaram as contradições e os conflitos de classe que tomam a forma de conflitos culturais dentro da escola e entre a escola e o meio familiar operário. Essas análises pretendem ir além da distinção geral que David Hargreaves[53] e Colin

---

51. A. Van Gennep, *Les rites de passage*, Paris, Picard, [1909], 1981, 288 p.

52. Barney Glaser; Anselm Strauss, *Status Passage*, Londres, Routledge & Kegan Paul, 1971, 205 p.

53. David Harold Hargreaves, *Social Relations in a Secondary School*, Londres, Routledge & Kegan Paul, 1967, 226 p.

Lacey[54] acreditaram que deveria ser feita entre dois grupos de alunos, "antiescola" e "pró-escola", correspondendo a duas subculturas diferentes. Eles constataram que o grupo "antiescola", massivamente de origem operária, não recebia o mesmo tratamento por parte da escola, e desenvolvia sua própria contracultura.

Em sua tese de doutorado, H. Becker[55] já tinha abordado esses aspectos ao estudar os problemas enfrentados pelos professores em sua "carreira". Ele concluiu que o professor teria de lidar com três tipos de problemas:

— Aquele de ensinar "alguma coisa para as crianças" e de observar mudanças em seu comportamento que fossem creditadas ao trabalho realizado pelo professor (p. 240). Mas o que fazer com as crianças "lentas", que não têm interesse na escola, que têm um ambiente familiar que não as favorece? Com elas o professor aplica técnicas de ensino diferentes que aumentam ainda mais o fosso entre esse grupo de crianças e os outros.

— Aquele de manter a ordem na sala de aula e controlar as atividades dos alunos. Mas os estudantes do grupo fraco são "violentos e incontroláveis", ainda que o professor passe todo o seu tempo a manter a ordem.

— Finalmente, o professor deve suportar a conduta desses alunos que considera "imoral e revoltante". Os professores dizem que as crianças das classes populares são "sujas, desonestas, delinquentes, sexualmente precoces, não têm nenhuma ambição e estão em más condições de saúde" (p. 241).

No entanto, H. Becker não vai além dessas constatações que ele elabora a partir de entrevistas com professores. Ele não mostra que

---

54. Colin Lacey, *Hightown Grammar*: The School as a Social Sytem, Manchester, Manchester University Press, 1970, 214 p.

55. H. Becker, *Role and Career Problems of the Chicago Public School Teacher*, Ph. D., Department of Sociology, University of Chicago, agosto 1951; essa tese foi publicada em 1980 com esse mesmo título por Arno Press, New York, 322 p.

essas crianças "sujas e desonestas" vêm dos meios operários que rejeita a ideologia da escola. Contudo, ele faz alusão, desde que observa que os pais das crianças desse grupo não lhes dão "o desejo de fazer bem as atividades na escola", que são raramente cooperativos com o professor, e que, se eles o são, é para dar alguns "bons tapas" em seus filhos (p. 242-243).

Essa questão será retomada por Paul Willis,[56] que estudou um grupo de "duros" (autodenominação adotada pelos adolescentes) que se opõem à autoridade em um jogo de guerrilha incessante, consumo excessivo de álcool, roubos e vandalismo, em uma atitude permanente de provocação, inclusive em relação a alguns de seus colegas que eles chamam de "ear'oles",[57] ao se referirem às crianças bem comportadas da burguesia, que não fazem nada em sala de aula além de escutar e que "não terão boas recordações mais tarde". Segundo P. Willis, a contracultura que eles representam para a escola não é uma resposta para o seu fracasso escolar. É preciso considerá-la de outra maneira: a contracultura deles é mais ativa, e corresponde ao desenvolvimento da cultura da classe operária na escola, ocasionado pelo comportamento autoritário de professores que querem inculcar outros valores a todos os alunos. Enraizados em sua cultura operária, alguns estudantes colocam em questão a cultura escolar, recusando-se, por exemplo, a reconhecer a superioridade do trabalho intelectual sobre o trabalho manual. Eles rejeitam a ideologia escolar do sucesso, o respeito às regras e, de modo geral, a domesticação social que autorizaria os mais dóceis a alcançar profissões mais prestigiosas e menos extenuantes. Eles desenvolvem estratégias de oposição e resistência, que podem se manifestar para além da agitação permanente, passando ao que, segundo P. Willis, resta aos filhos de operários para se distinguir dos outros, ou seja: a maneira de se vestir, cigarros, álcool e a forma de "paquerar" muitas vezes sexista. Mais que a atividade em si mesma, o mais importante é que ela seja

---

56. Paul E. Willis, *Learning to Labour*: How Working Class Kids Get Working Class Jobs, Westmead, Gower Publications, 1977, 204 p. Ver em português: *Aprendendo a ser trabalhador*: escola, resistência e reprodução social, Porto Alegre: Artes Médicas, 1991.

57. A expressão é utilizada para designar, de forma pejorativa, os alunos que se comportam em sala de aula de modo a bem escutar o que dizem os professores.

conhecida por todos e, melhor ainda, se ela é vista por todos, de modo que o desafio aos valores "burgueses" seja ainda mais intenso.

Essa teoria da resistência volta a atribuir um lugar ao aluno e a sua família como atores sociais, mas P. Willis considera que esse comportamento volta-se, finalmente, contra eles mesmos, já que essa resistência os prepara para o trabalho manual e, por conseguinte, para sua permanência na classe operária. O comportamento violentamente crítico dos participantes dessa contracultura termina por produzir uma força dócil de trabalhadores manuais.

Outros estudos mostram, igualmente, a resistência das crianças da classe operária à escola, veículo dos valores burgueses e capitalistas. Assim, Andy Hargreaves[58] mostrou que as teorias da reprodução, tal como foram desenvolvidas nos anos de 1960 e 1970, apresentam os alunos como receptores passivos das mensagens e dos valores transmitidos pela "escola capitalista", enquanto, permanecendo ao mesmo tempo no âmbito de uma análise marxista, pode-se também interpretar a atitude dos estudantes como uma resistência ativa aos valores burgueses que se quer lhes inculcar. Seguindo nessa mesma direção, podemos indicar as investigações desenvolvidas por S. Ball[59] segundo as quais, em geral, quando os filhos de trabalhadores são reunidos num "grupo de mesmo nível", isso produz uma ausência de entusiasmo desde o segundo ano, e um comportamento geral hostil à cultura oficial da escola; o trabalho de S. Humphries[60] que analisou as atitudes dos filhos de trabalhadores em relação à escola no início do século na Inglaterra recolhendo os testemunhos orais e "histórias da vida escolar"; a contribuição de David Robins e Phillip Cohen,[61] que

---

58. Andy Hargreaves, "Resistance and Relative Autonomy Theories: Problems of Distorsion and Incoherence in Recent Marxist Analyses of Education", *British Journal of Sociology of Education*, 3, 2, 1982.

59. Stephen J. Ball, *Beachside Comprehensive*: A Case-Study of Secondary Schooling, Cambridge, Cambridge University Press, 1981, 328 p.

60. Stephen Humphries, *Hooligans or Rebels ? An Oral History of Working-class Childhood and Youth, 1889-1939*, Oxford, Blackwell, 1981, 279 p.

61. David Robins; Phillip Cohen, *Knuckle Sandwich*: Growing up in the Working-class City, Londres, Pelican Books, 1978, 203 p.

mostraram a vida e o desenvolvimento das crianças num meio operário; aquelas dos sociólogos americanos J. Anyon[62] para diferentes classes sociais, e Henry Giroux[63] que, de modo especial, aproximou as teorias da reprodução e da resistência, e desenvolveu uma pedagogia crítica da aprendizagem,[64] à qual contribuiu igualmente Peter McLaren.[65] Este último mostrou, da mesma forma, no estudo etnográfico que realizou junto à comunidade portuguesa de um estabelecimento secundário católico de Toronto (Canadá),[66] que todo o sistema instaurado pela escola podia ser compreendido como um ritual destinado a reproduzir ativamente a estrutura social desigual, desencorajando as aspirações dos alunos das classes populares em direção a um melhor destino, enquanto eles se opõem ativamente à opressão ideológica que sofrem.

Pesquisadores e práticos

Na Grã-Bretanha, o movimento dos "professores-pesquisadores", que teve Lawrence Stenhouse em sua origem nos anos de 1970,[67] produziu numerosas investigações feitas nas salas de aula, com a

---

62. J. Anyon, "Social Class and School Knowledge", *Curriculum Inquiry*, v. 11, 1, 1981.

63. Henry A. Giroux, *Ideology, Culture and the Process of Schooling*, Philadelphie, Temple University Press, 1981. H. A. Giroux, "Theories of Reproduction and Resistance in the New Sociology of Education: a Critical Analysis", *Harvard Educational Review*, 53, 1983, p. 257-303. Ver em português: *Teoria Crítica e Resistência em Educação. Para além das teorias de reprodução*. Petrópolis: Vozes, 1986.

64. H. A. Giroux, *Teachers as Intellectuals. Toward a Critical Pedagogy of Learning*, Granby, Mass., Bergin & Garvey Publishers, 1988, 326 p. Tradução em português: *Os professores como intelectuais*: rumo a uma pedagogia crítica da aprendizagem, Porto Alegre: Artes Médicas, 1997.

65. Peter McLaren, *Life in Schools. An Introduction to Critical Pedagogy in the Foundations of Education*, New York, Longman, 1989. Tradução em português: *A Vida nas Escolas: uma introdução à pedagogia crítica nos fundamentos da educação*. Porto Alegre: Artes Médicas, 1997.

66. Peter McLaren, *Schooling as a Ritual Performance*, Boston, Routledge & Kegan Paul *teorias de reprodução*. Petrópolis: Vozes, 1986. H. A. Giroux, *Teachers as Intellectuals. Toward a Critical Pedagogy of Learning*, Granby, Mass., Bergin & Garvey Publishers, 1988, 326 p. Tradução em português: *Os professores como intelectuais: rumo a uma pedagogia crítica da aprendizagem*, Porto Alegre: Artes Médicas, 1997. Peter McLaren, Life in Schools. An Introduction to Critical Pedagogy, 1986, 326 p.

67. Lawrence Stenhouse, *An Introduction to Curriculum Research and Development*, Londres, Heinemann Educational, 1975, 160 p.

ETNOMETODOLOGIA E EDUCAÇÃO

colaboração dos docentes mas, sobretudo, esse movimento permitiu que os próprios professores se autorizassem a desenvolver investigações pedagógicas.[68] Essas investigações não eram exclusivamente de tendência interacionista, mas tinham o compromisso de investigar a sala de aula, e as teorias interacionistas permitiram aproximar os pontos de vista de teóricos e de práticos.

Na introdução da obra coletiva dirigida por Peter Woods e Andrew Pollard,[69] eles examinaram as relações entre a Sociologia da educação e a prática dos professores, e interrogaram-se sobre o que a Sociologia da educação pode oferecer ao educador em sua sala de aula. Ao exame diário de uma prática, a Sociologia da educação oferece com efeito aos professores apenas generalidades teóricas e comentários sobre as classes sociais e a educação.

Os docentes que receberam pesquisadores em suas classes sentiram-se, frequentemente, como cobaias observadas pelo sociólogo que quer examinar a prática a fim de conseguir "sobre as suas costas" algum diploma. A investigação frequentemente é vivida como negativa, quando não é ameaçadora e prejudicial. A situação melhorou depois que a pesquisa se afastou da investigação sobre as disciplinas e voltou-se para assuntos mais pedagógicos. Contudo, a distância entre o investigador e o prático não foi reduzida mas, pelo contrário, foi ampliada.

Existem, no entanto, aspectos positivos na colaboração-confrontação entre pesquisa acadêmica e prática pedagógica. Certamente, às vezes a investigação influenciou o ensino e alguns professores encontraram uma "nova visão do mundo". Por exemplo, pode parecer que a igualdade de oportunidades entre classes sociais, no que diz respeito à educação, tenha sido maior ao longo dos últimos 40 anos.

---

68. Ver, por exemplo, as pesquisas reunidas no volume editado por J. Nixon, pois todas elas são pesquisas realizadas por práticos em suas salas de aula ou em seus estabelecimentos: Jon Nixon, *A Teachers' Guide to Action Research*: Evaluation, Enquiry and Development in the Classroom, Londres, Grant McIntyre, 1981, 209 p.

69. Peter Woods; Andrew Pollard (eds.), *Sociology and Teaching. A New Challenge for the Sociology of Education*, Londres, Croom Helm, 1988, 239 p.

Mas esse quadro pode ser resultado de uma maior exigência econômica do que devido a uma igualdade de oportunidades. A Sociologia da educação permitiu, algumas vezes, ir além da aparência das coisas, e certos trabalhos influenciaram realmente as políticas e as decisões escolares. Contudo, a Sociologia ainda não contribui o bastante para a compreensão dos fenômenos educativos.

É por isso que P. Woods e A. Pollard recomendam um modelo alternativo de investigação educativa que implica trabalhar mais com os agentes de mudança do que *sobre* eles:

A Sociologia pode contribuir consideravelmente para compreender as percepções que os professores têm da escola e da sala de aula. [...] A atividade de ensinar é complexa, as decisões são, frequentemente, produzidas por uma mistura de reflexões e intuições (p. 16).

Os estudos que eles apresentam têm a ambição de contribuir para que os professores compreendam melhor a Sociologia. A maior parte tem um caráter etnográfico, A. Pollard e P. Woods consideravam que a etnografia é particularmente recomendada como intermediária entre a Sociologia e a prática de ensino. Esses estudos mostram como a reflexão sociológica e a reflexão pedagógica podem se reforçar mutuamente e colaborar utilizando técnicas etnográficas. Constrói-se um *corpus* de conhecimento que cria uma epistemologia comum aos sociólogos e aos professores. Não se trata mais de fazer simples descrições do que se passa nas salas de aula, é necessário agora, consideram os autores, colaborar com os docentes a fim de resolver problemas.

5. A "NOVA SOCIOLOGIA DA EDUCAÇÃO"

A "Nova Sociologia da Educação" (NSE) é uma corrente teórica que se desenvolveu na Grã-Bretanha entre o final dos anos 1960 e ao longo dos anos 1970. É uma corrente que reagrupa problemáticas e ideias muito diversas, e a expressão "Nova Sociologia da Educação" deve ser considerada, de acordo com Jean-Claude Forquin,[70] um "rótulo" provisório, designando não um conjunto teórico homogêneo, mas antes uma atitude comum de rejeição a uma "velha" Sociologia da educação.

De acordo com J-C. Forquin, duas fontes principais inspiraram a Nova Sociologia da Educação: o interacionismo simbólico americano, procedente de Mead, e a fenomenologia social de Schütz. Ele escreve:

> Apreender o saber veiculado pelo ensino não mais como uma entidade "absoluta" e dotada de um valor intrínseco, mas como uma construção social e uma questão social, como algo que é produzido numa "arena" institucional e constitui o resultado precário de interações e de interpretações "negociadas" entre grupos com "perspectivas" divergentes, tal nos parece ser objeto por excelência, o contributo específico desta sociologia da educação de inspiração "antifuncionalista" e "antipositivista" (p. 63).

A "Nova Sociologia da Educação" nasce a partir de uma crítica à "antiga"

Se a Sociologia da educação dos anos 1960 pode identificar os mecanismos de seleção e de exclusão escolar das crianças das classes desfavorecidas, ela não analisou o problema da organização dos conhecimentos tal como eles estão nos programas de estudo. Para a NSE, o sistema de ensino aparece como uma instituição em que os saberes não são selecionados e "distribuídos" arbitrariamente, mas de acordo com modalidades que devem ser analisadas. A Sociologia da educação se interessou, até o presente, pelo sucesso diferenciado segundo os estratos sociais de pertencimento, mas não se interrogou

---

70. Jean-Claude Forquin, "La "nouvelle sociologie de l'éducation" en Grande-Bretagne: orientations, apports théoriques, évolution (1970-1980)", *Revue française de pédagogie*, n° 63, 1983 (abril-maio-junho), p. 61-79.

sobre a natureza dos conhecimentos transmitidos, nem sobre a sua estratificação, visível através do estudo dos currículos. É por conseguinte a uma Sociologia dos conhecimentos escolares e do currículo que a "Nova Sociologia da Educação" convida-nos. A bíblia do movimento é a obra que Michael Young publicou em 1971.[71]

De acordo com M. Young, as possíveis razões para explicar por que a Sociologia da educação não fez essa análise são de três ordens:

— *Ideológica*: as análises sociológicas sobre a escola não levaram em consideração os tipos de saber que as crianças desfavorecidas não conseguem adquirir.

— *Organizacional*: a negligência com a qual essas questões foram abandonadas pelos sociólogos da educação reflete uma divisão informal do trabalho dentro das ciências educacionais. Ao concentrar suas análises sobre a dependência do sistema educativo em relação aos sistemas econômicos e políticos, deixaram a análise dos programas aos didáticos e aos psicopedagogos.

— *Teórica*: a predominância funcionalista privilegiou a análise da transmissão dos valores em detrimento da transmissão dos conhecimentos.

Claude Trottier[72] distingue duas fases na evolução dessa corrente:

— Na primeira, que vai desde 1967 até 1976, desenvolve-se uma crítica à Sociologia da educação que estava em curso até o momento. Mas essa Nova Sociologia da Educação é, por sua vez, criticada e dá lugar a um novo desenvolvimento da corrente.

— Durante a segunda fase, a partir de 1976, assiste-se a uma reorientação das referências teóricas e à contribuição de novas perspectivas.

---

71. Michael Young (ed.), *Knowledge and Control*: New Directions for the Sociology of Education, London, Collier-Macmillan, 1971, 289 p.

72. Claude Trottier, "La "Nouvelle" sociologie de l'éducation en Grande-Bretagne: un mouvement de pensée en voie de dissolution?", *Revue française de pédagogie*, n° 78, 1987, p. 5-20.

A primeira fase da "Nova Sociologia da Educação"

Segundo C. Trottier, duas perspectivas foram utilizadas:

— A do controle social, com uma abordagem macrossociológica, que se interroga sobre os mecanismos pelos quais os grupos sociais que detêm o poder definem um corpo de conhecimentos "válido" que o sistema educativo tem por "missão" transmitir.

— A da fenomenologia. C. Trottier, curiosamente, coloca sob esse rótulo único o interacionismo simbólico, a abordagem da construção social da realidade (Schütz) e a etnometodologia. Segundo ele, cada uma dessas três abordagens atribui um papel ativo ao ator na construção da realidade. A análise do sociólogo da educação trata, então, sobre a maneira como os professores e os alunos "decodificam" os seus comportamentos respectivos nas suas interações diárias. Essa abordagem, ao contrário da primeira, é microssociológica.

Não existe uma ordem preestabelecida e imutável na transmissão dos conhecimentos aos alunos. Essa ordem é construída socialmente. M. Young apoiou-se, especialmente, sobre os trabalhos de B. Bernstein[73] sobre a classificação e a organização dos conhecimentos. G. Esland,[74] por sua vez, apoiando-se sobre a fenomenologia social de Schütz, analisou como os professores selecionam e transmitem os conhecimentos aos seus alunos a partir dos programas. A interpretação deles sobre os programas depende, de acordo com G. Esland, da ideologia pedagógica, que constroem durante as interações com os alunos e com os diversos agentes do processo educativo. Ainda nessa direção,

---

73. Basil Bernstein, "On the Classification and Framing of Educational Knowledge", *in* M. Young (ed.), *Knowledge and Control*, op. cit., p. 47-69. Este artigo foi publicado em francês em: Basil Bernstein, *Langage et classes sociales: codes sociolinguistiques et contrôle social*, Paris, Éditions de Minuit, 1970, 348 p.

74. G. Esland, "Teaching and Learning as the Organization of Knowledge", in M. Young (ed.), *Knowledge and Control*, op. cit., p. 70-115.

N. Keddie[75] procura mostrar que existe uma correspondência entre os conhecimentos que são valorizados na escola e na sociedade em geral, ou seja, entre a estrutura de poder e a distribuição dos conhecimentos.

No plano metodológico, as perspectivas teóricas dos "novos" sociólogos da educação os conduziram a privilegiar os métodos de investigação qualitativos, como a abordagem etnográfica: observação participante, estudos de casos, entrevistas semidiretivas etc. Outra característica da NSE é, com efeito, a vontade de analisar os processos escolares internos, que não dependem apenas de fatores externos, mas também das interações dos atores dentro do próprio sistema escolar. Essa nova perspectiva de pesquisa permite descobrir, por exemplo, que os professores desempenham um papel mais importante do que se diz habitualmente no que se refere aos mecanismos de seleção e de exclusão. É sem dúvida sob esse aspecto que a NSE pode ser aproximada da etnometodologia: o ator não é mais manipulado por forças que estão além dele mesmo, mas ele é, pelo contrário, capaz de julgamento, e o seu papel na estruturação do contexto é preponderante.

As críticas dirigidas a "Nova Sociologia da Educação"

Acusou-se os "novos" sociólogos da educação de não conseguirem articular as abordagens micro e macrossociológicas. Eles não teriam considerado suficientemente os constrangimentos socioeconômicos e institucionais que pesam sobre o ator. Acusou-se igualmente esses "novos" sociólogos da utilização de métodos de investigação qualitativos considerados pouco "rigorosos" e de formular proposições não verificáveis. Foram chamados de relativistas: o conhecimento que teriam da realidade dependeria da sua visão pessoal e do contexto no qual se encontrem, o que é a negação mesma da atividade científica.

---

75. N. Keddie, "Classroom Knowledge ", in M. Young, *Knowledge and Control*, op. cit., p. 13-160.

Por último, foi-lhes assinalado que a tomada de consciência de um problema não é suficiente para sua resolução.

A segunda fase da "Nova Sociologia da Educação"

Várias dessas críticas foram aceitas pelos "novos" sociólogos da educação que reconheceram a impossibilidade de mudar a sociedade alterando o sistema educativo. Eles parecem ter admitido, igualmente, que a abordagem fenomenológica, ao tempo que pode explicar as condutas dentro da sala de aula, toma a educação como se ela não estivesse inscrita num contexto sociopolítico mais global, enquanto a macroestrutura "dá forma à distribuição dos recursos e do poder no interior da organização escolar" e que seria o caso de se atribuir mais "importância aos constrangimentos estruturais que pesam sobre o sistema de ensino" (C. Trottier).

Essas críticas conduziram a cisão da NSE em dois grupos: uma parte dos "novos" sociólogos continuou fiel à perspectiva interacionista e fenomenológica, continuando a fazer estudos empíricos de tipo etnográfico; outros, mais sensíveis a essas críticas, produziram uma análise mais macrossociológica, tornaram-se mais próximos de uma análise neomarxista da educação, considerada uma instituição de retransmissão do capitalismo, um conjunto de mecanismos de reprodução.

M. Sarup[76] considera que essas duas abordagens, fenomenológica e neomarxista, são, em verdade, complementares:

> As preocupações de ambas são análogas no que diz respeito aos problemas de reificação e de alienação; as relações entre o senso comum, os conhecimentos que se tem das coisas na vida diária e a teoria; a distância que separa os especialistas e as pessoas comuns; a hierarquia que se estabelece entre os intelectuais e as massas.

---

76. Madan Sarup, *Marxism and Education*, London, Routledge and Kegan Paul, 1978, 224 p.

A evolução da NSE pode ser observada através de três versões sucessivas, do curso de Sociologia da Open University:

— a primeira versão em 1971, intitulada "School and Society", era centrada na análise do funcionamento interno do sistema de ensino;

— a segunda, em 1976, era "Schooling and Capitalism" e insistia nos processos de escolarização na sociedade capitalista;

— a terceira, realizada em 1984 e intitulada de "Conflict and Change in Education: a Sociological Introduction", tinha uma abordagem mais geral, embora permanecesse fortemente impregnada pelo marxismo e as teorias da reprodução.

Embora inspirados pela teoria da reprodução, os novos sociólogos da educação recolocaram em questionamento a teoria da "correspondência", considerada demasiadamente mecanicista, apresentando uma versão "conspiratória" da história, que produz e reproduz "idiotas culturais".

6. A TEORIA DOS RÓTULOS

Outra corrente de pensamento teve ampla influência no campo educativo: trata-se da "teoria dos rótulos", traduzida em francês por "teoria da etiquetagem" ou, às vezes, por "teoria da designação". Essa corrente, que foi utilizada para explicar o desvio social, adota ao extremo a orientação interacionista segundo a qual o mundo social não é "dado", mas "construído".

A teoria geral dos rótulos

Ao contrário das abordagens que dominam no estudo dos comportamentos desviantes, o que preocupa a teoria da rotulação não é se interrogar sobre a natureza psicológica ou a motivação dos atos desviantes. A questão é, antes de tudo, saber por que e por quem as pessoas são "rotuladas" como desviantes. O desvio não é mais considerado uma "qualidade", uma característica própria do indivíduo ou, ainda, algo que é produzido pelo desviante. Considera-se que o desvio é, ao contrário, criado por um conjunto de definições instituídas, pela reação do social a atos mais ou menos marginais, ou seja, o resultado de um julgamento social, como sublinha H. Becker:[77]

> O fato central do desvio é que ele é criado pela sociedade. Não digo isso no sentido comum da expressão, ou seja, aquele em que as causas do desvio estariam na situação social do desviante e que seriam os fatores sociais que o levariam a agir. Quero dizer que os grupos sociais criam os desviantes pela instituição das regras cuja transgressão constitui o desvio, e pela aplicação destas regras a indivíduos específicos que são designados como desviantes. Deste ponto de vista, o desvio não é a qualidade do ato cometido por alguém, mas a consequência da aplicação, por outros, de regras e sanções a um "ofensor". O desviante é alguém a quem esse rótulo pôde ser aplicado com sucesso. O comportamento desviante é o comportamento designado como tal (p. 9).

Em outros termos, um indivíduo não se torna um desviante unicamente pelos atos que pratica. O desvio não é inerente ao comportamento. Em outra obra e de modo ainda mais explícito, H. Becker[78] indica o tipo de interesse que tem sobre o desvio.

> Nós estamos bem mais interessados no processo através do qual os desviantes são definidos pelo resto da sociedade que pela natureza do ato desviante em si mesmo (p. 2).

No âmbito da teoria dos rótulos não existe um consenso que definiria claramente o que é a violação de uma norma, ou mesmo

---

77. Howard Becker, *Outsiders*, op. cit.
78. Howard Becker (ed.), *The Other Side*, New York, The Free Press, 1964, 297 p.

o que constitui uma norma nas sociedades complexas modernas. Ser designado como desviante resulta, com efeito, de uma grande variedade de contingências sociais, influenciadas por aqueles que têm o poder de impor essa designação. Muitas pessoas violam as normas, sem, no entanto, serem rotuladas como desviantes. O termo desviante ou desviado só é aplicável a uma parte daqueles que transgrediram normas. O desvio é um dado subjetivo, como sublinha J. Kitsuse:[79]

> Na sociedade moderna, a diferenciação socialmente significativa entre desviantes e não desviantes depende cada vez mais das circunstâncias, da biografia pessoal e social, e das atividades burocráticas das agências de controle social (p. 101).

O desviante é aquele que é tomado, definido, isolado, designado e estigmatizado. É uma das ideias mais fortes da teoria da designação pensar que as forças de controle social, denominando certos indivíduos como desviantes, os confirmam como tal devido à estigmatização que se vincula a essa designação. Isso permite dizer que o controle social, paradoxalmente, geraria e reforçaria os comportamentos desviantes, apesar de ser originalmente instituído para combatê-los, canalizá-los e reprimi-los: nós nos tornamos aquilo que os outros descrevem sobre nós.[80]

Assim, os teóricos dessa corrente atribuíram uma atenção especial ao trabalho de organizações e instituições cuja função é reabilitar ou normatizar: prisões, hospitais psiquiátricos, classes de adaptação. Eles concluem que os resultados obtidos são o inverso daqueles esperados

---

79. John Kitsuse, "Societal Reaction to Deviant Behavior: Problems of Theory and Method ", in Howard Becker (ed.), *The Other Side*, op. cit.

80. Esse fenômeno se assemelha ao da previsão familiar em relação ao desempenho escolar das crianças e ao nível escolar que se supõem que sejam capazes de atingir. Trata-se bem frequentemente de uma verdadeira atribuição às crianças que não fazem nada além de realizar a previsão dos pais: "Ele não poderá ir além do ensino fundamental". O mesmo ocorre quando se diz, por exemplo, que uma criança "não é boa em matemática". A criança se convence rapidamente, e seu desempenho atinge o nível indicado realizando, assim, a profecia familiar.

ETNOMETODOLOGIA E EDUCAÇÃO

e dos objetivos que levaram à criação dessas instituições: elas colocam em funcionamento um processo de estigmatização que conduz a fabricar uma nova identidade ao desviante que é autenticado e que se percebe como tal. A passagem por essas instituições os torna crônicos como sublinha E. Lemert,[81] que distingue o desviante primário, o qual na primeira vez não nega ter violado uma lei, e o secundário, que organizou as suas características psicológicas e sociais em torno do seu papel de desviante, "cuja vida e identidade são organizadas em função das ações de desvio" (p. 62).

A rotulação na escola

Ao contrário de certas teorias da educação que procuram fora da escola as causas de fracassos e sucessos escolares, como é por exemplo o caso das teorias culturais, a teoria dos rótulos se propõe a encontrar as razões desses fenômenos dentro da própria instituição de ensino.

Para avaliar as capacidades escolares de um aluno, os professores dispõem de várias fontes de informação. Uma delas são as observações diretas (as notas, o desempenho oral do aluno, as conversas que tem com ele), outras são as informações de segunda mão: parecer de outros professores, cadernetas de notas dos anos anteriores, antecedentes escolares em geral, comentários da administração, dos conselheiros e psicólogos escolares, dos pais.

De acordo com Ray Rist,[82] a questão da explicação do fracasso e do sucesso escolar deu lugar a debates intensos no sistema educativo americano. Uma das causas indicadas era o "efeito Pigmaleão"

---

81. E. Lemert, *Human Deviance, Social Problems and Social Control*, Englewood Cliffs, NJ, Prentice-Hall, 1967, 212 p.

82. Ray C. Rist, "On Understanding the Processes of Schooling: The Contributions of Labeling Theory", p. 292-305, in J. Karabel; A. H. Halsey, *Power and Ideology in Education*, New York, Oxford University Press, [1977], 1979, 3ª ed., 670 p.

(Robert Rosenthal e Lenore Jacobson),[83] que é o mecanismo pelo qual os professores julgariam o desempenho dos alunos em função das expectativas previamente elaboradas. Dessa forma, a avaliação final torna-se a concretização de sua própria profecia. Diversas variáveis foram identificadas como suscetíveis de servir de instrumento para esse efeito Pigmaleão, tais como a classe social, a aparência física, as notas, o sexo, a raça, os hábitos de linguagem.

Cabe a R. Rosenthal e L. Jacobson o mérito de ter demonstrado empiricamente o que era apenas considerado uma evidência no campo educativo: a importância da influência das informações exógenas no julgamento que um professor faz sobre os seus alunos.

Sabe-se que foi administrado a 500 alunos de uma escola primária, no final do ano escolar, um teste não verbal de inteligência. No começo do ano escolar seguinte entregaram aos professores, conforme suas turmas, entre um e nove nomes de alunos que tinham se saído muito bem no teste. Em verdade, os nomes foram escolhidos num sorteio aleatório. Uma subamostra desses "bons" alunos foi objeto de uma análise intensiva: no fim do ano escolar, constatou-se que os estudantes indicados aos professores tinham tido resultados muito melhores que aqueles que não foram indicados tendo êxito no teste do ano anterior.

Desde então, numerosas outras investigações mostraram a influência dos testes e das notas anteriores sobre as expectativas e os julgamentos dos professores.

H. Mehan,[84] em especial, indicou, trabalhando sobre as interações entre crianças testadas e os professores que lhes administravam os testes, que testar alguém não significa empregar objetivamente um instrumento de medida; é o resultado de um conjunto de atividades

---

83. Robert Rosenthal; Lenore Jacobson, *Pygmalion in the Classroom*: Teacher Expectation and Pupils' Intellectual Development, New York, Holt, Rinehart and Winston, 1968, 240 p.; tr. fr.: *Pygmalion à l'école*, Paris, Casterman, 1971, 294 p.

84. Hugh Mehan, *Accomplishing Understanding in Educational Settings*, Ph. D., University of California at Santa Barbara, 1971, 396 p.

que interagem, influenciadas por uma série de fatores contingentes que se reificam, em última instância, num escore:

Os desempenhos nos testes padronizados são considerados como o reflexo, não questionado nem problematizado, da capacidade subjacente da criança. A autoridade do teste para medir a capacidade real da criança é aceita igualmente pelos professores como pela administração escolar. Os resultados dos testes são aceitos sem nenhuma dúvida como uma medida correta e confiável da aptidão da criança.

Entretanto, características como sexo, raça, atitude, o vestuário, a aparência física (a beleza ou a feiura), as visitas dos pais à escola são indicações importantes da avaliação escolar.

Da mesma forma, ficou provado[85] que os professores esperam menos dos alunos oriundos de classes sociais desfavorecidas do que daqueles das classes médias ou dos que são limpos e bem-vestidos, provenientes do que os docentes reconhecem como as "melhores" famílias, que tendem a ser sobrestimados em relação às suas capacidades escolares reais. Do mesmo modo, não é raro que os professores baseiem seus julgamentos sobre o que eles apreendem vagamente durante os primeiros dias do ano escolar, sem que nenhuma avaliação formal seja feita. É com base nas interações entre os alunos e o professor em sala de aula, mas também entre os próprios alunos, somadas às impressões físicas e à adivinhação do educador quanto a mais provável classe social de origem dos estudantes, que são feitas as classificações espontâneas, as quais às vezes começam desde a educação infantil e podem resistir por anos e em turmas distintas com professores diferentes.[86]

---

85. Howard Becker, "Social Class Variations in the Teacher-Pupil Relationship", *Journal of Educational Sociology*, 25, 1952, p. 451-465. Ray Rist, "Student Social Class and Teachers' Expectations: The Self-fulfilling Prophecy in Ghetto Education", *Harvard Educational Review*, 40, 1970, p. 411-450; R. Rist, *The Urban School: A Factory for Failure*, Cambridge, Mass., The M. I. T. Press, 1973. Jack Douglas, *The Home and the School*, London, MacGibbon and Kee, 1964.

86. Ray Rist, "Social Distance and Social Inequality in a Kindergarten Classroom: An Examination of the "Cultural Gap" Hypothesis", *Urban Education*, 7, 1972, p. 241-260.

Certos trabalhos franceses, muito mais raros, destacaram fenômenos de classificação análogos, tais como os de Daniel Zimmermann sobre a seleção não verbal na escola primária,[87] ou os de Claude Pujade-Renaud sobre as atividades não verbais na relação pedagógica.[88]

Essas classificações podem mesmo começar a partir da creche, como mostrou o estudo que Linda Barbera-Stein[89] consagrou às crianças rotuladas como "emocionalmente perturbadas", que deviam ser encaminhadas para creches com "orientação psicanalítica". O estudo revelou que o rótulo não se referia somente à criança, mas igualmente aos seus pais, que eram objeto de uma rotulação simultânea. Com efeito, seguindo certa tradição psicanalítica que não se interroga sobre as evidências, o pessoal da creche atribuía a falta de desenvolvimento e os problemas psicológicos da criança ao papel desempenhado pelos pais. Esses julgamentos nunca eram manifestados, mas revelados pelas interações rotineiras dos funcionários: assim, por exemplo, o comportamento da criança na creche era tomado como suposto indicador confiável do comportamento dos pais em casa.

Se voltarmos ao ambiente da sala de aula surge que desde que os professores manifestam suas expectativas, elas não são somente de ordem acadêmica, mas dão forma, igualmente, a modelos interacionais na classe. Elas são, ainda, o suporte que autoriza o professor a atribuir rótulos que se colam à pele dos alunos: tal aluno será "brilhante", outro "lento", outro "aplicado", "cretino" ou "palhaço". É assim que são feitas, concretamente, a identificação e a seleção.[90]

---

87. Daniel Zimmermann, *La sélection non-verbale à l'école*, Paris, Éditions ESF, 1982, 160 p; *Observation et communication non-verbale en école maternelle*, Paris, Éditions ESF, 1982, 146 p.

88. Claude Pujade-Renaud; Daniel Zimmermann, *Voies non verbales de la relation pédagogique*, Paris, Éditions ESF, 2ª ed., 1979, 118 p.

89. L. Barbera-Stein, "Status and Context in Labeling", *Studies in Symbolic Interaction*, v. 7, Part B, 1986, p. 431-456.

90. A obra de C. Pujade-Renaud, *L'école dans la littérature*, Paris, Éditions ESF, 1986, 216 p., é repleta de anedotas que descrevem estes processos de rotulação. Os marcadores escolares explícitos, como a blusa cinza que os internos usavam não faz muito tempo, era, sem dúvida, difícil de suportar para os interessados. Não é tão tranquilizador que atualmente a blusa cinza

ETNOMETODOLOGIA E EDUCAÇÃO

A maior parte do tempo, o aluno se conforma, progressivamente, com o rótulo que a instituição procura lhe atribuir. Thomas Good e Jere Brophy[91] analisaram esse processo dentro da sala de aula:

1. O professor espera um comportamento e um desempenho específicos de certos estudantes.
2. Devido a estas expectativas diferentes, o professor comporta-se diferentemente para com os diferentes alunos.
3. Este comportamento do professor diz a cada aluno qual comportamento e qual desempenho o professor espera dele, e influencia a imagem que tem dele mesmo, sua motivação e o seu nível de aspiração.
4. Se este comportamento do professor é constante, e se o aluno não resiste ativamente ou não muda de alguma maneira, ele tenderá a ajustar o seu desempenho e o seu comportamento. Os alunos dos quais se espera muito atingirão os níveis elevados, enquanto o desempenho dos estudantes dos quais se espera pouco declinarão.
5. Com o tempo, o desempenho e atitudes do aluno serão cada vez mais em conformidade com o que se esperava dele no começo (p. 73).

É pouco provável que o aluno possa se opor, de forma eficaz, às expectativas projetadas sobre ele, porque não tem consciência da existência desses fenômenos, não mais que o próprio professor. O jogo é, portanto, desigual na instituição escolar: a capacidade de resistência de um aluno, diante do risco de ser classificado como desviante, é insignificante perante o poder dos docentes e da instituição escolar.

Veem-se os pontos de convergência entre a teoria dos rótulos e a da "profecia que se realiza". O impacto, no ato educativo, do processo de rotulação assim como o da profecia, é comparável ao das prisões, de hospitais psiquiátricos e de outros lugares de "correção".

---

tenha desaparecido: outros marcadores, que não se evidenciam mais de maneira tão ostensiva, continuam presentes, eventualmente até mesmo mais dissimulados.

91. Thomas L. Good; Jere E. Brophy, *Looking in Classrooms*, New York, Harper and Row, 1973, 308 p.

Essas investigações nos parecem capitais à compreensão do funcionamento dos sistemas educativos. A teoria dos rótulos nos fornece, com efeito, o modelo que permite estudar ao mesmo tempo os processos e os procedimentos pelos quais o ato educativo se constrói, e pelos quais a seleção se constitui, dentro e pelo trabalho das interações.

Essa descrição da forma como se desenvolvem as aprendizagens é quase sempre ausente das análises, sem dúvida demasiadamente macrossociais, que querem dar conta das práticas de seleção. Isso não significa de modo algum que essas análises sejam falsas. São simplesmente incompletas para nos fazer compreender os mecanismos concreto-reais pelos quais a seleção de classe se opera. No entanto, as análises que se situam no nível microssocial também não escapam a essa crítica. Não é suficiente analisar, como fazem R. Rosenthal e L. Jacobson, os protocolos e as consequências de um teste. As afirmações que fazem indicando que as expectativas dos professores eram a variável causal que provocava modificações no desempenho dos alunos resultavam mais de uma intuição que dos dados em si mesmos. Compreender os mecanismos que eles muito precisamente identificaram teria exigido a realização de uma descrição meticulosa das interações na sala de aula. Isso exige adotar uma atitude localizada, atenta ao aqui e ao agora do ato educativo, como fez a etnometodologia para além da teoria da rotulação, tal como vamos tratar, no próximo capítulo, analisando os principais trabalhos no domínio da educação.

Antes disso, um estudo vai nos servir como transição entre as investigações interacionistas em educação e as investigações que tomam como eixo dominante a teoria etnometodológica. Trata-se do estudo que Bennetta Jules-Rosette e Hugh Mehan (1986) consagraram aos problemas da abolição da segregação racial escolar nos Estados Unidos, que eles abordam, dizem eles, "numa perspectiva interacionista".[92]

---

92. Bennetta Jules-Rosette; Hugh Mehan, "Schools and Social Structure. An Interactionist View", p. 205-228, in Jeffrey Prager, Douglas Longshore; Melvin Seeman, *School Desegregation Research*: New Directions in Situational Analysis, New York, Plenum Press, 1986, 268 p.

O fim da segregação racial na escola?

Esses autores consideram que a maior parte das pesquisas efetuadas sobre a abolição da segregação racial na escola foi realizada no âmbito estreito dos estudos sobre a cultura e sobre a história dos Estados Unidos, enquanto seria necessário situar o problema em termos de comunicação intercultural, de estratificação educativa e de relações de poder. Por outro lado, os resultados medíocres das investigações que foram feitas em escolas onde a segregação racial foi abolida oficialmente mostram que é indispensável estudar, cuidadosamente, as interações entre os grupos majoritários e minoritários, entre os professores e esses grupos, além de efetuar investigações sobre a avaliação e sobre a "rotulação". Do mesmo modo,

[...] as variáveis utilizadas devem ser reexaminadas a fim de situar o fenômeno da não segregação na vida diária dos educadores e dos alunos (p. 207).

Desde que se adota um ponto de vista interacionista, certos elementos dessa problemática que não eram anteriormente visíveis aparecem. Por exemplo, M. Wax[93] mostrou que se a mestiçagem for realizada dentro da sala de aula, as barreiras se reconstituem no pátio de recreação. Os alunos negros que adotam o "estilo branco" no seu vestuário, seu corte de cabelo, sua linguagem, são incluídos nas atividades sociais dos alunos brancos, mas aqueles que não têm esses comportamentos são excluídos. J. Hanna[94] mostrou, igualmente, no seu estudo sobre uma escola do Texas, que a lei contra a segregação era impotente para harmonizar as interações sociais entre os brancos e

---

93. M. Wax (ed.), *Within These Schools* (Project Report, NIE-G-789-0046), Washington, DC, National Institute of Education, 1979.

94. J. Hanna, "Public Social Policy and the Children's World: Implications of Ethnographic Research for Desegregated Schooling", in G. Spindler (ed.), *Doing the Ethnography of Schooling*: Educational Anthropology in Action, New York, Holt, Rinehart and Winston, 1982.

os negros. A presença deles numa mesma sala de aula não significava que a segregação tinha desaparecido. A segregação era reintroduzida pelos dois grupos, que se atacavam violentamente, ficavam separados na sala de aula assim como no pátio e efetuavam atividades diferentes. As explicações para esses comportamentos em termos de diferenças culturais são, conforme B. Jules-Rosette e H. Mehan, insuficientes, porque não levam em conta os fatores econômicos e as bases institucionais presentes nessas atitudes antagônicas. Assim, J. Ogbu[95] observou que o tipo de emprego ocupado pelos negros na sociedade americana influencia diretamente a visão que as crianças negras têm sobre a escola. Isso tende a provar que as barreiras encontradas pelas minorias em matéria econômica e social geram resultados escolares medíocres porque diminuem a ambição dos seus membros.

Quando se examinam as interações na escola, a questão da não segregação ganha um contorno novo: como a não segregação é realmente percebida na escola? Quais são as práticas reais dos alunos, dos professores e da administração em relação a isso?

Entretanto, existem as discriminações fundadas sobre a linguagem, escrita e oral, como mostraram os estudos de Basil Bernstein[96] e William Labov:[97] as crianças das minorias que não dominam perfeitamente o inglês padrão da maioria branca são isoladas rapidamente, rotuladas como maus alunos e são objeto de uma discriminação real por parte dos professores, uma vez que não recebem a mesma atenção educativa que as outras crianças.

Por outro lado, a própria estrutura da escola é responsável pelo processo de ressegregação, na medida em que os dispositivos que são instaurados para lutar contra a segregação racial geram, eles mesmos,

---

95. J. Ogbu, *Minority Education and Caste*: The American System in Cross-Cultural Perspective, New York, Academic Press, 1978.

96. B. Bernstein, "Elaborated and Restricted Codes: Their Social Origins and Some Consequences", *American Anthropologist*, 1964, 66, p. 55-69.

97. William Labov, "The Logic of Nonstandard English", in P. Giglioli (ed.), *Language and Social Context*, Harmondsworth, Penguin Books, 1972.

uma segregação. Com efeito, por um lado, são esses dispositivos que estruturam os contatos entre os grupos de alunos; por outro, a classificação dos estudantes por fileiras e por grupos de nível gera diretamente uma nova segregação dos grupos minoritários. Como mostraram os estudos influenciados pela etnometodologia, que vamos examinar agora, a escola tem práticas de triagem e de orientação dos alunos em direção a certos currículos que nunca são favoráveis às minorias, perpetuando e reproduzindo, assim, as desigualdades.

CAPÍTULO 4
OS TRABALHOS DE INSPIRAÇÃO ETNOMETODOLÓGICA EM EDUCAÇÃO

A questão da desigualdade, sua produção e reprodução, ocupa o coração da Sociologia da educação em seu conjunto, mas ela esteve, também, na origem dos trabalhos etnometodológicos em educação. No entanto, a etnometodologia, pela inversão epistemológica que evocamos, substitui o estudo das causas ou das variáveis determinantes pelo estudo do sentido que os atores produzem em suas interações.

A Sociologia da educação apresenta, frequentemente, os fatos educativos sob a forma de estatísticas que mostram a desigualdade dos desempenhos escolares de acordo com a idade, o sexo, o meio social de origem, considerados variáveis explicativas dos fenômenos observados. Ao contrário, os estudos etnometodológicos em educação se propõem a descrever as práticas pelas quais os atores do sistema educativo, professores e alunos, mas também gestores e pais, produzem esses fenômenos reificados: as normas sobre as quais a instituição de ensino repousa, especialmente a seleção e a exclusão escolares, que não são estabelecidas por uma ordem diabólica oculta; pelo contrário, elas são produzidas no dia a dia pelos parceiros do ato educativo.

A etnometodologia da educação quer revelar a desigualdade ao tempo em que ela se produz e não, como quer a Sociologia da reprodução, uma desigualdade já concretizada, legível em séries estatísticas, para qual iremos buscar as causas nas desigualdades sociais ou nas carências culturais. Para esta última corrente de pensamento — da qual os trabalhos dos seus principais representantes, Pierre Bourdieu, Jean-Claude Passeron, Christian Baudelot, Roger Establet, marcaram sociológica e politicamente as reflexões dos anos 1960 e 1970 sobre a educação —, a escola é um sistema de classificação dos indivíduos e perpetua, assim, a divisão da sociedade em classes, contribuindo para manter as diferenças. No entanto, ainda que se considere a desigualdade social como um efeito (re)produzido pelo sistema escolar, a análise deixa intacta a questão de saber qual é o processo social de construção dessa desigualdade.

1. OS PRINCÍPIOS REGULADORES DA ETNOMETODOLOGIA NO CAMPO DA EDUCAÇÃO

Nos Estados Unidos, o nascimento de uma etnometodologia da educação é praticamente contemporâneo ao início da etnometodologia nos anos 1960. Assim, os trabalhos de A. Cicourel e J. Kitsuse são um primeiro balizador. A segunda geração se manifesta nos anos 1970 em torno A. Cicourel em Santa Bárbara. Trata-se de uma geração marcada, especialmente, por obras como a de Hugh Mehan, do qual apresentaremos os trabalhos essenciais. Se esses dois autores situam-se como sociólogos, a influência da etnometodologia nas pesquisas educativas também pode ser observada na vertente antropológica com F. Erickson e R. McDermott. A etnometodologia da educação é, igualmente, uma corrente de investigação inglesa, em especial na sua versão de análise da conversação (ver E. Cuff e D. Hustler, 1982[1] Alec

---

1. E. Cuff; D. Hustler, "Stories and Storytime in an Infant Classroom: Some Features of Language in Social Interaction", *Semiotica*, 42, 2, 1982, p. 119-145.

McHoul, 1978[2], Alec McHoul e Rod Watson, 1984[3], S. Hester, 1985[4] D. Hustler e G. Payne, 1985[5]). Outros representantes dessa corrente foram disseminados na Europa e no mundo.

Um artigo de H. Mehan (1978) cumpre o papel de manifesto e indica as orientações fundamentais da etnometodologia na educação.[6]

A "estruturação da estrutura escolar"

H. Mehan considera que a maior parte dos estudos em Sociologia da educação trata as estruturas sociais como se fossem "fatos sociais" coercitivos e objetivos.

Procurando relações estatísticas entre estas estruturas, estes estudos não chegam a considerar as formas como estes fatos sociais são produzidos.

Ele propõe, assim como alguns outros investigadores, "que se estudem as atividades estruturantes que organizam as estruturas sociais da educação", uma nova abordagem, que ele chama de "etnografia constitutiva". Em que consiste essa abordagem? Que lugar ela ocupa nas estratégias dominantes e nas principais posições teóricas da investigação em educação?

---

2. Alec W. McHoul, "The Organization of Turns at Formal Talk in the Classroom", *Language in Society*, 7, 1978, p. 183-213; Alec W. McHoul, "The Organization of Repair in Classroom Talk", *Language in Society*, 19, 1990, p. 349-377.

3. Alec W. McHoul; Rod Watson, "Two Axes for the Analysis of "Commonsense" and "Formal" Geographical Knowledge in Classroom Talk", *British Journal of Sociology of Education*, 5, 3, 1984, p. 281-302.

4. S. Hester, Ethnomethodology and the Study of Deviance in Schools, p. 243-263, in R. G. Burgess (ed.), *Strategies of Educational Research. Qualitative Methods*, Lewes, England, Falmer Press, 1985, 352 p.

5. D. Hustler et G. Payne, Ethnographic Conversation Analysis: An Approach to Classroom Talk, p. 265-287, in R. G. Burgess (ed.), *Strategies of Educational Research. Qualitative Methods*, op. cit. D. Hustler et G. Payne, "Power in Classroom", *Research in Education*, 28, 1981, p. 49-64.

6. Hugh Mehan, "Structuring School Structure", *Harvard Educational Review*, 48, 1, Feb. 1978, p. 32-64.

As pesquisas de campo convencionais

A abordagem predominante nas investigações sobre a educação, especialmente as que se propõem a medir seus efeitos, é a investigação correlacional. Essa abordagem considera que a educação funciona como um sistema de entrada/saída: na entrada estão os principais aspectos da vida dos indivíduos tomados como fatores, como variáveis: o sexo, a idade, a classe social, o número de estudantes por sala de aula, a aptidão dos alunos e dos professores (variáveis independentes); na saída, estão os desempenhos dos alunos, o emprego ocupado, o salário (variáveis dependentes). A tarefa essencial desse modelo, segundo H. Mehan, "é testar a força das relações entre as variáveis de entrada e de saída"(p. 33).

Ideia mais difundida nos Estados Unidos é que o sucesso, escolar e social, é sobretudo uma questão de ambiente. Uma grande quantidade de pesquisas sobre a mobilidade social mostrou a influência do número de anos de estudos sobre o estatuto social, reforçando assim as leituras ambientalistas ou behavioristas, segundo as quais os mecanismos da aprendizagem desempenham um papel menor quando comparados com a influência decisiva do ambiente.

Outras teorias, como a da reprodução social e cultural na escola, ou a que coloca a tônica sobre a importância dos fatores hereditários na educação ou, ainda, a do ambiente familiar da criança, todas elas têm em comum o fato de negligenciar o papel que desempenha concretamente a instituição de ensino no desempenho dos alunos. Por outro lado, nenhuma delas indica os meios pelos quais se pode melhorar a igualdade de oportunidades.

Tudo se passa como se a educação, na qualidade de processo, tivesse sido tratada como "uma caixa-preta" que se negligencia deliberadamente de analisar, já que o interesse está unicamente na entrada e na saída. Os investigadores de todas essas correntes não examinaram diretamente os processos educacionais, embora a educação seja uma variável essencial nas suas teorias. Com efeito, os investigadores que adotam uma ou outra dessas grandes tendências metodológicas

ETNOMETODOLOGIA E EDUCAÇÃO

[...] não levam em conta as atividades sociais estruturantes que criam os "fatos sociais" objetivos e coercitivos do mundo educativo. Uma terceira perspectiva de investigação, recentemente aplicada à educação, procura reparar esta omissão estudando as atividades sociais estruturantes que reúnem as estruturas sociais nas instituições educativas.

A análise das condições concretas nas quais o processo educativo se desenvolve diariamente é indispensável para quem quer compreender a influência da escola sobre a vida futura dos indivíduos. Trata-se de mostrar de maneira concreta como fatores tais como o número de alunos por classe, os métodos pedagógicos ou, ainda, a dimensão das salas de aula "operam em situações educativas práticas", e mostrar em situação a influência de fatores como a classe social, a raça ou a atitude do professor.

A etnografia constitutiva e a microetnografia da sala de aula

Essa corrente reagrupa certo número de investigadores. R. McDermott fala de "análise de contexto",[7] F. Erickson de "microetnografia".[8]

Em 1967, Louis Smith chamou de "microetnografia da sala de aula" o estudo que fez em uma escola utilizando os métodos etnográficos clássicos.[9] Praticando a observação participante em uma sala de aula de um bairro pobre de uma grande cidade, ele pôde, graças ao conhecimento etnográfico do contexto escolar, identificar os problemas concretos que eram abordados, habitualmente, apenas de maneira teórica, relacionando-os a um conjunto de hipóteses gerais. Ele comparou

---

7. R. P. McDermott, *Kids Make Sense*: An Ethnographic Account of the Interactional Management of Success and Failure in one First-Grade Classroom, Ph. D., Stanford University, Anthropology Department, 1976.

8. F. Erickson, "Gatekeeping and the Melting Pot: Interaction in Counseling Encounters", *Harvard Educational Review*, 45, 1, 1975, p. 44-70.

9. Louis Smith, "The Micro-Ethnography of the Classroom", *Psychology in the Schools*, 4, 1967, p. 216-221.

essa microetnografia ao estudo de um sistema social em miniatura: a observação no nível local, as interpretações da situação feitas *in situ* indicavam, de acordo com L. Smith, hipóteses que podiam ser feitas no nível geral dos sistemas.

Contudo, H. Mehan prefere empregar o termo "etnografia constitutiva" para evitar, segundo ele, dois erros de interpretação possíveis:

— o termo micro não corresponde ao seu projeto, que é estabelecer relações entre os níveis micro e macro mostrando, em níveis de análise variados, como uma estrutura se constrói;

— a expressão "microetnografia" já tinha sido utilizada em estudos de campo que não consideravam as interações que servem para a construção dos modelos descritos.

Retomando um dos princípios fundadores da etnometodologia, segundo o qual "os fatos sociais são construções práticas" (H. Garfinkel, 1967), H Mehan afirma:

> Os estudos de etnografia constitutiva funcionam com base na hipótese interacionista de que as estruturas sociais são construções sociais. [...] A crença central dos estudos constitutivos sobre a escola é que "os fatos sociais objetivos", tais como a inteligência dos estudantes, seu rendimento escolar ou seus planos de carreira, assim como os dispositivos rotineiros do comportamento, tal como a organização da sala de aula, se realizam na interação entre professores e estudantes, aqueles que aplicam os testes e os estudantes, diretor e professores. [...] A etnografia constitutiva é o estudo das atividades estruturantes que constroem os fatos sociais da educação (p. 36).

Várias características metodológicas são específicas da etnografia constitutiva:

— disponibilidade dos dados, que podem ser consultados (exemplo: documentos em áudio ou vídeo, ou transcrição integral);

ETNOMETODOLOGIA E EDUCAÇÃO

— exaustividade do tratamento dos dados, que funciona como meio de lutar contra a tendência de explorar apenas os elementos favoráveis às hipóteses dos investigadores;

— convergência entre os pesquisadores e os participantes sobre a visão dos acontecimentos; os investigadores se asseguram de que a estrutura que descobrem nas ações é a mesma que orienta os participantes nessas ações. Utilizam-se "dispositivos de verificação", que consistem em pedir aos participantes da pesquisa que confirmem se os quadros de análise são corretos;

— análise interacional, que evita, ao mesmo tempo, a redução psicológica e a reificação sociológica. Considerando que a organização dos acontecimentos é socialmente construída, procura-se essa estruturação nas expressões e nos gestos dos participantes.

2. ESCOLHAS METODOLÓGICAS E DISPOSITIVOS PRÁTICOS

Na prática, quando os etnometodólogos realizam o trabalho de campo, eles se servem de instrumentos de pesquisa de outras correntes, especialmente da etnografia e de diferentes formas de *fieldwork*.[10]

A descrição etnográfica

Os dispositivos de coleta de dados utilizados pelos etnometodólogos no âmbito da pesquisa em educação são extremamente variados:

---

10. Embora não se apresente como "um manual" de pesquisas etnometodológicas, podemos nos reportar a obra de Robert Emerson (1983), que integra a corrente etnometodológica da Universidade da Califórnia em Los Angeles. A obra, que é dedicada a Everett Hughes, apresenta, de maneira muito completa e muito clara, as diferentes posições e técnicas de investigação de campo que adotaram certos investigadores próximos ou assimilados pela corrente etnometodológica: Robert Emerson, *Contemporary Field Research, Prospect Heights*, Ill., Waveland Press, 2e éd., 1988 [1983], 335 p.

observação direta nas salas de aula, observação participante, entrevistas, estudos dos processos administrativos e escolares, resultados dos testes, gravações em vídeo de cursos ou de entrevistas de orientação, projeção das gravações aos próprios atores, gravação dos comentários feitos durante essas projeções. Esses dispositivos são provenientes do método etnográfico que adota como ferramenta central a observação de campo e dos atores em situação.

Para além dessas técnicas de coleta de dados, os pesquisadores dessa corrente adotam uma postura específica de investigação que pode ser resumida pela posição expressa por H. Mehan na sua tese:[11]

> Os problemas que a equipe de pesquisa encontrou tornaram-se parte integrante da investigação. As interações estabelecidas com os gestores da escola para coletar materiais não podem ser separadas dos próprios materiais (p. 22).

Esse princípio instaura o reconhecimento do caráter indexical, ou seja, contextual, de todo fato social, e em razão dessa indexicalidade[12] esse aspecto deveria ser considerado na análise.

Outra particularidade nos chama atenção no trabalho de investigação que H. Mehan apresenta em sua tese: o abandono das famosas "hipóteses-antes-de-iniciar-a-pesquisa-de-campo". No início a equipe de investigação, conduzida por A. Cicourel,[13] não sabia muito bem o que pesquisar. Queriam estudar o desenrolar das aulas, mas como escreveu H. Mehan:

---

11. Hugh Mehan, *Accomplishing Understanding in Educational Settings*, Ph. D., op. cit.

12. Indexicalidade é a propriedade que uma palavra, expressão ou situação tem de ganhar certo sentido em função do contexto em que é utilizada. Nota do autor.

13. A equipe de pesquisa era composta por d'Hugh Mehan, Robert McKay, Marshall Shumsky, Kenneth Leiter, David Roth, Kenneth e Sybillin Jennings todos eles estudantes de Cicourel, e trabalhando sobre aspectos diferentes. O conjunto destas investigações, realizadas em 1968 e 1969, ao longo da qual cada um foi o "assistente" dos outros, conduziu a várias teses de doutorado, muito originais e defendidas na Universidade da Califórnia em Santa Barbara, em número igual ao de investigadores. Este trabalho coletivo resultou, também, na publicação de uma obra coletiva: Aaron Cicourel et al., *Language Use and School Performance*, New York, Academic Press, 1974, 368 p.

Podíamos nos servir apenas de vagos termos descritivos, tais como: "Queremos observar a maneira como você ensina às crianças, o tipo de estilo que utiliza; como decide que uma resposta é correta ou não; queremos ver se o seu vocabulário coincide com o empregado pelas crianças na sala de aula". Estas descrições vagas eram necessárias porque não éramos realmente capazes de dizer ao professor o que queríamos antes de ter observado o desenrolar das aulas, e também porque tínhamos medo que o seu comportamento fosse influenciado.

H. Mehan revela (p. 27) que, quando começou a registrar integralmente as aulas, não tinha ainda a intenção de estudar sobre a compreensão que as crianças têm das frases preposicionais; somente quando assiste às gravações ele tem essa ideia, porque o vídeo lhe revelou verdadeiramente esse problema, cuja importância tinha sido apenas uma suposição.

Outra característica da prática da etnometodologia é que ela requer a descrição. Uma vez que a etnometodologia tem como objetivo mostrar os meios utilizados pelos membros para organizar a vida social em comum, a primeira tarefa de uma estratégia de investigação etnometodológica é descrever o que os membros fazem. Isso implica, igualmente, a escolha deliberada de certo localismo, o que não é uma contraindicação para a prática científica da Sociologia.

A "trilha" etnográfica

Proponho traduzir por "trilha" a noção de *tracking* tal como é utilizada por D. H. Zimmerman (s. d.)[14] que a emprega de maneira muito diferente daquela adotada pelo sistema educativo americano, no qual esse termo designa uma classificação dos alunos em grupos de nível (cf. *infra*). D. Zimmerman utiliza a palavra *tracking* no sentido

---

14. Don Zimmerman, *Fieldwork as a Qualitative Method*, documento mimeografado 18 p., comunicado pelo autor, s. d., s. l.

corrente de seguir, "seguir a pista, seguir os rastros de alguém" (*Harrap's*, 1984).

De acordo com D. Zimmerman, colocar-se na posição de um indivíduo da coletividade exige considerar suas próprias implicações na estratégia de pesquisa. Por outro lado, constituir "uma visão íntima de um mundo social específico" supõe compartilhar com os membros uma linguagem comum a fim de evitar os erros de interpretação. Captar o ponto de vista dos membros não consiste, simplesmente, em ouvir o que dizem, nem pedir que esclareçam o que fazem. Isso implica situar as descrições no seu contexto correspondente e *considerar as descrições dos membros como instruções de investigação*.

O interesse atribuído ao ponto de vista dos membros é frequentemente considerado o sinal de uma abordagem subjetiva. D. Zimmerman observa que a noção de membro deve ser interpretada no sentido etnometodológico: é chamado membro aquele que possui "o controle da linguagem natural" (H. Garfinkel e H. Sacks, 1970), a competência social da coletividade na qual vive. O princípio da entrevista etnográfica consiste em obter de um informante o saber socialmente reconhecido por sua comunidade, o que quer dizer que suas descrições e comentários são reconhecidos como válidos e adequados pelos outros membros competentes da comunidade. D. Zimmerman insiste que isso não significa, de modo algum, que haja qualquer tipo de transferência da competência "da autoridade analítica para os sujeitos da investigação", ainda que as informações recolhidas devam ser objeto "de uma validação intersubjetiva".

É necessário descrever os acontecimentos repetitivos e as atividades que constituem as rotinas do grupo que se estuda, o que supõe a adoção de um duplo posicionamento: estar em posição exterior para ouvir e ser um participante das conversações naturais nas quais os significados das rotinas dos participantes emergem. A "trilha" etnográfica poderia constituir uma solução para o problema da posição do observador diante da diversidade dos comportamentos sociais. Ela permite não somente observar mas, também, descobrir o que os participantes dizem.

Essa estratégia de pesquisa se apoia sobre a ideia de que

[...] a vida social é construída metodicamente pelos membros. Nas características dessas construções residem as propriedades dos fatos sociais da vida diária: o caráter repetitivo, rotineiro, padronizado, transpessoal e transsituacional dos modelos de atividade social dos membros. [...] Uma compreensão detalhada dos métodos dos membros para produzir e reconhecer os seus objetos sociais, acontecimentos, atividades, [...] serve igualmente para impor uma disciplina aos analistas da atividade social. [...] É apenas sabendo *como* os membros constroem as suas atividades que podemos estar razoavelmente certos do que são realmente estas atividades.

Enquanto a Sociologia tradicional vê nas situações instituídas o quadro que constrange nossas práticas sociais, a teoria etnometodológica, fundamentalmente construtivista,[15] valoriza a construção social, diária e incessante, das instituições nas quais vivemos. O segredo da organização social não reside nas estatísticas produzidas por "peritos" e utilizadas por outros "peritos sociais" que esqueceram o seu caráter reificado. O segredo do mundo social se revela, ao contrário, pela análise dos *etnométodos*, ou seja, dos procedimentos que os membros de uma forma social utilizam para produzir e reconhecer o seu mundo, para torná-lo familiar, organizando-o.

3. OS QUADROS DA ORIENTAÇÃO E SELEÇÃO DOS ALUNOS

Em 1963, A. Cicourel e J. Kitsuse publicam o que pode ser considerada a primeira obra de etnometodologia da educação, dedicada ao estudo da tomada de decisões no campo educativo.[16]

---

15. Hugh Mehan, "Le constructivisme social en psychologie et en sociologie", *Sociologies et sociétés*, XIV, 2, 1982, p. 77-95.

16. Aaron Cicourel; John Kitsuse, *The Educational Decision-Makers*, Indianapolis, Bobbs--Merrill, 1963, 178 p.

A. Cicourel e J. Kitsuse partem da ideia de que a escola constitui um mecanismo de diferenciação social. Eles consideram que um grande número de estudos mostrou que o desempenho escolar dos alunos, em especial a admissão ou não na universidade, não se deve no nível intelectual, ao desempenho escolar anterior ou, ainda, à capacidade financeira dos seus pais. Contudo, nessa época, numerosos estudos nos Estados Unidos mostravam que esse sucesso escolar era ligado ao meio familiar, à motivação que era adquirida, à aspiração social ligada ao pertencimento a uma classe social ou a um grupo étnico, resumidamente, a um conjunto de fatores que os sociólogos franceses reagruparam, posteriormente, sob a noção de "capital cultural". Contrariamente ao que queria nos mostrar a Sociologia quantitativa da educação norte-americana, que considera esses fatores "evidentes", eles não são adequados para explicar por que alunos brilhantes na escola não conseguem ingressar na universidade.

A. Cicourel e J. Kitsuse consideram que é necessário recolocar em questão a análise de Parsons, ao formular a hipótese de que as expectativas de acesso à universidade "virtualmente atribuídas" às classes superiores e médias explicam a taxa elevada de crianças dessas categorias na universidade. Embora em sua análise Parsons atribua um papel à escola e ao desempenho escolar, ele não explora sistematicamente como a organização formal da instituição de ensino influencia a realização dessas expectativas. Insistindo que essas aspirações tem um caráter de atributo de classe, supõe que os processos organizacionais fazem parte da rotina e não significam problemas. É essa hipótese que A. Cicourel e J. Kitsuse colocam em questão.

Avaliar as práticas de avaliação e classificação

Eles vão, portanto, utilizando-se da entrevista, realizar uma pesquisa sobre as práticas de avaliação junto à conselheira de orientação de um estabelecimento, examinando, especialmente, os critérios que ela utiliza para classificar o desempenho escolar dos alunos, e comparando essas classificações com as medidas "objetivas" observadas durante os testes de aptidão (SCAT).

A conselheira adota cinco categorias para classificar os alunos, desde "excelente" até "ruim". Quando se perguntou qual era a base dos seus julgamentos, ela respondeu que são fundados sobre a aptidão, determinada, em geral, pelos resultados obtidos nos testes e no desempenho escolar. Seria, assim, esperada uma perfeita adequação entre as suas avaliações, fundadas sobre testes, e a distribuição estatística do teste empregado, o SCAT. A comparação das duas séries de classificação mostra que não tem nada a ver entre elas. Foi possível encontrar inúmeras incoerências, o que torna plausível pensar que o critério de diferenciação do teste não é, manifestamente, aquele utilizado para operar a classificação escolar real. Isso é, sem dúvida, capital para a vida dos alunos, já que é partir dessa classificação que eles são julgados como tendo ou não "problemas". Se os "critérios racionais" dos testes não são, de fato, levados em conta no julgamento dos conselheiros de orientação, quais outros critérios eles utilizam? Quais são as variáveis responsáveis pelas diferenças nas classificações utilizadas?

A. Cicourel e J. Kitsuse analisam a relação entre o sistema de estratificação que a conselheira apresenta e a classificação dos tipos de desempenho escolar, e lhe fazem as seguintes perguntas:

— De acordo com a senhora, quantos grupos sociais são representados na escola em que trabalha?

— Como poderia descrever cada um desses grupos?

— Coloque cada um desses alunos (identificados em fichas) no seu grupo de pertencimento.

A. Cicourel e J. Kitsuse esperavam que a conselheira utilizasse os mesmos critérios do senso comum que qualquer um, ou seja, categorias e critérios gerais, vagamente definidos, e talvez aplicados de maneira incoerente. Mas desde a primeira pergunta, sem que houvesse qualquer outro estímulo por parte do *entrevistador*, a conselheira começou a descrever precisamente cada grupo social, tornando inútil a segunda questão.

Ela identifica várias categorias, fazendo os seguintes comentários:

— Há primeiro os líderes, que são sempre os primeiros nas atividades da escola. Eles pertencem à Igreja Metodista.

— Imediatamente depois há um grupo em que estão aqueles que tentam se juntar ao primeiro, e que fariam quase qualquer coisa para conseguir isso. Esses poderiam ser bons dirigentes da campanha eleitoral dos primeiros. Esses alunos têm, contudo, grandes dificuldades escolares. A maior parte dos abandonos entre 16 ou 17 anos ocorre nesse grupo.

— Não se pode negar que existe na escola "um grupo negro", com a sua própria identificação.

— Em seguida, por eliminação, existe um grupo dos que restam. Não é um verdadeiro grupo, embora existam algumas individualidades fortes.

— Existem alunos isolados, que não pertencem a nenhum grupo, mas que são individualidades interessantes. É o tipo que usa adesivos pretos e uma guitarra. Ao mesmo tempo, são e não são um grupo. Prestamos atenção neles. São frequentemente notáveis, extremamente sensíveis e inteligentes. Alguns são acompanhados no plano psiquiátrico. Enfim, é o grupo dos solitários.

— Outro grupo assemelha-se ao grupo dos "solitários", mas além disso são "rebeldes", vestem-se de maneira provocante, com saias muito curtas (segundo os autores, há na amostra de alunos quatro ou cinco jovens que estão sempre juntas e que correspondem a essa descrição).

Esses comentários da conselheira indicam que ela pensa as classes sociais em termos de tipos sociais. Com exceção dos dois primeiros tipos e do grupo de negros, as suas descrições não são hierarquizáveis nos termos tradicionais de classe social. Sua classificação parece ter como base a adoção ou, pelo contrário, a rejeição, pelos alunos, de certo tipo de atividade social ou de comportamentos sociais. O quadro com dupla entrada que cruza o pertencimento a esses tipos sociais e a avaliação que a conselheira faz do desempenho escolar dos alunos é muito significativo: observa-se uma verdadeira superposição das duas classificações, o tipo social n. 1 corresponde, quase em sua totalidade, a "excelentes desempenhos", e reciprocamente.

No entanto, quando aproximamos a classificação por tipos sociais feita pela conselheira dos resultados que os mesmos alunos obtiveram no teste SCAT, constata-se uma grande distorção: as notas médias e, às vezes, mesmo as más notas dos estudantes do tipo social n. 1 não os desqualificam no entender da conselheira que, no entanto, os classificou nessa categoria. Por outro lado, há tantos alunos, nos tipos sociais diferentes do tipo 1, que obtêm nota igual ou superior a 73 (nível excelente) quanto no tipo social 1.

Assim, no entender da conselheira, "um excelente" aluno é o que pertence ao grupo dos líderes, com um bom resultado no teste, ainda que as suas notas escolares sejam ruins.

Mobilidade social de concorrência e mobilidade social de apadrinhamento

Segundo A. Cicourel e J. Kitsuse, as conclusões a que chegaram devem ser confrontadas à análise de Ralph Turner[17] que fazia a distinção entre a *mobilidade social de concorrência*, objeto de uma luta (que caracterizaria, segundo ele, o sistema escolar americano), e a *mobilidade social de apadrinhamento* (que caracterizaria, ao contrário, o sistema britânico):

— a primeira é um sistema no qual o estatuto de elite é obtido através dos esforços pessoais dos pretendentes, que escolhem as estratégias adequadas para chegar aos seus objetivos, sem que ninguém tenha certeza dos resultados antecipadamente;

---

17. Ralph Turner, "Sponsored and Contest Mobility and the School System", *American Sociological Review*, 25, dezembro 1960, p. 855-867.

— na mobilidade de apadrinhamento, pelo contrário, o recrutamento das elites é feito pelas elites já estabelecidas ou por seus agentes. O estatuto de elite é dado e não conquistado, independentemente dos esforços ou da estratégia dos concorrentes.

O estudo de A. Cicourel e J. Kitsuse vem moderar o otimismo de Turner sobre a concorrência aberta e leal que reinaria no sistema educativo americano. Eles mostram, com efeito, que os professores e os conselheiros, nas suas atividades diárias, exercem um controle efetivo sobre o acesso dos alunos aos diferentes currículos, em especial o seu acesso ao currículo decisivo para uma mobilidade social ascendente: a preparação para a universidade.

Formalmente, o sistema escolar americano apresenta as características que Turner atribui à mobilidade social de concorrência: exames periódicos, critérios formalizados que definem a progressão dos alunos na hierarquia dos níveis; a admissão na universidade é o resultado de uma competição. Contudo, A. Cicourel e J. Kitsuse afirmam:

> [...] a progressão dos alunos ao longo de toda esta sucessão de transições depende das interpretações, julgamentos e ações do pessoal da escola em relação à biografia do aluno, sua adaptação social e pessoal, sua aparência e atitude, sua classe e tipo social, tanto quanto de sua capacidade e seu desempenho. Nos colégios fortemente burocratizados, é evidente a semelhança com o apadrinhamento que se observa nas universidades, nas quais a maturidade dos estudantes, a sua estabilidade emocional, caráter e aparência pessoal são, frequentemente, critérios importantes para sua mobilidade social.

Segundo A. Cicourel e J. Kitsuse, a racionalização do sistema escolar mediante a incorporação de conceitos e de métodos que se originam da Psiquiatria, da Psicologia e das Ciências Sociais legitimou que se levasse em consideração fatores pessoais e sociais na interpretação das medidas "objetivas" da capacidade e do desempenho dos alunos. Desse aspecto advém a importância de analisar o processo de mobilidade social no âmbito das atividades organizadas da vida diária. Seria necessário se interessar tanto pelas maneiras de fazer do pessoal que trabalha na educação, quanto pelo desempenho acadêmico dos estudantes e elaborar uma análise organizacional dos processos de seleção.

4. A ETNOGRAFIA CONSTITUTIVA NA SALA DE AULA

H. Mehan[18] vai retomar essas análises e questionar por que certos alunos abandonam os estudos enquanto outros continuam. De acordo com ele, a orientação dos alunos emerge do trabalho interacional com os educadores:

> O desempenho dos alunos na escola não é independente dos procedimentos avaliativos produzidos pelos "relatórios" dos sucessos, capacidades e progressos dos alunos. Análises sobre a estruturação da estrutura escolar foram efetuadas a partir de dispositivos particularmente importantes na orientação dos alunos: na sala de aula, no momento dos exames ou nos encontros com conselheiros de orientação. Todas elas mostraram que os fatos educativos próprios a estes dispositivos se constroem nas interações entre os participantes (p. 40).

O estudo de H. Mehan vai tratar sobre três grandes momentos da vida escolar: a sala de aula, a realização dos testes e as entrevistas de orientação.

Quando se observa uma sala de aula ela nos parece organizada: os professores e os alunos falam, alternadamente, em momentos bem precisos. Os estudantes escrevem, fazem trabalhos em pequenos grupos ou leem em silêncio. Em resumo, estamos diante de uma verdadeira

---

18. Hugh Mehan, "Structuring...", op. cit.; Hugh Mehan, *Learning Lessons. Social Organization in the Classroom*, Cambridge, MA, Harvard University Press, 1979, 228 p.

organização social. De onde ela vem? Como os professores e os alunos sabem quando eles podem falar e quando não devem fazê-lo? De modo geral, como sabem que podem fazer isto ou aquilo?

Trata-se, evidentemente, de uma ordem instituída. H. Mehan e seus colaboradores gravaram em vídeo, durante um ano escolar, o cotidiano de uma sala de aula, com alunos de etnias e de idades diferentes. Analisaram nove aulas e mostraram que é o trabalho de interação entre os professores e os estudantes que produz essa organização da classe. As aulas são organizadas de maneira sequencial (pergunta-resposta-avaliação), mas também de forma hierárquica, pela utilização de fases cada vez mais longas que compreendem, geralmente, uma fase de abertura, de desenvolvimento e de encerramento. Cada fase se caracteriza por sequências interacionais distintas. São essas sequências e essas fases organizadas que permitem distinguir e identificar uma aula de todas as outras atividades que se desenrolam em classe.

Os professores e os alunos marcam as fronteiras das sequências interacionais, das trocas temáticas, das fases e das aulas em si, por modificações dos seus comportamentos gestuais, paralinguísticos e verbais. Essas mudanças de comportamento têm a função de indicar aos interlocutores em que ponto estão em suas trocas. Eles estruturam a situação de troca. Nesse sentido, pode-se dizer que são *marcadores* ou *delimitadores das situações*. Eles permitem a cada um localizar-se na temporalidade da sala se aula. O interesse do trabalho de H. Mehan é desvendar a maquinaria subjacente, vista mas não observada, das trocas sociais que constituem o que se designa como uma aula: os professores e os alunos

> [...] participam de um conjunto de práticas metódicas para tornar a aula um acontecimento organizado, [...] facilitando o ordenamento da interação durante a aula pelo emprego de um procedimento de "atribuição sucessiva". Cada ato de linguagem do professor não é somente uma informação acadêmica, mas indica também quais são os atos de linguagem dos alunos que deverão responder. Em circunstâncias normais,

o professor atribui "turnos de resposta" aos alunos, designando-os verbalmente ou não.

Essa organização reproduz a organização social da vida cotidiana, que é mais complexa e incide sobre conjuntos mais vastos. A vida social é feita de inúmeros *marcadores sociais*, sem os quais não haveria vida social possível. Essas marcas não existem *a priori* fora dos atores, mas, ao contrário, são produzidas, continuamente, nas interações entre os membros da sociedade, no grupo, na sala de aula, na reunião entre amigos, nas conversas telefônicas, nas declarações de amor etc. Uma vez que esses marcadores são conhecidos, saberemos reconhecê-los rapidamente.

Os marcadores escolares de competência

A aprendizagem exige, portanto, que dispositivos sejam construídos para que as interações possam funcionar, ou seja, exige instituir o que chamei de *marcadores escolares*, que permitam que os interlocutores se localizem ao longo das trocas complexas e que reconheçam as instituições em que vivemos.

Os professores utilizam estratégias de improvisação nas salas de aula. Por exemplo, quando um aluno não sabe responder a uma pergunta, ele altera a sua estratégia de interrogação: faz outra pergunta ou pede a resposta a um outro estudantes, ou persiste junto ao mesmo aluno. É nesse tipo de interação, de mudanças de estratégias, que H. Mehan pensa ser possível detectar comportamentos que os professores preferem em suas aulas. É nesse âmbito que o educador, de modo mais ou menos consciente, pode favorecer certos alunos em detrimento de outros, utilizando sistematicamente determinado tipo de estratégia de interação.

Se essa análise é verdadeira, implica dizer que a ordem social se constitui nas interações concretas da sala de aula ao longo das atividades acordadas na vida diária. De acordo com H. Mehan, a sala de aula pode ser considerada uma microcomunidade, como Parsons[19] já tinha observado. Os instrumentos e as atitudes que os indivíduos devem utilizar para ser membros efetivos dessa comunidade podem ser chamados de "sua competência social". Competência que não deve ser compreendida como o conhecimento das características formais dos enunciados, contudo, num sentido mais interacional, como

> [...] a capacidade necessária para a produção e a interpretação dos comportamentos e discursos socialmente adequados. [...] Isso implica que os valores, normas e convenções são interacionalmente negociadas e não decididas unilateralmente.
> Para ter sucesso na sala de aula, os alunos não devem apenas dominar as matérias acadêmicas, mas saber, igualmente, a forma adequada de exprimir o seu saber acadêmico. A competência escolar implica, assim, tanto na forma quanto no conteúdo.

Esses aspectos se aproximam da noção de afiliação que desenvolvi[20] (cf. *infra*). As normas que regem o funcionamento da sala de aula, por exemplo a tomada da palavra, não são imediatamente legíveis, não são comunicadas diretamente aos alunos, mas, ao contrário, são regras tácitas. Os estudantes devem, portanto, "deduzir do contexto que lhes informa a maneira adequada de se engajar na interação em sala de aula". Eles devem identificar as regras implícitas que governam as trocas:

> A participação competente na comunidade da sala de aula requer que os alunos interpretem as regras implícitas nessa sala de aula, que determinam quando, com quem, de que maneira eles têm o direito de falar, e quando, com quem e como podem agir (H. Mehan, 1978, p. 49).

A análise detalhada desse mecanismo deveria nos informar de maneira precisa sobre a possibilidade que os alunos têm, nessa procura

---

19. Talcott Parsons, "The School as a Social System", *Harvard Educational Review*, 29, 1959, p. 297-318.

20. Alain Coulon, "L'affiliation institutionnelle à l'université", *Pratiques de formation*, 9, 1985 (abril), p. 137-147.

sutil, de serem mais ou menos auxiliados pelas atitudes imperceptíveis do professor na identificação dessas regras. Parece-me extremamente séria a hipótese segundo a qual os professores têm atitudes diferentes em função de sua decodificação imediata, seguidamente documentada, das classes e tipos sociais representados em sua turma, ou seja, ele ajuda mais ou menos este ou aquele tipo de aluno na descoberta e interpretação das regras tácitas. Essas observações de H. Mehan, que são circunscritas à sala de aula, podem, sem dúvida, ser estendidas a dispositivos mais amplos ou a outros momentos do ato educativo.

Interações e aprendizagens

R. McDermott analisa em que medida as interações na sala de aula favorecem ou dificultam os processos de aprendizagem.[21] Não se trata de examinar as técnicas pedagógicas suscetíveis de melhorar o rendimento escolar, mas de mostrar as relações sociais na sala de aula.

De acordo com R. McDermott, as "relações de confiança recípro-ca" são necessárias ao bom funcionamento das salas de aula, como mostrou H. Garfinkel[22] em outro contexto. O estabelecimento dessas relações depende do contexto institucional no qual elas são elaboradas: quando os professores e os alunos podem estabelecer essas relações, o trabalho escolar torna-se mais fácil:

Começamos a descobrir a importância capital dos recursos culturais e institucionais na compreensão das diferenças entre as turmas que fracassam e as que têm sucesso. (p. 199).

Na escola elementar, a metade do tempo escolar é consagrada à organização das atividades. Consequentemente, a comunicação na

---

21. R. P. McDermott, "Social Relations as Contexts for Learning in School", *Harvard Educational Review*, 47, 2, 1977 (maio), p. 196-213.

22. Harold Garfinkel, "A Conception of, and Experiments with "Trust" as a Condition of Stable Concerted Actions", *in* O. J. Harvey (ed.), *Motivation and Social Interaction*, op. cit.

sala de aula é um fator decisivo da aprendizagem. As diferenças de qualidade de comunicação entre os alunos e o seu professor explicariam porque certos alunos levam mais tempo que outros para realizar certas tarefas. Assim, o segredo do sucesso individual deveria ser encontrado nas interações que se estabelecem entre o professor e cada estudante. R. McDermott também propôs analisar o contexto das aprendizagens. O método que ele preconiza é ainda a etnografia, que é

> [...] a tentativa de descrever a metodologia de um grupo, ou seja, uma tentativa de descrever os procedimentos que os membros de um grupo utilizam para se comunicar de maneira culturalmente razoável (p. 201).

Procedimentos lógicos, que podem ser chamados de etnométodos, estão em ação no processo educativo e devem ser identificados e analisados. Analisar esses etnométodos é compreender como os professores e os alunos chegam a "dar sentido" ao trabalho educativo.

R. McDermott considera, após vários estudos, que as aprendizagens bem-sucedidas são aquelas que repousam sobre as relações de confiança que o professor soube estabelecer com os alunos, o que não exclui os métodos de ensino autoritários, ainda que seja no contexto de turmas cuja organização é autoritária, e nas quais as relações de confiança não foram instauradas, em que as crianças fracassam mais facilmente (R. McDermott 1974)[23]. Sem dúvida, a pedagogia não diretiva não é uma condição suficiente para criar um ambiente de confiança, mas facilita a criação desse ambiente e mostra uma eficácia particular na satisfação das necessidades individuais das crianças. A ausência de construção, pelo professor, dessas relações de confiança torna, geralmente, as crianças mudas e hostis a qualquer forma de aprendizagem, as ameaças não fazem mais do que reforçar o mutismo e a agressividade:

---

23. R. P. McDermott, "Achieving School Failure", *in* G. D. Spindler (ed.), *Education and Cultural Process*: Toward an Anthropology of Education, New York, Holt, Rinehart & Winston, 1974, 562 p.

Em resposta à autoridade do professor, as crianças desenvolvem a sua própria organização da sala de aula, na qual os objetivos se tornam não trabalhar e perturbar os procedimentos do professor (1977, p. 206).

Os fracassos podem, então, ser vistos como a consequência de desastres relacionais entre os professores e os alunos. Com essa análise de R. McDermott não estamos longe da teoria da "resistência" de G. Witty de que já tratamos, segundo a qual as crianças das classes populares resistem à deculturação que representa a imposição dos valores das classes dominantes, através dos programas escolares e também de certo estilo de relações escolares.

Nos seus estudos sobre a aprendizagem da leitura em um meio não escolar, R. McDermott considera que, se certas crianças americanas passam tanto tempo para aprender a ler, é porque vivem em um contexto relacional incerto, às vezes repressivo, no qual o tempo escolar é mais consagrado à resolução do conflito do que à aprendizagem da tarefa. No estudo que realizou em Oakland, ele mostra que a interdição feita às crianças negras de falar o seu dialeto do inglês negro vernacular provocava sistematicamente uma redução das suas capacidades de leitura. Pelo contrário, tornavam-se rapidamente bons leitores se deixássemos que falassem normalmente a sua língua habitual. Esse exemplo nos permite compreender que não é surpreendente encontrar correlações fortes entre o uso vernacular de uma língua e o fracasso escolar, na medida em que elas não fazem nada além de colocar em evidência o efeito de um fenômeno, mas não a sua causa. Em contrapartida, estudos etnográficos da sala de aula permitem localizar esses fenômenos e nos incitam a criar ambientes escolares compatíveis com o trabalho de aprendizagem, que constitui a vocação primeira da escola.

Classificação escolar e classes sociais

A. Cicourel e H. Mehan se propuseram a compreender como os professores, os conselheiros de orientação e a administração escolar associam seus julgamentos sobre o comportamento dos alunos com as classes sociais ou os grupos culturais.[24] Como os alunos são selecionados e classificados? Essas classificações repousam sobre a capacidade dos alunos ou sobre o seu pertencimento de classe?

A classificação dos alunos em grupos de nível não é neutra. Ela depende, em última instância, não do desempenho real dos estudantes, nem mesmo das notas obtidas nos diferentes testes, mas das classes sociais a que pertencem. Em geral, os alunos que têm menos necessidade de ajuda recebem mais; e inversamente, aqueles que têm mais necessidade da assistência do professor são os que recebem menos. Os professores atribuem essa diferença de tratamento às exigências organizacionais da sala de aula.

Observando as interações durante a aula, H. Mehan[25] mostra que uma grande quantidade de atividades ocorre simultaneamente e que os alunos desenvolvem de modo consciente as suas próprias estratégias a fim de alcançar objetivos, independentemente daqueles estabelecidos pelo professor, e conduzir, assim, as suas próprias atividades. Dessa forma, os estudantes mostram sua "competência interacional". Um certo número de regras gerais é estabelecido pelo professor, tais como "não correr na sala de aula", "ser limpo", "respeitar o outro", mas nenhuma delas indica quando e como devem ser aplicadas. Os alunos devem descobrir em situação, nas interações que estabelecem entre eles e com o professor, o significado e o funcionamento dessas regras:

> As regras da sala de aula têm uma dimensão tácita. [...] Elas formam uma parte do pano de fundo implícito do saber social que os alunos devem aprender, da mesma forma que eles devem aprender sobre o uso do tempo, as capitais dos Estados, ou o nome das cores se eles querem

---

24. Aaron Cicourel; Hugh Mehan, "Universal Development, Stratifying Practices, and Status Attainment", *in Research in Social Stratification and Mobility*, v. 4, 1985, Greenwich, CT, JAI Press Inc, p. 3-27.

25. Hugh Mehan, The Competent Student, *Anthropology and Education Quarterly*, XI, 3, 1980, p. 131-152.

ter sucesso aos olhos do professor e de outros tomadores de decisões escolares que estão em posição de avaliar o seu desempenho (p. 146).

Um aluno competente será aquele que fará a síntese entre o conteúdo acadêmico e as formas interacionais necessárias para a realização de uma tarefa. A separação entre a forma e o conteúdo será imediatamente interpretada pelo professor como um sinal de incompetência.

5. ESTUDOS CONSTITUTIVOS DA SELEÇÃO ESCOLAR

O tratamento da "deficiência" escolar

Quando H. Mehan e a sua equipe começam em 1978, numa pequena cidade da costa oeste dos Estados Unidos, um estudo etnográfico que se propõe revelar "as práticas utilizadas nas escolas para a classificação dos alunos", a lei federal que previa a educação para todos os alunos com dificuldades escolares acabava de ser promulgada.[26] O seu objetivo era melhor integrar o conjunto dos alunos na vida americana. Devia assegurar a educação pública gratuita dos três aos 21 anos e previa uma ajuda financeira federal. Cada escola receberia fundos suplementares para qualquer criança vinculada a programas de educação especial, até uma cota máxima de 12% do efetivo global dos alunos. Seis princípios compunham o núcleo central da lei: nenhuma criança rejeitada, uma avaliação não discriminatória, programas de educação individualizados, um ambiente menos restritivo, um procedimento justo e a participação dos pais.

O procedimento adotado para matricular um aluno no programa de educação especial (*referral*) e as claras e precisas diretrizes contidas na lei são escrupulosamente democráticas. Elas asseguram que uma

---

26. Hugh Mehan; Alma Hertweck; J. Lee Meihls, *Handicapping the Handicapped*, Stanford, CA, Stanford University Press, 1986, 194 p.

quantidade de informações, verificadas várias vezes, estará disponível aos que decidirão a partir do *referral*, quem será reexaminado a cada ano. Os pais têm possibilidade de recursos, eles têm acesso a todas as informações disponíveis sobre seu filho, sem restrição. As razões pelas quais as crianças são inseridas em programas especiais são extremamente variadas: resultados escolares insuficientes, má conduta, deficiência física, problemas de comportamento etc.

O procedimento é, em princípio, o seguinte:

1) Um professor identifica uma criança em dificuldade.

2) Uma equipe de avaliação da instituição de ensino, composta pelo professor da turma, pelo diretor da escola, por um professor de uma classe especial e por um psicólogo do distrito escolar, reúne-se e decide enviar ou não o caso à etapa seguinte. Mas, às vezes, a equipe tem muito trabalho, não se reúne e os casos não são tratados. Então, as crianças permanecem na sua classe normal.

3) O caso será submetido a um psicólogo que fará a criança passar por testes. Os pais devem ser avisados. Se eles recusam, o procedimento é abandonado, o que ocorre frequentemente, nota H. Mehan. Há também testes educativos, visitas na classe e na casa dos pais e discussões com os professores.

4) A decisão final de matricular um aluno em um programa especial é pronunciada pelo "Comitê de matrícula" do distrito, que compreende os pais, a enfermeira da escola, o administrador da educação especial, o psicólogo que acompanhou o caso, o professor da turma do aluno em questão e o docente que receberá a criança num programa de educação especial. Se o Comitê decide pela matrícula do aluno, terá a sua disposição um grande número de possibilidades.

Utilizando diversas técnicas etnográficas já mencionadas, bem como através do exame do conjunto dos 2.700 processos de alunos do distrito, H. Mehan e seus colaboradores descobrem a realidade da aplicação da lei. Inicialmente ocorre o que se poderia chamar de efeito perverso da lei, que incita a procurar, identificar e matricular os alunos em programas, de forma a respeitar a cota: como a lei prevê créditos suplementares substanciais para a educação das crianças em dificuldade, a cota de 12% tende a ser atingida, qualquer que seja a situação real local. Inversamente, quando não há mais vagas disponíveis, também deixam de existir as crianças "em dificuldade".

Por outro lado, os procedimentos administrativos adotados para facilitar as operações burocráticas acabam alterando o sistema a que deviam servir. Havia por exemplo, durante os primeiros meses, uma nítida tendência a examinar muitos casos. Como os professores encarregados de examinar ou acolher essas crianças ficaram rapidamente sobrecarregados, as práticas tornaram-se mais formais. Os procedimentos tornaram-se diferentes entre as escolas, uma simples carta manuscrita dos professores transformou-se em formulários a preencher. À medida que os professores conheciam melhor a lei e suas modalidades de aplicação, houve cada vez mais casos "de crianças com problemas". O diretor da educação especial introduziu um procedimento único para enviar um relatório sobre uma criança: preencher um formulário de cinco páginas, acompanhado das instruções para seu correto preenchimento, no qual as características das crianças inadaptadas eram descritas.

Evidentemente, tais mudanças nos procedimentos não aparecem nas estatísticas, que, pelo contrário, as dissimulam. Não há alunos com dificuldades sem que os dispositivos institucionais assim os designem. A ciência social dominante bem como a lei sobre a educação especial pressupõem que categorias como "deficiente escolar" ou "aluno normal" refletem as características dos alunos. Mas, na prática, elas são profundamente influenciadas pelo calendário e pela carga de trabalho dos funcionários, em suma, pelas circunstâncias práticas.

A desigualdade das oportunidades é também a consequência inesperada de arranjos institucionais e imperativos da vida da turma. A significação das deficiências escolares deve ser procurada no âmbito mais vasto de um sistema institucional e cultural. Elas existem em função de um conjunto complexo de práticas legais e educativas, e são governadas por regras escolares e políticas. São "objetos cultu-ralmente construídos pelas regras da escola, suas leis e suas práticas educativas cotidianas" (p. 85).

A aplicação de testes psicopedagógicos mostra, igualmente, que os psicólogos procuram, a maior parte do tempo, confirmar as indicações contidas no dossiê do aluno. Se a realização da primeira bateria de testes não revela a incapacidade descrita pelo professor, o psicólogo continua a aplicar os testes que convêm até que possa descobri-la. Assim Kitty, uma menina de sete anos que tem algumas dificuldades em leitura — talvez, segundo seu professor, devido um problema de vista! —, vai ser submetida a 19 testes. Ela tem bom resultado em todos os testes e permanece, finalmente, na sua turma.

Os alunos, uma vez "rotulados" como possíveis casos de *referral*, não chegam na frente dos psicólogos "com a ficha em branco". O sim-ples fato de serem testados constrói a sua diferença. A análise de H. Mehan sugere que desde que o diagnóstico dos psicólogos encontre indicadores de deficiência, tende a reforçar as suposições iniciais dos professores. Os sintomas geralmente associados à categoria utilizada pelo educador para descrever o caso são sistematicamente pesquisa-dos pelos psicólogos, até que sejam encontrados, confirmando assim a impressão inicial que se transforma, então, em diagnóstico de tipo médico. A atribuição de rótulos no meio escolar torna-se um fato social institucionalizado que tem um significado estável para a instituição escolar, embora seja o produto das suas próprias práticas, que são evi-dentemente determinantes para a trajetória do aluno. Aparentemente, as razões de *referral* são descritivas, mas, em verdade, são estigmas e revelam as práticas institucionais de avaliação do sistema educativo.

O mesmo pode ser dito sobre as reuniões do "Comitê de ma-trícula", que é a instância que decide, em última análise, o destino dos alunos. Por um lado, frequentemente as decisões são tomadas muito antes da reunião, durante "encontros informais". Por outro, durante a reunião oficial, as intervenções dos "profissionais" do diagnóstico (as enfermeiras ou os psicólogos) não têm o mesmo peso que os re-latórios "profanos" (os da mãe da criança ou de sua professora). Os psicólogos, os pais, os professores "não definem a situação" da mesma forma. A importância dessa diferença se evidencia quando se manifesta nos dispositivos institucionalizados como as reuniões dos Comitês de matrícula. Por suas atitudes e perguntas, os membros do Comitê apoiam a versão profissional dos fatos que lhes são apresentados. Há certamente uma construção social da realidade educativa, mas a negociação entre os parceiros é desigual e eles não compartilham, realmente, as tarefas dessa construção.

As identidades dos alunos, assim, são construídas pelas práticas institucionais da escola. Expressões como "deficiente escolar", "aluno médio", "mentalmente retardado" não caracterizam apenas deficiências dos estudantes. Também não se deve associar essas características unicamente à classe social subjacente, ou seja, à posse e uso de um "capital cultural".

Essa concepção é evidentemente muito diferente daquela que pressupõe a existência de crianças com dificuldades que estão em "algum lugar" à espera de ser identificadas, avaliadas e tratadas. Essa visão corresponde ao modelo médico dominante que serve de base para definição da incapacidade: a deficiência é tratada como inerente aos alunos ou ao seu comportamento, ele é "percebido como sua propriedade pessoal e privada". Essa visão tem consequências sobre a avaliação desse fenômeno:

> Como a deficiência reside *no* aluno, a avaliação é centrada *sobre o* aluno, e disso deriva a utilização dos testes psicológicos para identificar e confirmar a presença da deficiência na criança (p. 160).

Os testes e os exames

Nas escolas americanas, a realização de testes é incessante: testes de leitura, de inteligência e de outras capacidades. Esses testes, como sublinha-o H. Mehan (1978), têm grande importância, pois definem a orientação dos alunos.

É sabido que a ambição fundamental de um teste é medir as aptidões, bem como as hipóteses que embasam o diagnóstico: a boa resposta às perguntas seria o sinal de uma boa capacidade, e inversamente; supõem-se que aqueles que aplicam os testes e os que se submetem a eles compartilham o sentido das perguntas, já que partilham "uma cultura comum". Por outro lado, finge-se acreditar que a situação de teste não altera a capacidade de resposta dos sujeitos e que os testadores têm apenas um papel passivo de registro das respostas. Somente os resultados desses testes são levados em conta no julgamento final dos indivíduos. O resultado não revela como "os aplicadores de teste e os alunos produzem conjuntamente as respostas nos testes individuais". Quando os resultados obtidos com os testes são usados, educadores e pesquisadores não têm acesso ao raciocínio real dos alunos, quando, na verdade, o objetivo dos testes é medir essa capacidade de raciocínio.

Sabemos que a significação das questões não é a mesma para todos, contrariamente a uma das hipóteses fundadoras do próprio princípio dos testes. O seu sentido está longe de ser compartilhado entre os adultos que testam e as crianças que são testadas. As respostas erradas resultam, frequentemente, de uma interpretação diferente do material conceitual utilizado, e não da falta de conhecimentos ou da incapacidade de raciocinar de forma correta. É claro, então, que tratar os resultados dos testes como fatos objetivos dissimula os procedimentos pelos quais os alunos chegam a elaborar respostas. É, no entanto, essa elaboração que deveria ser julgada fundamental pelos educadores, uma vez que o seu exame permitiria avaliar as capacidades reais de raciocínio dos alunos.

Por outro lado, aqueles que aplicam os testes apenas registram passivamente as respostas dos estudantes. É inevitável que uma parte da interpretação se reflita na avaliação, e H. Mehan quer mostrar "a maneira como o resultado que um aluno obtém no teste é construído a partir das respostas individuais que emergem da interação entre verificadores e alunos" (p. 52).

ETNOMETODOLOGIA E EDUCAÇÃO

Usando uma câmera, ele registra a realização do teste WISC[27] com crianças rurais de Indiana. Normalmente, logo que o aluno responde, em função da qualidade dessa resposta os verificadores devem anotar 0, 1, ou 2 e passar, imediatamente, para a pergunta seguinte. De fato, a análise do filme mostra que em 50% dos casos, das 65 perguntas 21 sofreram as "intervenções" do verificador, que às vezes repetia a questão, dava indicações ou ainda incitava o aluno a dar uma segunda resposta com o objetivo de aumentar seu resultado de 1 para 2. Assim, o resultado final de um aluno tornou-se 27% superior àquele que ele teria se não tivesse sido ajudado pelo verificador. Em outro teste, as crianças que foram avaliadas aumentaram em 44% o número de respostas corretas.

Considerar os resultados de um teste como um fato objetivo dissimula três tipos de mecanismos:

— aquele pelo qual os alunos interpretam as perguntas e o material apresentado para chegar a uma resposta;

— aquele pelo qual o verificador interpreta e escolhe o que, entre uma quantidade de comportamentos, constitui uma resposta a ser considerada;

— por último, aquele pelo qual os verificadores e os alunos produzem conjuntamente as respostas durante a realização do teste.

Essas análises deveriam nos conduzir, considera H. Mehan, *a uma nova definição da capacidade de um aluno: ela se evidencia sempre nas interações sociais.*

As entrevistas de orientação

Na escola americana, a orientação tem uma relevância capital, e os orientadores desempenham um papel importante na orientação dos

---

27. *Weschler Intelligence Scale for Children* (WISC).

alunos, particularmente nas escolas de ensino médio. Já destacamos os trabalhos de A. Cicourel e J. Kitsuse que mostraram como decisões arbitrárias, baseadas no racismo e em preconceitos socioeconômicos ligados a suas próprias representações, podiam ser tomadas pelos orientadores educacionais das escolas de ensino médio no que se refere ao ingresso na universidade. Outros trabalhos sugerem que a orientação dos alunos não é consequência das suas capacidades intelectuais ou de fatores relacionados ao seu ambiente, mas depende de decisões socialmente organizadas.

Desde 1960, retomando uma análise de Goffman[28] sobre "redução das expectativas", Burton Clark[29] considerava que a principal incumbência dos orientadores educacionais era desencorajar os estudantes e baixar o nível das suas expectativas, e que a função de todo o colégio de ensino médio era reduzir as ambições dos alunos, que deviam ser convencidos de serem os responsáveis por seus próprios fracassos. Nesse processo de autojustificação da seleção, qual o papel real dos orientadores educacionais? F. Erickson[30] examina esse aspecto e designa os orientadores pela expressão *gatekeepers*, que poderia ser traduzida por "passadores", "porteiros" ou "vigias".

F. Erickson trabalhou como orientador educacional no subúrbio negro de uma grande cidade americana. Durante três anos, de 1963 a 1966, foi testemunha cotidiana da seleção e da discriminação racista, situação que o levou a questionar o papel de todos os tipos de orientador, encarregados de manter a ordem social dos brancos. Posteriormente, tornou-se professor universitário e decidiu analisar os encontros que os alunos dos colégios de ensino médio têm com os orientadores.

---

28. Erving Goffman, "Cooling the Mark Out: Some Aspects of Adaptation to Failure", *Psychiatry*, 15, 1952, p. 451-463; reproduzido (p. 482-505) *in* Arnold Rose, *Human behavior and Social Processes, An Interactionist Approach*, Boston, Houghton Mifflin Company, 1962, 680 p.

29. Burton Clark, *The Open Door College*: A Case Study, New York, McGraw Hill, 1960, 208 p.

30. F. Erickson, "Gatekeeping and the Melting Pot: Interaction in Counseling Encounters", *Harvard Educational Review*, 45, 1, 1975, p. 44-70.

Os conselheiros de orientação escolar, que exercem grande influência sobre as classificações sociais, têm, de acordo com F. Erickson, um papel ambíguo: são, ao mesmo tempo, os defensores dos estudantes e os juízes a serviço da administração:

> Para alguns estudantes, a sociedade e a escola são apresentadas como uma estrutura aberta, na qual podem escolher o que querem e agir efetivamente para atingir o seu objetivo. A outros, elas são apresentadas como uma estrutura fechada, na qual os indivíduos não fazem suas próprias escolhas, e onde muitos obstáculos devem ser superados. De acordo com a atitude que os orientadores decidem adotar, os estudantes vivem os seus conselhos como incentivos ou como restrições. [...] Como orientadores, supomos que se comportem como advogados dos alunos, enquanto na função de "passadores" devem se comportar, em nome da organização, como juízes (p. 46).

Entre esses dois papéis extremos e conflituosos, os orientadores dispõem de uma grande variedade de possibilidades e abordagens, que podem utilizar a seu modo. A maneira como descrevem a estrutura social aos que "aconselham" determina as trajetórias individuais futuras dos alunos. Por outro lado, os conselheiros podem, ou não, escrever cartas, fazer ligações telefônicas ou mesmo interpretar e transgredir (utilizando as derrogações...) as regras institucionais em vigor. Todas as ações de aconselhamento e orientação não são oferecidas igualmente a todos os estudantes. Quais são, então, os critérios de diferenciação empregados? Como cada orientador decide a conduta a adotar para esse ou aquele aluno? A hipótese de F. Erickson é que essas decisões são tomadas nas interações e dependem do julgamento subjetivo do orientador, da representação que ele faz do estudante.

Supõe-se que as entrevistas de orientação ocorrem com base em critérios objetivos e universais, mas, na verdade, os participantes deixam escapar, constantemente, no curso das interações, informações particulares que atuam como outros tantos "sinais" sobre os quais se baseiam o conselho. Assim, F. Erickson pôde constatar que os estudantes que estabelecem um bom grau de comunicação — falando de si mesmos, de suas atividades desportivas, de seus interesses comuns com o conselheiro — se beneficiam de conselhos mais positivos. Além disso, ele constatou, analisando rigorosamente os registros das sessões, que ocorria, às vezes, um verdadeiro acordo corporal — respiração no mesmo ritmo, vozes suaves e harmoniosas, gestos sincronizados — entre o orientador e o estudante.

Em outro estudo, Frederick Erickson e Jeffrey Shultz,[31] após terem filmado mais de 80 entrevistas de orientação, mostram que fatores extraescolares intervêm nas entrevistas de orientação, que são verdadeiras negociações, ao longo das quais os orientadores e os estudantes constroem ativamente as opções de carreira dos alunos. Durante os encontros emergem informações pessoais sobre os estudantes que acabam interagindo com as informações acadêmicas que os orientadores dispõem, daí se produzem as diferenças na forma como os alunos são tratados.

Portanto, a orientação não é o simples conselho que especialistas bem- intencionados estariam disponibilizando aos alunos com base em seus méritos acadêmicos. Muito pelo contrário, a orientação é um mecanismo institucional oculto, capaz de apreender num instante a origem de classe do candidato em função das sutilezas presentes na apresentação de si mesmo[32] — vestuário, linguagem, gestos, aparência física; apreensão sobre a qual é legitimo pensar que o conselho de orientação se constrói.

De acordo com F. Erickson (1975), o orientador é "um treinador (*coach*) da estrutura social". Conhece os "processos de mobilidade", é capaz de descrevê-los e de aconselhar certa estratégia de "jogo" em detrimento de outra. Como sugeri anteriormente,[33] ele conhece

---

31. Frederick Erickson; Jeffrey Shultz, *The Counsellor as Gatekeeper: Social Interaction in Interviews*, New York, Academic Press, 1982, 264 p.

32. Cf. Erving Goffman, *La mise en scène de la vie quotidienne, 1: La présentation de soi*, Paris, Éditions de Minuit, 1973, 256 p. Tradução em português: *A representação do eu na vida cotidiana*. 14ª ed., Petrópolis, Vozes, 2011.

33. Alain Coulon, "L'affiliation institutionnelle à l'université ", op. cit.

ETNOMETODOLOGIA E EDUCAÇÃO

os dispositivos institucionais que é preciso conhecer e utilizar, os quais devem ser apropriados *para encontrar a passagem secreta do sucesso e da mobilidade social.*

F. Erickson mostra igualmente que a atitude dos orientadores depende dos preconceitos que se formam instantaneamente, desde os primeiros segundos da entrevista, e que influenciam a conduta que será adotada ao longo da conversa, quer facilitando o diálogo, quer, pelo contrário, intimidando o estudante. Erickson analisa, assim, a influência decisiva da "parceria" (*comembership*) nos encontros entre orientadores e alunos. Os parceiros da entrevista, durante as suas trocas, reconhecem os pontos que têm em comum, os atributos sociais que os aproximam. Esses atributos são os sinais de uma identidade social, mais ou menos compartilhada entre os parceiros, permitindo que se reconheçam e tornem-se cúmplices, provocando assim a orientação positiva.

Por outro lado, como se servem do corpo, da voz, da respiração, do olhar? Como se mostram atentos ao outro? De acordo com F. Erickson, esse conjunto de comportamentos comunicacionais tem, igualmente, um papel importante nas referências sociais que guiam as decisões dos orientadores.

Evidencia-se de fato, conforme a expressão de H. Mehan, toda uma engrenagem interacional a ser descoberta, constituída de relações verbais e não verbais subterrâneas, que permitem ver *a desigualdade em vias de se evidenciar*, de compreender como se faz, concretamente, nas interações dos membros, a seleção escolar e social. Isso não significa de modo algum que a estrutura social tenha deixado de existir e que seria necessário, a partir de então, praticar a Sociologia da educação unicamente no âmbito das interações entre os parceiros escolares. O interesse da abordagem etnometodológica é não tratar separadamente a estrutura das atividades estruturantes. Ela evidencia como os fatos educativos "objetivos" emergem das atividades estruturantes, que em seguida são esquecidas, por um processo de reificação. Algumas vezes foi apontada a descontextualização das análises etnometodológicas por se situarem "num vazio social, onde relações de força e de poder seriam esquecidas"(R. Sirota 1987)[34]. Esse tipo de perspectiva não compreende que, pelo contrário, a etnometodologia da educação tem por preocupação central evidenciar, através de uma abordagem da etnografia escolar e da observação, a produção e a reprodução das desigualdades sociais.

Etnicidade e diferenças culturais

Desde muito tempo, as questões relativas às minorias étnicas e culturais são um problema no sistema de ensino americano, e podemos mesmo considerar que é uma das fontes do desenvolvimento das investigações antropológicas em educação, cujos pioneiros foram George e Louise Spindler.[35] Mais recentemente, a Antropologia da educação, que se ocupava, sobretudo, das relações entre instituições de ensino e comunidades, bem como dos fatores culturais que influenciam os desempenhos escolares, focalizou mais o seu campo de observação e interessou-se pelos procedimentos internos à sala de aula, juntando-se, assim, a uma das preocupações da etnografia etnometodológica escolar. Dois exemplos ilustram essa orientação. Um será extraído de um estudo realizado por R. McDermott, que já citamos anteriormente, em que o autor evidencia, através de um estudo de caso, a pretensa deficiência resultante do bilinguismo; o segundo exemplo nos leva aos estudos de F. Erickson e G. Mohatt, nas reservas indígenas em Ontário (Canadá).

R. McDermott[36] descreve detalhadamente as relações pedagógicas entre Rosa, cuja língua materna é o espanhol, e a sua professora

---

34. Régine Sirota, "La classe: un ensemble désespérément vide ou un ensemble désespérément plein?" *Revue française de pédagogie*, 80, 1987, p. 69-89.

35. George Spindler (ed.), *Education and Anthropology*, Stanford, CA, Stanford University Press, 1955, 302 p.; George Spindler (ed.), *Education and Cultural Process*: Toward an Anthropology of Education, New York, Holt, Rinehart & Winston, 1974, 561 p.; George Spindler, *Doing the Ethnography of Schooling*, op. cit.; George Spindler et Louise Spindler (eds.), *Interpretive Ethnography of Education*: at Home and Abroad, Hillsdale, N. J., Lawrence Erlbaum Associates, 1987, 506 p.

36. R. P. McDermott, *Kids Make Sense* ..., op. cit.

ETNOMETODOLOGIA E EDUCAÇÃO

na escola americana. Graças ao registro em vídeo, certas interações, inicialmente invisíveis, vão aparecer.

Estamos no curso preparatório durante a aula de leitura. Cada aluno pede sua vez para fazer a leitura, o que é um elemento essencial da aprendizagem. Sabemos que aprender a ler é uma condição básica para as aprendizagens ulteriores e, por conseguinte, uma fonte de igualdade ou de desigualdade. À primeira vista, Rosa luta para obter a sua oportunidade de fazer a leitura. Mas nunca consegue. Por quê? Quando a professora é interrogada sobre isso, ela responde que ela "não pode alcançar Rosa". Quanto a Rosa, ela continua absolutamente muda quando se trata de falar de sua professora.

O que se passa na sala de aula no momento em que Rosa levanta o dedo para ter a sua vez na leitura? Assistindo várias vezes ao registro em vídeo, R. McDermott constata que Rosa "conspira com a professora" para não conseguir sua vez. Como ela se comporta para alcançar esse resultado, aparentemente contraditório dado que deseja aprender a ler o inglês? Embora peça constantemente a sua vez na leitura, ela o faz de maneira incomum: verifica que as outras crianças estão lendo, passa a página do livro e pede para ler; ou então ela espera que a professora tenha começado a chamar alguém e levanta de repente a mão para pedir a sua vez; ou ainda levanta o dedo, mas desvia o olhar. Descobrimos que, ao mesmo tempo, a professora espera essas mensagens não verbais de Rosa para interrogar outra criança. Ela organiza as sequências de leitura aleatoriamente, de modo que a garota nunca tenha possibilidade de ler, o que não aconteceria se a docente organizasse a leitura chamando todos os alunos sistematicamente.

De fato, na sala de aula, muito tempo é destinado a decidir quem vai ler. O grupo dos mais fracos em leitura é também o que dispõe de menos tempo para ler em voz alta: assim se amplia a deficiência, através de procedimentos e interações que não chegam a ser realmente controlados pela professora, pois ela não percebe a dinâmica e a densidade. Rosa e a professora se comunicam mal. Rosa fica atrasada em leitura. Torna-se "deficiente" e tem-se a impressão de que a educadora, devido a um tipo de liberalismo, deixa Rosa permanecer na deficiência para não forçá-la. A menina, por sua vez, fala espanhol na sua família, ela é uma *chicana*, uma mexicana da segunda geração. Domina o inglês na vida cotidiana, mas tem algumas dificuldades para utilizá-lo segundo regras escolares. Ela quer e, ao mesmo tempo, não quer, ler em voz alta, e essa ambivalência, observada pela professora, será a fonte do seu atraso. O que era apenas uma pequena dificuldade torna-se, sob os nossos olhos, uma desigualdade em vias de se instituir, captada e restituída pela câmera.

Por sua vez F. Erickson e G. Mohatt,[37] inspirando-se em estudo mais antigo de Susan Philips,[38] examinan a influência dos fatores sociolinguísticos no ensino. Analisam as semelhanças e as diferenças de relações sociais e culturais que se estabelecem em duas turmas que acolhem crianças indígenas da mesma cultura, mas que têm professores de cultura diferente: um dos professores é branco, outro é indígena. Os autores do estudo querem saber se as interações na sala de aula diferem em função da cultura do professor. Os métodos que empregam na investigação são os que já tratamos até agora: observação direta, gravação das aulas em vídeo, entrevistas.

F. Erickson e G. Mohatt encontram inúmeras diferenças entre as duas turmas: organização do tempo, duração das atividades, supressão de certas atividades, ritmos dos professores. A comunicação é mais fácil, mais suave, na classe do professor indígena que é menos diretivo, menos autoritário. São, consideram os autores, heranças culturais que se mantiveram apesar de 300 anos de contato com a cultura europeia. Esses traços são os de uma cultura implícita, informal, sendo a característica mais típica dos povos indígenas a ausência de uma autoridade política central. Se esses resultados de pesquisa fossem levados em conta, poderiam, evidentemente, ter um impacto sobre

---

37. F. Erickson; G. Mohatt, "Cultural Organization of Participation Structures in Two Classrooms of Indian Students", p. 132-174, in George Spindler, *Doing the Ethnography of Schooling*, op. cit.

38. Susan Philips, "Participant Structures and Communicative Competence: Warm Springs Children in Community and Classroom", in Courtney B. Cazden, Vera P. John et D. Hymes (eds.), *Functions of Language in the Classroom*, New York, Teachers College Press, 1972, 394 p.

as políticas educativas direcionadas às minorias étnicas e aos jovens da segunda geração.

Como sabemos, a França também tem suas minorias étnicas e culturais. Numerosas pesquisas foram realizadas sobre a sua escolarização, mostrando por exemplo que a sua diferença cultural constituía uma "deficiência" escolar. Em contrapartida, poucos trabalhos se ocuparam em descrever sua socialização pela escola ou se interrogaram sobre a experiência escolar dos alunos procedentes desses grupos minoritários. É, contudo, o caso da investigação realizada na Côte d'Azur por Ruth Akers Porrini[39] sobre alunos de origem magrebina (norte da África). Adotando uma abordagem ao mesmo tempo descritiva e comparativa, ela foca sua monografia em um estabelecimento de ensino tendo como objetivo reconstituir o pano de fundo que envolve o contexto das interações escolares. Atribuindo à descrição prioridade sobre a explicação, e utilizando uma abordagem abertamente etnometodológica, no curso do qual interroga as experiências de alunos magrebinos e franceses, centra a sua análise nos procedimentos de interpretação mobilizados pelos estudantes quando elaboram as suas definições da realidade social e orientam as suas ações.

De acordo com R. Akers Porrini, nada permite atestar os efeitos da discriminação escolar sobre o processo de socialização se não através de uma análise desse processo no momento da sua produção. Ao término da sua pesquisa, ela se considera em medida de questionar quem são os estudantes mais "estranhos": os alunos magrebinos em situação de fracasso escolar caracterizado (na Seção de Educação Especializada), mas parceiros ativos na produção da sua trajetória escolar, ou os alunos franceses, passivos na construção do seu futuro. Interroga-se igualmente sobre a organização das atividades pedagógicas, sobre a ausência de disciplina que, segundo os próprios alunos, tem uma forte influência nas aprendizagens escolares.

---

39. Ruth Akers Porrini, *Élèves d'origine maghrébine en C.E.S. Entre compétences communes et expériences diversifiées*: une spécificité paradoxale, tese de doutorado (novo regime) em sociologia, Université de Nice-Sophia Antipolis, junho 1992.

O nível da organização e da instituição

August Hollingshead mostrou, desde 1949,[40] a influência do pertencimento de classe sobre a formação de "bandos", e a maneira como seus membros são tratados e avaliados pelo corpo docente e administrativo das escolas. De acordo com A. Cicourel e J. Kitsuse,[41] podem-se conceber as diferenças entre os estudantes como a consequência da organização administrativa e das decisões dos funcionários da escola, sendo essa diferenciação, em larga medida, característica do modo como os estudantes são tratados por essa organização. Torna-se, portanto, necessário, se quisermos pesquisar o desempenho dos alunos, pesquisar também os processos administrativos de decisão no interior do sistema educativo, proceder a uma análise organizacional da educação, analisar as contingências do sistema e as rotinas organizacionais do estabelecimento.

Segundo J. Rosenbaum,[42] a igualdade de oportunidades não deve ser medida nas estatísticas de abandonos ou desempenho escolar, mas definida dentro dos estabelecimentos. É necessário procurar as razões da desigualdade "em nível local, onde os cidadãos podem observar este fenômeno e contribuir para alterá-lo". Ele adota como campo de pesquisa uma escola na qual o recrutamento dos alunos é relativamente homogêneo: são todos filhos de operários. A sua investigação organiza-se em torno do *tracking*.

Esse termo, *tracking*, designa um sistema de estratificação interno na escola americana, que consiste em classificar os alunos de acordo com diferentes grupos de nível nas várias matérias, que por sua vez são distintas conforme o nível de dificuldade (por exemplo, Matemática geral ou álgebra). Os alunos supõem escolher livremente o seu "grupo

---

40. August de Belmont Hollingshead, *Elmtown's Youth, the Impact of Social Class on Adolescent*, New York, Wiley, 1949, 480 p.

41. Aaron Cicourel; John Kitsuse, *The Educational Decision-Makers*, op. cit.

42. James Rosenbaum, *Making Inequality*: the Hidden Curriculum of High School, New York, Wiley, 1976, 238 p.

de currículo" em função das suas previsões de emprego, os seus interesses, os seus desejos e ambições. O *tracking* consiste, portanto, em dupla classificação: aquela que se baseia na capacidade intelectual e acadêmica por um lado e, por outro, aquela que leva em conta as aspirações profissionais pessoais, por exemplo a via de preparação para universidade ou, pelo contrário, a via da profissionalização a partir do fim do ciclo secundário. Essa classificação tem evidentemente consequências capitais, já que regulamenta o acesso às diferentes fases do ensino. O *tracking* funciona, de fato, como um dispositivo muito sutil de classificação social, em que todas as aparências da livre escolha, ligada aos desempenhos escolares, são salvaguardadas.

J. Rosenbaum mostra que há pouquíssimas possibilidades de mudar de área de formação. Uma vez que "escolheram" uma área de formação que não conduz a estudos superiores, somente 3% dos alunos podem efetivamente se orientar, em seguida, para uma formação que conduza ao ensino superior. Como os estudantes obtêm as informações adequadas? São eles mesmos que escolhem seus currículos? Essas escolhas não são nem livres, nem automáticas, mas o resultado de decisões socialmente organizadas, produzidas pelas interações entre orientadores educacionais e alunos.

Certas escolhas escolares têm uma influência determinante sobre o destino profissional dos alunos. Para poder escolher o seu currículo é necessário conhecer as consequências dessa escolha. J. Rosenbaum mostra, por exemplo, a importância de se decidir por uma língua estrangeira durante o sétimo ano (o que não é obrigatório), para o seguimento da escolaridade. A maior parte do tempo, os alunos ignoram o significado das suas escolhas, que são às vezes irremediáveis: os que não cursaram língua estrangeira são, sistematicamente, matriculados nas turmas mais fracas dos cursos de Matemática e de Inglês. Outros descobrem muito tarde o caminho que deveriam ter seguido para aprender as profissões que pretendiam exercer. Não foi explicado para eles de forma correta o funcionamento do sistema de *tracking*, verdadeiro labirinto institucional. Os "conselhos" recebidos pelos alunos são geralmente vagos e as escolhas são, de fato, determinadas pela escola na qualidade de instituição, ou seja, um sistema vivo de normas e de regras não ditas, não escritas e de códigos cujos segredos devem ser descobertos por si mesmos quando não se pertence a um meio suficientemente bem informado.[43] O *tracking* permite, de fato, controlar os percursos dos alunos sem que esse controle seja muito visível, efetivando a segregação e a discriminação entre os estudantes não sobre o passado, mas sobre o futuro: no sistema de *tracking*, é toda uma estratégia escolar que é preciso desenvolver a fim de construir o seu futuro, porque *o tracking escolar gera o tracking social.*

Em resumo, a estrutura institucional dentro dos estabelecimentos é um elemento essencial da seleção escolar. As investigações sobre o *tracking* mostram que os dispositivos institucionais da escola influenciam diretamente o desempenho dos alunos e as suas possibilidades futuras. As práticas escolares selecionam os estudantes para programas educativos que geram desigualdade de oportunidades, embora o estudo de J. Coleman[44] indique que 84% dos alunos dos estabelecimentos de ensino médio estivessem no curso da sua escolha, o que contribuía para a ideia de uma escola que permitia e favorecia a mobilidade social.

O conjunto desses estudos mostra, ao contrário dos estudos macrossociológicos, que a escola, como estabelecimento vivo, desempenha um papel ativo na construção da vida dos alunos. O contexto

---

43. Sabemos a importância que reveste a escolha de certas matérias no percurso escolar. Ao longo de uma lenta evolução histórica do nosso sistema educativo — que seria necessário sem dúvida explicar pelas mudanças sociais, econômicas, culturais e demográficas que ocorreram na França durante a segunda metade do século XX — o latim e o grego foram superados, como matérias de classificação simbólica e real, pelo alemão como primeira língua viva. Os pais mais bem informados sabem que as turmas onde são agrupados os alunos que aprendem alemão como primeira língua viva são as melhores, e que o destino escolar é menos incerto do que para outros grupos. Quando esta escolha torna-se conhecida de um grande número de famílias ao ponto de não funcionar mais como elemento de identificação "dos bons alunos", outras estratégias de distinção surgem, completando ou substituindo a precedente, como por exemplo a escolha de estudar, a partir da classe de sexto ano, as línguas relativamente raras na França como o russo.

44. James Coleman et al., *Equality of Educational Opportunity*, Washington DC, US Dept of Health, Education and Welfare, Office of Education, 1966, 548 p.

institucional, ou seja, os mecanismos secretos que governam a vida dos estabelecimentos escolares são determinantes não somente na aprendizagem, mas também na socialização da criança em geral. A organização pedagógica responde mais frequentemente aos interesses burocráticos da escola que aos interesses de desenvolvimento cognitivo dos estudantes. Por essas razões, as práticas institucionais dos estabelecimentos devem ser examinadas mais de perto, se quisermos compreender como a desigualdade é construída ativamente pelos profissionais da educação. O estatuto social é, certamente, a resultante de interações complexas e contínuas entre as capacidades individuais, a primeira socialização da criança, o capital cultural da família e a sua capacidade de transformá-lo em comportamentos escolares operacionais.

6. A SOCIALIZAÇÃO DA CRIANÇA E AS PRÁTICAS ESCOLARES

Na Sociologia tradicional, em especial a funcionalista, o processo de socialização supõe um modelo específico de criança. Ao contrário dos adultos, a criança é considerada, de acordo com Robert MacKay,[45] um ser "incompleto, imaturo, irracional, incompetente, antissocial ou aculturado, conforme a abordagem de um professor, um sociólogo, etnólogo ou um psicólogo" (p. 181). R. MacKay mostra, pelo contrário, que as crianças são intérpretes ativos do seu mundo, e que possuem uma competência interpretativa lógica, dentro do seu quadro de referência: "as más" respostas a testes de leitura não são, necessariamente, o sinal da sua incompetência cognitiva, mas é assim que os seus erros são interpretados pelos adultos que as avaliam. Em geral, os professores ignoram que a compreensão repousa sobre a convergência, construída e reflexiva, dos esquemas de interpretação

---

45. Robert W. MacKay, "Conceptions of Children and Models of Socialisation", p. 180-193, *in* Roy Turner (éd.), *Ethnomethodology*, Harmondsworth, Penguin, 1974, 288 p.

dos parceiros que interagem. É por isso que eles negligenciam a contribuição das crianças no processo de construção da compreensão comum e as consideram como incompetentes se não dão a resposta esperada, como mostra, igualmente, David Roth na sua tese sobre a influência do uso de uma língua sobre o sucesso escolar.[46]

Matthew Speier, estudando as interações entre crianças e adultos,[47] considera que as crianças utilizam de maneira competente um grande número de dispositivos da conversação, quer seja nas suas saudações, seus jogos, suas respostas ou no emprego de categorias e de referências adequadas. As noções de criança e de adulto são, para os interagentes, convenções que lhes fornecem recursos de comunicação, e que, ao mesmo tempo, mantêm e reproduzem a assimetria entre crianças e adultos.

Nesse campo, outras investigações merecem igualmente ser assinaladas: a de Peter French e Margaret Maclure, que destacou vários aspectos característicos das interações entre adultos e crianças;[48] a de A. Wootton sobre as autorizações e as recusas parentais;[49] aquelas de Doug Maynard e Courtney Marlaire[50] sobre as interações verbais em situações de exames ou testes de inteligência, nas quais eles mostram

---

46. David R. Roth, *Children's Linguistic Performance as a Factor in School Achievement*, Ph. D., University of California at Santa Barbara, 1972.

47. Matthew Speier, "The Child as a Conversationalist: Some Culture Contact Features of Conversational Interaction Between Adults and Children", p. 98-103, in Martyn Hammersley et Peter Woods (eds.), *The Process of Schooling*, London, Routledge and Kegan Paul, 1976, 232 p.; Matthew Speier, "The Everyday World of the Child", p. 188-217, in Jack Douglas, *Understanding Everyday Life*, op. cit.

48. Peter French; Margaret Maclure (eds.), *Adult-Child Conversation*, London, Croom Helm, 1981, 310 p.

49. A. Wootton, "The Management of Grantings and Rejections by Parents in Request Sequences", *Semiotica*, v. 37, p. 59-89; A. Wootton, "Children's Use of Address Terms", p. 42-58, in Peter French et Margaret Maclure (eds.), *Adult-Child Conversation*, op. cit.

50. Douglas W. Maynard et Courtney L. Marlaire, "Good Reasons for Bad Testing Performance: The Interactional Substrate of Educational Exams" comunicação apresentada no colóquio Analyse de l'action *et analyse de la conversation*, Paris, Maison des Sciences de l'Homme, 28-30 setembro 1987 (nova versão comunicada pelo autor: setembro 1991, doc. mimeografado, 42 p.); Courtney L. Marlaire; Douglas W. Maynard, "Standardized Testing as an Interactional Phenomenon", *Sociology of Education*, 1990, v. 63 (abril), p. 83-101.

que as crianças não utilizam apenas os recursos que lhes são propostos pelos professores nem interpretam necessariamente os enunciados de um teste da mesma forma que seus avaliadores; aquelas de James Heap[51] sobre o impacto das novas tecnologias na evolução do papel dos alunos na sala de aula; as de Kenneth Leiter[52] que mostraram como os professores, antes mesmo de conhecer os seus alunos, interpretam as suas ações a fim de manter a ordem normativa da classe, e como os classificam em seguida em diferentes grupos de nível; a de Carolyn Baker, que estudou a passagem que conduz o adolescente ao estado adulto, e, com Peter Freebody, avaliaram o impacto dos primeiros livros de leitura sobre a constituição da criança e analisaram a forma como esses livros, pela encenação dos personagens, participam na aprendizagem da categorização e apresentam à criança a cultura oficial da escola;[53] a pesquisa de Richard Heyman que analisa, durante uma aula de Ciência, como os professores e os alunos produzem conjuntamente e formulam os temas do trabalho escolar;[54] a de Douglas Macbeth relativo à organização material das aulas, que se constitui em

---

51. James L. Heap, "What Counts as Reading: Limit to Certainty in Assessment", *Curriculum Inquiry*, vol. 10, 3, 1980, p. 265-292; James L. Heap, "The Social Organization of Reading Assessment: Reasons for Eclecticism", p. 39-59, in George C. F. Payne et E. C. Cuff (éds.), *Doing Teaching: The Practical Management of Classrooms*, London, Batsford, 1982, 194 p.; James L. Heap, *Collaboration in Word Processing. The Impact of Technology on Education: the Evolving Role of the Student*, relatório final, Ministério da Educação, Ontário, Canadá, abril 1985, documento mimeografado, 68 p.; James L. Heap, "Normative Order in Collaborative Computer Editing" comunicação apresentada no colóquio *Understanding Language Use in Everyday Life*, Discourse Analysis Research Group, University of Calgary, Canadá, agosto 1989.

52. Kenneth Leiter, "Ad Hocing in the Schools: À Study of Placement Practices in the Kindergartens of Two Schools", p. 17-75, in Aaron Cicourel et al., *Language Use and School Performance*, op. cit.; ver também: Kenneth Leiter, *Telling It Like It Is: A Study of Teachers' Accounts*, Ph. D., University of California at Santa Barbara, 1971.

53. Carolyn D. Baker, "The "Search for Adultness": Membership Work in Adolescent Talk", *Human Studies*, vol. 7, p. 302-323; Carolyn D. Baker; Peter Freebody, "Representations of Questioning and Answering in Children's First School Books", *Language in Society*, 15, 1986, p. 451-483; Carolyn D. Baker; Peter Freebody, "Constituting the Child" in Beginning School Reading Books, *The British Journal of the Sociology of Education*, 15, 1987, p. 55-76.

54. Richard Heyman, "Formulating Topic in the Classroom", *Discourse Processes*, 9, 1986, p. 37-55.

si mesmo como recurso didático;[55] a de James Ostrow, que examina a familiaridade, vivida mas não consciente, dos alunos com o seu ambiente fenomenológico;[56] por último, Isabella Paoletti, que analisa, utilizando a análise de conversação, como os alunos constroem uma imagem deles mesmos e de suas relações recíprocas discutindo sobre o trabalho escolar.[57]

7. O OFÍCIO DE ESTUDANTE

Em uma investigação realizada entre 1984 e 1989 sobre o ingresso na universidade, tentei evidenciar os mecanismos que interferem no fracasso e abandono dos estudantes, que são, na França, particularmente numerosos durante os primeiros meses depois da chegada à universidade.[58]

Esse trabalho, realizado conforme os métodos etnográficos clássicos (observação, observação participante, entrevistas) tratando, mais especificamente, sobre a problemática da passagem para o ensino superior (mais de 140 diários escritos todos os dias pelos estudantes durante os seus três primeiros meses de ingresso na universidade,

---

55. Douglas Macbeth, "Classroom "Floors": Material Organizations as a Course of Affairs", comunicação apresentada no congresso anual da l'*American Sociological Association*, San Francisco, agosto 1989, documento mimeografado, 42 p.

56. James Ostrow, "Habit and Inhabitance: An Analysis of Experience in the Classroom", *Human Studies*, 10, 1987, p. 213-224.

57. Isabella Paoletti, "Being Unpopular: An Analysis of a Conversation with Three Primary School Students", comunicação apresentada no colóquio *Current Work in Ethnomethodology and Conversation Analysis*, Université d'Amsterdam, Pays-Bas, julho 1989, documento mimeografado, 16 p.; Isabella Paoletti, "Interpreting Classroom Climate: À Study in a Year Five and Six Class", *Qualitative Studies in Education*, 3, 2, p. 113-137.

58. Alain Coulon, *Le métier d'étudiant. Approches ethnométhodologique et institutionnelle de l'entrée dans la vie universitaire*, tese de doutorado de Estado, Université de Paris, VIII, janv. 1990, 3 vol., 1130 p. Parte da tese foi publicada na obra: Alain Coulon, *Le metier d'étudiant*: l'entrée dans la vie universitaire. Paris, PUF, 1977. Tradução em português: Alain Coulon, *A condição de estudante*: a entrada na vida universitária. Salvador: EDUFBA, 2008.

durante cinco anos, de 1984 a 1989), baseou-se na hipótese de que os estudantes que não conseguem se afiliar fracassam. Partindo desse ponto, estudei as práticas de afiliação durante as primeiras semanas e os primeiros meses, porque esse período permite descobrir o processo de rotinização — ou pelo contrário, o fracasso desse processo — que está em ação durante os primeiros momentos da passagem para um novo estatuto social. O meu projeto era ver como se fracassava — ou como se tinha êxito —, quais eram os mecanismos e as conexões internas desse processo de seleção e de classificação social, que distingue os excluídos dos que permanecerão estudantes.

Mostrei que a primeira tarefa que um estudante deve realizar quando chega à universidade é aprender seu *ofício de estudante*. Paradoxo, evidentemente, já que ser estudante é um estatuto social provisório que, ao contrário de um ofício, dura apenas alguns anos. Mas o principal problema que os estudantes enfrentam é precisamente de "permanecer" na universidade para além do primeiro ano, período no qual se verifica uma hecatombe na França como é sabido. Hoje, *o problema não é ingressar na universidade, mas permanecer nela*. As estatísticas são brutais: considerando todas as áreas de estudo, mais da metade dos estudantes continuam a deixar a universidade francesa sem diploma, seja porque fracassou, seja porque abandonou os estudos durante o primeiro ciclo universitário.

Aprender seu ofício de estudante significa que é necessário aprender a tornar-se um estudante, caso contrário é eliminado ou autoeliminado porque permaneceu estranho a esse novo mundo. A entrada na vida universitária pode, de fato, ser considerada uma passagem. É necessário *passar do estatuto de aluno para o de estudante*. Como toda passagem, necessita de um trabalho de iniciação. Chamei esse processo de *afiliação*, que consiste em descobrir e se apropriar das evidências e das rotinas dissimuladas nas práticas do ensino superior. O estudante deve mostrar seu *savoir-faire*, pois essa é uma condição para o sucesso. Ter êxito significa que foi reconhecido socialmente como competente, que os saberes adquiridos foram reconhecidos. Se os fracassos e os abandonos são elevados durante o primeiro ano, é precisamente porque a adequação entre as exigências universitárias, em termos de conteúdos intelectuais, métodos de exposição do saber e dos conhecimentos, e o *habitus* dos estudantes, que são ainda, de fato, alunos, não foi realizada. O aluno deve se adaptar aos códigos do ensino superior, aprender a utilizar as suas instituições, assimilar as suas rotinas. Se o diploma aparece como democrático, ou seja, concedido aos que merecem porque mostraram sua competência, só é possível obtê-lo depois que o novato aprende as regras de seu novo universo.

Na minha perspectiva, interessa considerar o ingresso na universidade como uma passagem, no sentido etnológico do termo, que implica a luta pelo poder, ritos e sacrifícios que proponho considerar segundo três tempos:

— o tempo da estranheza, ao longo do qual o estudante entra num universo desconhecido, cujas instituições rompem com o mundo familiar que acaba de deixar;

— o tempo da aprendizagem, em que se adapta progressivamente e no qual uma conformação se produz;

— o tempo da afiliação, por fim, aquele que concerne num controle relativo, que se manifesta sobretudo pela capacidade de interpretação, ou mesmo transgressão, no que diz respeito às regras.

Retomando os principais resultados teóricos a que cheguei com minha pesquisa, assinalo os processos que caracterizam cada um desses três tempos da passagem.

Tem sucesso aquele que se afilia. Para ser bem-sucedido, o estudante deve mostrar sua competência de membro da comunidade estudantil, ou seja, deve ser capaz de compartilhar conhecimentos comuns com os outros estudantes, construir uma nova identidade.

Distingui dois tipos de afiliação: inicialmente a afiliação institucional e, em seguida, a intelectual. Mas, fundamentalmente, essa distinção se baseia em fenômenos da mesma natureza, que são os processos de aquisição da capacidade de manipular aquilo que denominei *praticalidade das regras*, ou **seja**, as condições nas quais podemos transformar as instruções, institucionais bem como intelectuais, em ações práticas. Se a entrada numa nova instituição exige que se saibam as regras que permitem circular em seu interior, tais como a organização de um cronograma individualizado ou a aprendizagem da autonomia, o trabalho intelectual exige, também, a aprendizagem do controle das suas condições de realização, que são, antes de tudo, condições normativas e formais, isto é, práticas. Para um novo estudante, o conteúdo intelectual se traduz em suas regras formais práticas, por exemplo, a utilização do vocabulário, intervenções orais oportunas, práticas de escrita e de leitura, de concentração.

Afiliar-se é, então, naturalizar incorporando as práticas e os funcionamentos universitários, o que nunca está constituído antecipadamente em *habitus* estudantil. É conhecer os etnométodos locais que permite compreender *o trabalho das regras*, fundamentalmente incompletas e indexicais e que contêm sempre "a cláusula et caetera", a fim de estar em condições, em seguida, de *usá-las metaforicamente* abrindo o espaço da transgressão. A transgressão aparece como um sinal evidente de afiliação: é o acesso metafórico ao funcionamento e à manipulação da praticalidade da regra que autoriza o seu uso e permite passar da fase imaginária ao estágio simbólico. Isso significa dizer que uma regra está vazia de sentidos para quem não vê a sua praticalidade.

Assim, respeitar uma regra não é compreendê-la, mas praticá-la. Isso ocorre mediante um processo de interpretação permanente, que constrói de forma progressiva as trocas sociais colocando em jogo *operadores metafóricos*, tais como a temporalidade, a racionalidade, o sentido da ação, sua lógica e seu constrangimento. É graças a essa utilização que não é se "colando" diretamente à regra tal como está redigida que o indivíduo demonstra sua competência social, linguística, comunicacional, cognitiva em ser estudante; competência pela qual espera reconhecimento social como uma distinção que o diferencia e autoriza a ter acesso ao seu novo universo. Em outra linguagem, ser afiliado é ter adquirido a naturalidade que se baseia, por um lado, na apropriação dos etnométodos institucionais locais e, por outro, sobre a atualização dos códigos secretos que transformam as instruções do trabalho universitário em evidências intelectuais.

Não detectar, decifrar e, em seguida, incorporar esses códigos, que chamei de *marcadores de afiliação, é uma das razões mais frequentes de abandonos e fracassos*. Em outras palavras, afiliar-se é construir para si um *habitus* de estudante que permita ser reconhecido como tal, ou seja, como parte do mesmo universo social e mental, com referências e perspectivas comuns, e, já que a permanência da categorização é a condição de qualquer ligação social, com *a mesma maneira de categorizar o mundo*.

Uma vez afiliados, os estudantes conhecem os arranjos sociais que fundamentam as regras. Eles descobrem sua *temporalidade clandestina*: no trabalho que consiste em seguir uma instrução, ou uma regra, eles descobrem, por exemplo, que essa aplicação prática exige o controle do futuro anterior. Essa temporalidade aparece apenas na ação, o que chamei de *uma propriedade adormecida da regra*, que não aparece se ela não for ativada pela ação. Isso significa dizer que *o sentido da regra aparece quando ela é vista em sua perspectiva temporal*.

Essa afiliação caracteriza, portanto, um membro, alguém que compartilha a linguagem comum do grupo com o qual quer viver, porque as perspectivas dos indivíduos são recíprocas e partilham a mesma interpretação média razoável dos acontecimentos que os cercam. Um estudante torna-se competente quando sabe identificar os códigos implícitos do trabalho intelectual, *quando entende o que não é dito, quando vê o que não é designado*, quando torna rotina o que inicialmente lhe parecia estranho, como algo exterior a ele mesmo. Conseguir decodificar e apreender as regras constitutivas das *evidências naturalizadas e dissimuladas nas práticas universitárias é, portanto, a condição para se tornar um estudante competente*. A sua afiliação intelectual será completamente realizada quando tornar rotina essa competência.

Penso que algumas das noções que desenvolvi podem ser exportadas para outros ciclos de ensino, em geral a cada vez que se coloca a questão de uma transição, de uma passagem entre um ciclo de ensino e outro:

— a aprendizagem da competência para ser estudante pela manipulação das regras;

— a atualização das evidências e das rotinas dos discursos e dos raciocínios universitários e suas regras de classificação;

— a transformação das regras institucionais e intelectuais em ações práticas;

— a necessária descoberta da praticalidade da regra como condição de afiliação;

— a atualização de uma temporalidade explícita das regras.

Os elementos que acabo de enunciar interessam diretamente as teorias da aprendizagem e, por conseguinte, as teorias da avaliação dessas aprendizagens. Com efeito, acredito que o tipo de análise que proponho abre *um imenso domínio de conhecimentos ainda inexplorado, que se situa no espaço que existe entre uma instrução e a sua aplicação prática*. O estudo do domínio das ações práticas evidencia fenômenos cuja existência não se suspeitava até os trabalhos fundadores de H. Garfinkel. Podemos perceber o proveito que se pode tirar, no campo da educação, da análise desse espaço. Toda aprendizagem bem-sucedida supõe que foram assimiladas as propriedades essenciais desse domínio das ações práticas. Saber manipular a praticalidade das regras e das instruções escolares é dominar uma prática e, consequentemente, se comportar como aluno competente, que não é exatamente aquele que compreende as regras, mas quem as pratica, e analisa o espaço entre a sua prática e as regras fundadoras. Percebe-se, assim, como seria possível, por um lado, desenvolver investigações nessa perspectiva e, por outro, fazer uso didático dessas reflexões, ao tempo em que, em meu ponto de vista, a etnometodologia parece encontrar aí o seu domínio por excelência no campo da educação.

8. CONCLUSÃO

A importância teórica, intelectual e prática, e o contributo extremamente positivo dos estudos etnometodólogicos em educação mostram como se realizam, concretamente, as discriminações na situação escolar. Trata-se de uma "mostração" mais eficaz que as "demonstrações" fundadas, por um lado, sobre estatísticas escolares incertas, porque raramente questionadas em seu processo de produção e, por outro, sobre a utilização de variáveis, que se dizem independentes, cujo caráter sociologicamente construído foi esquecido, e que se considera, devido a esse esquecimento que as reificou, como "naturais".

Os estudos etnometodólogicos da sala de aula e das instituições escolares nos ajudam a compreender os mecanismos diários, comuns, pelos quais se associam e se produzem localmente a seleção social. Esses mecanismos de "desigualdade em vias de se efetivar" são encarnados nas inumeráveis situações interacionais que ocorrem no cotidiano da instituição de ensino. A seleção escolar que alimenta a reprodução social não se faz de forma isolada. A demonstração etnometodológica não tem evidentemente por objetivo acusar nem culpabilizar o corpo docente, os orientadores ou os administradores escolares. Muito pelo contrário, fornecendo-lhes o acesso aos mecanismos dessas interações, isso poderia ajudá-los a alterar as suas práticas.

Raramente, os trabalhos franceses em Sociologia da educação conseguem escapar de certo fisicalismo objetivista, que tende a representar o mundo constituído por uma série de classificações objetivas, independentes da intervenção do sociólogo. É por isso que a etnometodologia é extremamente rica, além do fato de sua utilização no campo da Sociologia da educação francesa ter se mostrado salutar.

CAPÍTULO 5
REPRODUÇÃO E AFILIAÇÃO

1. REPRODUÇÃO E *HABITUS*

P. Bourdieu e J.-C. Passeron[1] definiram como deveria ser entendida a noção de reprodução, de origem marxista,[2] no campo da educação. Ela permite, especialmente, uma articulação entre a reprodução cultural e a social:

> Todo sistema de ensino institucionalizado deve as características da sua estrutura e o seu funcionamento ao fato de necessitar produzir e reproduzir, por seus próprios meios, as condições institucionais cuja existência e persistência (autorreprodução da instituição) são necessárias tanto ao exercício da sua própria função de inculcação quanto ao

---

1. Pierre Bourdieu; Jean-Claude Passeron, *La reproduction. Éléments pour une théorie du système d'enseignement*, Paris, Éditions de Minuit, 1970, 282 p. Obra traduzida para o português: *A reprodução: elementos para uma teoria do sistema de ensino*. Petrópolis: Vozes, 5ª ed., 2011.

2. Sobre esse assunto consultar: Henri Lefèbvre, *La survie du capitalisme*: la re-production des rapports de production, Paris, Anthropos, 1973, 274 p. Parte da obra foi traduzida: Henri Lefèbvre, *A reprodução das relações de produção*. Porto: Publicações Escorpião, 1973.

acompanhamento da sua função de reprodução de um arbitrário cultural do qual não é o produtor (reprodução cultural) e cuja reprodução contribui para a reprodução das relações entre os grupos ou as classes (reprodução social) (p. 70).

Essa reprodução não ocorre de forma pacífica: ela é, ao contrário, a consequência de uma inculcação pedagógica da escola, que exerce sua "violência simbólica". A comunicação pedagógica dissimula uma relação de força em que a violência está objetivamente presente, qualquer que seja a forma pedagógica que a comunicação assuma, incluindo suas abordagens míticas não diretivas, rousseaunianas ou freudianas. Enquanto instrumento de transmissão da cultura legítima, a escola propaga a cultura dominante das classes dominantes e tem, evidentemente, um efeito de classificação social, que tende a reproduzir a classificação social existente.

Essa afirmação de P. Bourdieu e J.-C. Passeron sobre a reprodução das classes sociais pelo sistema educativo, e, mais ainda, sobre a perpetuação da estrutura das relações de classe, não é simplesmente uma opinião ideológica sobre a função da escola. Como já haviam destacado no trabalho sobre os estudantes e a cultura,[3] eles mostram que o próprio trabalho pedagógico tem um efeito de reprodução, que gera um *habitus* que pode ser mensurado a partir da sua "durabilidade", "transposição" e "exaustão", três características, que, na prática, são "fortemente ligadas" (p. 49).

O *habitus*

No coração do princípio da reprodução figura aquilo que P. Bourdieu chamou de *habitus*, que "tende a reproduzir em cada

---

3. Pierre Bourdieu; Jean-Claude Passeron, *Les héritiers*, Paris, Éditions de Minuit, 1964, 192 p. Obra traduzida: Pierre Bourdieu; Jean-Claude Passeron, *Os Herdeiros: os estudantes e a cultura*. Florianópolis: Editora da UFSC, 2014.

momento de uma biografia escolar ou intelectual o sistema das condições objetivas do qual é o produto" (1970, p. 198). Para P. Bourdieu[4] o *habitus* é definido como um conjunto de

[...] esquemas geradores de classificações e de práticas classificáveis que funcionam na prática sem alcançar a condição de representação explícita, que são o produto, sob a forma de disposições, de uma posição diferencial no espaço social.

O *habitus* tem a tendência a

[...] perpetuar uma identidade que é uma diferença. Está na origem de estratégias de reprodução que tendem a manter as separações, distâncias, as relações de ordem, concorrendo assim na prática (e não de maneira consciente e deliberada) para reproduzir todo o sistema das diferenças constitutivas da ordem social (p. 9).

Podemos observar que a reprodução, em P. Bourdieu, não é mecanicista. Nem é estruturalista, porque não nega o papel desempenhado pelos agentes nessa reprodução, com as suas capacidades de invenção e de improvisação. Essa consideração da prática dos agentes não é contraditória na medida em que

[..] as práticas sempre originam atos de construção da realidade colocando em jogo estruturas cognitivas complexas; esta atividade cognitiva não pode de modo algum ser identificada a uma operação intelectual consciente de si mesma. (...).

Podemos, por conseguinte, considerar *habitus* como

[...] um operador de transformação através do qual as estruturas objetivas, das quais é o produto, adquirem uma existência eficiente e tende concretamente a se reproduzir ou a se transformar (ibid. p. 81).

---

4. Pierre Bourdieu, *La noblesse d'état. Grandes écoles et esprit de corps*, Paris, Éditions de Minuit, 1989, 570 p.

Observamos que essa definição de *habitus* se aproxima daquela que P. Bourdieu e J.-C. Passeron (1970 p. 50) davam, considerado *habitus* "uma gramática geradora de práticas", um pouco à maneira como Noam Chomsky faz ao se referir à prática da linguagem como a manifestação "de uma gramática generativa".[5] Assim, podemos explicar, como mostra P. Bourdieu ao longo de *La noblesse d'état*, como se operam as continuidades entre professores e alunos de classes preparatórias, situação em que a reprodução ocorre, por assim dizer, despercebida, porque fundada sobre uma pedagogia aparentemente sem esforço, e porque a instituição se apoia sobre

> [...] a homogeneidade dos *habitus* que ela produz, [...] que se ajustam de maneira imediata, intuitiva, prática, na euforia das evidências compartilhadas, e fora de qualquer codificação expressa pelo contrato, regra ou o controle burocrático (p. 128).

Habitus é, por conseguinte, também, o que permite que nos "reconheçamos" como pertencendo a uma mesma grande escola, uma mesma classe social, de um mesmo meio. É o princípio de reconhecimento entre pares cujas características, às vezes infinitesimais — maneiras de falar, posturas corporais, detalhes na vestimenta —, "transpiram" sem que haja a necessidade de serem enunciadas ou exibidas com estardalhaço. *Habitus* é, basicamente, um princípio silencioso de cooptação e de reconhecimento, que opera as classificações inicialmente escolares e, em seguida, sociais. Isso porque pela potência muda do *habitus* as posições sociais são inscritas em disposições corporais, os indivíduos que as compartilham se reconhecem e se agrupam procurando a homogeneidade, princípio que encontramos facilmente em estratégias e alianças matrimoniais claramente marcadas pela homogamia.

De fato, o *habitus* produz uma prática em que todos os comportamentos coerentes visam se integrar numa estratégia objetiva de

---

5. Noam Chomsky, *Aspects of the Theory of Syntax*, Cambridge, Mass., M.I.T. Press, 1965, 252 p. Obra traduzida: *Aspectos da teoria da sintaxe*. 2. ed. Coimbra: Armênio Amado, 1978.

reprodução, embora não se trate de uma finalidade consciente, tal como escreveu P. Bourdieu:

[...] a disposição adquirida que chamamos de "escrita", ou seja, uma maneira singular de traçar os caracteres, produz sempre a mesma "escrita", ou seja, traçados gráficos que, apesar das diferenças de tamanho, de matéria e cor, ligadas ao suporte [...] ou ao instrumento, [...] apresentam uma afinidade de estilo, um ar de família, reconhecíveis ao primeiro olhar (p. 387).

É a razão pela qual os agentes que têm *habitus* semelhantes se reconhecem, "por uma afinidade de estilo que faz de cada uma de suas práticas uma metáfora de todas as outras". P. Bourdieu e J.-C. Passeron[6] pareciam pretender ir mais longe quando faziam do *habitus* um

[...] produto da interiorização dos princípios de um arbitrário cultural capaz de se perpetuar [...], [por sua vez] produtor de práticas conformes ao arbitrário cultural. [...] É o análogo do capital genético (p. 47-48).

P. Bourdieu[7] retoma a metáfora genética e afirma ter "elaborado um estruturalismo genético", no sentido em que

[...] a análise das estruturas objetivas é inseparável da análise da gênese, no âmago dos indivíduos biológicos, das estruturas mentais que são, em parte, produto da incorporação das estruturas sociais e da análise da gênese destas mesmas estruturas sociais elas mesmas (p. 24).

Além disso, e pelo contrário, o *habitus* que, lembremos, gera práticas cujo agente não tem sempre consciência, está igualmente no

---

6. Pierre Bourdieu; Jean-Claude Passeron, *La reproduction*, op. cit.

7. Pierre Bourdieu, *Choses dites*, op. cit. Obra traduzida: Pierre Bourdieu, *Coisas ditas*, 1. ed., São Paulo: Brasiliense, 1990.

centro das disposições negativas que impulsionam certos indivíduos à autoeliminação:

> A depreciação de si, a desvalorização da escola e de suas sanções ou a resignação ao fracasso e à exclusão podem ser compreendidas como uma antecipação inconsciente das sanções que a escola reserva objetivamente às classes dominadas (1970, p. 246).

Algumas vezes, a teoria da reprodução foi criticada por se mostrar excessivamente vinculada ao estruturalismo. Ao desenvolver o conceito de *habitus*, P. Bourdieu mostrou, igualmente, que os atores sociais, a fim de agir, não se satisfaziam em seguir regras, mas que desenvolviam também estratégias, ativas ainda que não plenamente conscientes. Com efeito, a análise de P. Bourdieu reintroduz o agente que o estruturalismo de C. Lévi-Strauss tinha posto fora do jogo.

Um estruturalismo construtivista

Em 1985, durante uma entrevista ao longo da qual lhe foi pedido que reconstituísse o seu itinerário intelectual, P. Bourdieu[8] enuncia claramente que desenvolveu a sua noção de *habitus* "contra" o dogmatismo estruturalista de Claude Lévi-Strauss e de Louis Althusser, que faziam dos sujeitos "simples epifenômenos".

Além disso, numa conferência pronunciada na universidade de San Diego (Califórnia) em março de 1986, ele retoma certo número de questões capitais da Sociologia, e explica suas escolhas teóricas fundamentais. Se fosse necessário, diz ele, caracterizar o seu trabalho em duas palavras e colocar um rótulo, falaria de construtivismo estruturalista ou estruturalismo construtivista

> Por estruturalismo, quero dizer que existe no próprio mundo social, e não apenas nos sistemas simbólicos, linguagem, mito etc., estruturas

---

8. Pierre Bourdieu, *Choses dites*, op. cit., p. 13-46.

objetivas, independentes da consciência e da vontade dos agentes. [...] Por construtivismo, quero dizer que existe uma gênese social, por um lado, dos esquemas de percepção, de pensamento e de ação que são constitutivos do que eu chamo de *habitus*, e por outro lado, das estruturas sociais, e em especial o que chamo de campos e de grupos, principalmente do que se designa, de modo comum, de classes sociais.

No âmbito da educação, P. Bourdieu se considera um construtivista. Afirma ter mostrado, em *Rapport pédagogique et communication*:[9]

[...] como se constrói uma relação social de compreensão no e sobre o mal-entendido, ou apesar do mal-entendido; como professores e estudantes estabelecem um acordo, por uma espécie de transação tácita e tacitamente orientada pela preocupação de minimizar os custos e os riscos, para aceitar uma definição mínima da situação. [...] Em outro estudo, intitulado *Les catégories de l'entendement professoral*, tentamos analisar a gênese e o funcionamento das categorias de percepção e apreciação através das quais os professores constroem a imagem dos seus alunos, de seus desempenhos, e seu valor (1987, p. 148).

É uma abordagem bastante próxima daquela que já examinamos, quer seja aquela apoiada pela teoria da "rotulação" ou por aquelas originadas da teoria "profética" ou do "efeito Pigmalião".

Habitus e aprendizagem

A onipresença do *habitus* à sombra das nossas ações cria problemas: o ator de P. Bourdieu não parece ser influenciado pelas diferentes aprendizagens por que passa. O seu destino parece completamente traçado, inteiramente determinado pelo *habitus* inicial. Não quero dizer com isso que seja necessário ver na concepção de reprodução

---

9. Pierre Bourdieu et al., 1968: op. cit.

formulada por P. Bourdieu uma teoria determinista, no sentido em que tudo seria antecipadamente determinado e onde a escola teria apenas a simples função reprodutora das classificações sociais. Mas o *habitus* parece ser como uma totalidade, constituída de uma vez para sempre, e também funcionar como um operador estável e definitivo, do qual se podem calcular de antemão, no sentido prático do termo, as consequências objetivas sobre as chances escolares e as trajetórias sociais. Se essa visão é tendencialmente verdadeira, como P. Bourdieu mostra mais uma vez analisando a "nobreza de Estado" que constitui os alunos das grandes escolas, ela coloca, contudo, o problema da função e do papel da aprendizagem.

Com efeito, se o *habitus* está clandestina e constantemente em funcionamento em toda prática, sob a forma de disposições incorporadas, a aprendizagem aparece tão somente como um condicionamento e uma inculcação, que fariam apenas reforçar as disposições anteriormente adquiridas. Essa concepção parece excluir uma intervenção consciente e voluntária por parte do ator, e não leva em conta as suas estratégias pessoais.

Portanto, a passagem do ensino médio à universidade, por exemplo, coloca a questão da aprendizagem de novos saberes, de novas relações ao saber, novas formas institucionais de vida, que necessitam, certamente, *da mobilização dos marcadores sociais objetivos*, mas *como recursos* que não se limitam ao único *habitus* reprodutor que determina a prática.

A entrada nesse novo papel social necessita de uma forma de aprendizagem específica, que é familiar aos alunos das grandes instituições de ensino ou das classes preparatórias, posto que se aproximam do quadro institucional das escolas de ensino médio em que estão inseridos. Em verdade, sob vários aspectos, os alunos das classes preparatórias e das grandes escolas estão mais num processo de continuidade que de ruptura em relação aos seus estudos secundários. Em contrapartida, o novo papel dos estudantes que ingressam na universidade exige uma análise e uma compreensão das novas relações sociais que devem manter com o seu novo meio, o que consiste, em primeiro lugar, em assimilar os ritos internos e compreender o seu funcionamento. Essa assimilação está indubitavelmente, em parte, fundada sobre o *habitus* antigo, mas constitui, essencialmente, uma nova aprendizagem prática, fundamentada sobre a interpretação desse novo universo. Assim concebida, a aprendizagem de uma nova forma de organização social é um trabalho de acumulação, uma *bricolage* permanente na integração de microexperiências passadas, um incessante trabalho de sedimentação, de classificação das novas experiências em relação às antigas e de integração de novos "métodos de compreensão" da vida social. Essas diferentes operações intelectuais conduzem à aquisição de um saber prático, indispensável à aplicação das regras que governam a vida e as trocas da nova organização. O pertencimento a essa nova instituição não se define como uma adesão a normas e valores próprios da cultura local: não se trata exatamente de falar de um processo de socialização, mas de um trabalho ativo de construção e realização de uma nova identidade. Como mostrou Jean-Michel Berthelot:[10]

> [...] um saber só pode desenvolver sua efetividade prática se for assimilado, ou seja, não somente sabido, mas transformado através dos gestos e atos de um indivíduo em operações integradas a uma certa prática. Enquanto tal um saber nunca é apenas transmitido; ele é sempre objeto de um processo de incorporação, que, na medida em que implica o indivíduo na sua totalidade, é simultaneamente processo de socialização, ou seja, processos de produção do ser biológico como ser social (p. 288).

Estudar de maneira etnográfica essa aprendizagem permite ter acesso aos processos de objetivação da vida cotidiana que os estudantes utilizam, e identificar as dificuldades institucionais e intelectuais objetivas que encontram. Considerar essa aprendizagem uma prática é afirmar que a entrada na universidade não é a simples mobilização dos princípios ativos, incorporados e inconscientes, que o *habitus* geraria,

---

10. Jean-Michel Berthelot, *Le piège scolaire*, Paris, PUF, 1983, 298 p.

de maneira automática, mas é igualmente tributária das condições institucionais locais dessa passagem, bem como da compreensão e interpretação que os estudantes têm das suas formas ritualizadas.

Se a Sociologia do *habitus* de P. Bourdieu dá conta das condições estruturais que pesam sobre essa passagem, ela não mostra como se efetua concretamente, nem quais as formas que assume a objetivação prática dos atores que fazem essa passagem. Ela forma o que eu chamarei de uma Sociologia topológica, cujo interesse é precisamente introduzir um espaço multifatorial. Mas podemos dirigir três observações à essa topologia:

— por um lado, as relações entre os elementos dessa figura não são fixas;

— por outro, o próprio conjunto se altera incessantemente de posição;

— por último, a sua constituição nunca está terminada.

Esses três aspectos são aqueles mesmos que definem a relatividade, o que nos autoriza a interrogar se a noção de *habitus* leva em consideração essas propriedades. É por isso que me parece útil não substitui-la, mas completá-la pela noção de afiliação que, no meu ponto de vista, é seu prolongamento: na medida em que considera as propriedades dessa relatividade, a noção de afiliação parece mais apropriada para dar conta dos processos institucionais e práticos que, para além do efeito de *habitus*, estão em funcionamento no momento de ingresso em um novo estatuto que exige esforço para ser adquirido e conservado, como é o caso da entrada dos estudantes no primeiro ano de universidade.

2. A AFILIAÇÃO

De fato, a entrada na universidade é bem diferente do ingresso em uma turma do ciclo preparatório ou, *a fortiori*, em uma grande escola, que são os principais sistemas de ensino analisados por P. Bourdieu.

ETNOMETODOLOGIA E EDUCAÇÃO

Com efeito, se, como ele mostrou em *La noblesse d'état*, a homogeneidade dos *habitus* é particularmente impressionante no caso das classes preparatórias e das grandes escolas, constata-se, pelo contrário, uma enorme diversidade de *habitus* entre os estudantes universitários, sobretudo quando seguem percursos disciplinares na área de Letras ou Ciências Humanas. Assim, pode-se ter, numa mesma área de conhecimento e num mesmo curso, um candidato ao *baccalauréat* C e um candidato ao *baccalauréat* G,[11] cujos *habitus* escolares e, frequentemente, sociais, estão longe ser semelhantes. Contudo, ambos os sujeitos estão submetidos aos mesmos novos constrangimentos institucionais e têm de se afiliar, igualmente, ao seu novo papel. A mobilização silenciosa dos *habitus* de cada um é evidente, mas múltiplas contingências perturbam o seu mecanismo demasiado previsível.

A entrada na universidade consiste, sobretudo, numa série de operações práticas visíveis. Se a teoria do *habitus* exige do sociólogo um trabalho de arqueologia do sentido da prática, a noção de afiliação, que autoriza o sociólogo a ter um olhar contemporâneo da ação em processo de realização, mostra como o ator engajado na realidade é um prático do sentido, como ele deve interpretar constantemente o seu novo ambiente e dar-lhe sentidos a fim de poder sobreviver nele.

No ingresso na universidade o sentido do jogo não é inato, contrariamente ao que deixa supor a teoria do *habitus*, que atribui pouca relevância à improvisação, ainda que a transgressão das regras, ou pelo menos a facilidade irreverente com que possamos testemunhá-la, seja a marca característica da "distinção" daqueles que a manifestam. Nesse processo de entrada na universidade, o *habitus* antigo continua sempre presente, mas ele não está congelado em sua antiga definição e prática. O estudante deve realizar uma nova aprendizagem a fim de tornar-se membro: essa noção de membro, acrescida à noção de *habitus*, supõe a ideia de afiliação, que tem, talvez, um sentido mais

---

11. O *baccalauréat* é um exame realizado ao final do ensino médio. A área C era a área científica, "nobre", e a série G correspondia a área técnica (comércio, estenodatilografia, contabilidade), considerada como uma categoria subalterna.

ativo que a de *habitus*, embora não seja o caso de tomar esta última como um princípio passivo de reprodução automática e cega, na medida em que faz intervir também o "sentido do jogo" que os atores sabem desenvolver em certas situações. Queria tentar mostrar em que medida a noção de afiliação me parece apta a esclarecer esse "sentido do jogo", e como os atores se colocam em situações concretas para desenvolvê-lo. As noções de membro e de evidência devem permitir que alcancemos esse objetivo.

A noção de membro

No vocabulário etnometodológico, a noção de membro não se refere ao pertencimento social, mas ao domínio da linguagem natural, como afirmaram H. Garfinkel e H. Sacks:[12]

> A noção de membro é o núcleo do problema. Não utilizamos o termo em referência a uma pessoa. Antes disso, ela se refere ao controle da linguagem comum, que entendemos da seguinte maneira: afirmamos que os indivíduos, pelo fato de falarem uma linguagem natural, estão, de alguma forma, engajados na produção e na apresentação objetiva do saber do senso comum de suas atividades diárias como fenômenos perceptíveis e relatáveis [...] Com uma frequência e uma insistência universais, os membros empregam fórmulas destinadas a remediar o caráter indexical das suas expressões e, concretamente, procuram substituir as expressões indexicais por expressões objetivas (p. 339).

Parece que H. Garfinkel ultrapassou a concepção parsoniana de membro, que insistia sobre "collectivity membership",[13] isto é, o fato de pertencer a uma comunidade, àquela mais fenomenológica e mais

---

12. Harold Garfinkel; Harvey Sacks, *On Formal Structures of Practical Action*, op. cit.

13. Garfinkel indica claramente, nas notas de rodapé das páginas 57 e 76 dos *Studies*, que a expressão *"collectivity membership"* deve ser tomada exatamente no sentido que Parsons lhe deu em *The Social System*.

"linguística", que evidencia o domínio de uma linguagem natural comum.

Em 1985, em entrevista concedida a Bennetta Jules-Rosette, H. Garfinkel[14] retoma o conceito de membro e rejeita a definição parsoniana, de forma ainda mais incisiva do que já havia feito nos anos 1970:

> Em uma fórmula-manifesto, falo da produção local e do caráter naturalmente "disponível-e-utilizável" da ordem social. Nossas pesquisas nos conduzem inevitavelmente a Merleau-Ponty para reaprender o que ele nos ensinou: a nossa familiaridade com a sociedade é um milagre incessantemente renovado. Esta familiaridade, tal como a concebemos, abrange o conjunto das realizações da vida cotidiana como práticas que estão na base de qualquer forma de colaboração e interação. Devemos falar das aptidões que, como competências comuns, são necessárias para as produções constitutivas do fenômeno diário da ordem social. Resumimos estas competências introduzindo a noção de "membros". Utilizar a noção de "membros" apresenta riscos. Na sua acepção mais corriqueira, ela é para nós pior que inútil. O mesmo ocorre com os conceitos de "pessoas", "pessoas particulares" ou "indivíduos". Alguns sociólogos, supostamente de acordo conosco, insistem que devemos conceber os membros como indivíduos coletivamente organizados. Nós rejeitamos claramente esta alegação. Para nós, as "pessoas", "pessoas particulares" e "indivíduos" são aspectos perceptíveis de atividades comuns.

Tornar-se membro é afiliar-se a um grupo, a uma instituição, o que requer o domínio progressivo da linguagem institucional comum. Essa afiliação repousa sobre a particularidade de cada um, sua maneira singular de se "debater com o mundo", de "estar no mundo", nas instituições sociais da vida cotidiana. Uma vez afiliados, os membros não têm necessidade de se interrogar sobre o que fazem. Conhecem os implícitos das suas condutas e aceitam as rotinas inscritas nas práticas sociais. Isso faz com que não sejamos estrangeiros em relação a nossa

---

14. Bennetta Jules-Rosette, entrevista com Harold Garfinkel, *Sociétés*, n. 5, sept. 1985, v. 1, p. 35-39.

própria cultura, e que, pelo contrário, as condutas ou perguntas de um estrangeiro possam nos parecer estranhas.

Na concepção etnometodológica um membro é, portanto, uma pessoa que domina um conjunto de procedimentos, métodos, atividades, *savoir-faire*, que a torna capaz de inventar dispositivos de adaptação para dar sentido ao mundo que a cerca.

Essa noção de membro suscitou certas confusões por parte de comentadores adeptos da leitura rápida, que se apoiaram nessa ideia para tentar mostrar que ela autorizava a equivalência entre ator social comum e sociólogo, fazendo assim de qualquer membro um sociólogo de sua própria prática, e de qualquer sociólogo "digno deste nome" um membro da comunidade estudada. Contrariamente ao que pretende Bob Gidlow[15] que considera que a etnometodologia — "expressão nova para designar práticas antigas" (p. 399) — é simplesmente uma glorificação da observação participante, a noção de membro não deve servir para pensar a etnometodologia como uma variante da observação participante. É preciso, ao contrário, afirmar com George Psathas,[16] que

> [...] comportar-se como um membro não é a mesma coisa que ser capaz de descrever e analisar os métodos utilizados pelos membros. "Saber como" fazer alguma coisa não é o mesmo que "saber o como" (ou seja, os métodos) através dos quais as atividades são produzidas. [...] A investigação das propriedades formais e invariantes das ações, e os métodos pelos quais os membros produzem essas ações, requerem explicações diferentes, dado que o que alguns consideram como significações evidentes outros consideram como temas de suas pesquisas (p. 14)

Aí está onde se situa o ponto de fratura entre a posição do sociólogo e a do ator comum. Nem todo mundo é sociólogo, contrariamente

---

15. Bob Gidlow, "Ethnomethodology: A New Name for Old Practices", *British Journal of Sociology*, 22, dezembro de 1972, p. 395-405.

16. George Psathas, "Approaches to the Study of the World of Everyday Life", *Human Studies*, 3, January 1980, p. 3-17.

ao que, algumas vezes, é atribuído a H. Garfinkel que fala também da objetivação necessária ao sociólogo para que dê conta das suas investigações, objetivação que não se confunde com aquela que pratica o ator social comum para viver as suas interações cotidianas. Da crítica a essa posição à reintrodução clandestina de um corte epistemológico, existe um passo que o mais niilista dos sociólogos pode cruzar se o desejar, na condição de explicar como fazer para transmitir a experiência e os resultados da investigação. Qualquer metodologia de exposição dos resultados de uma pesquisa, seja biográfica, implicada ou participante, necessita de certo distanciamento do objeto estudado, *a posteriori*, no momento em que é sistematizada para assegurar a transmissão e a difusão dos conhecimentos produzidos.

As evidências

A noção de membro nos conduz a perguntar a partir qual momento pode-se considerar que alguém tornou-se membro de uma organização social. A questão é particularmente importante no que se refere aos novos estudantes que entram na universidade — como já evocamos, se aceitarmos explorar a hipótese segundo a qual a aquisição da qualidade de membro os protege eficazmente contra o abandono e também, provavelmente, contra o fracasso.

Podemos considerar que a posição de membro é adquirida quando chegamos, sem muitas dificuldades, a um acordo sobre a significação das nossas ações, apesar da indexicalidade infinita nas trocas coloquiais e nas situações sociais. A fim de preencher as lacunas induzidas pela indexicalidade, os interlocutores colocam em ação, de acordo com H. Garfinkel, os "métodos de compreensão". Cada parceiro de uma interação coloca em prática um "método documental de interpretação", que gera um "suplemento de sentidos" às conversações naturais, criando assim o sentimento de uma compreensão mútua, que é indispensável à continuação das trocas. Esse procedimento implica que, ao longo das suas ações, os atores sociais se refiram a um saber tácito que fornece uma significação, incessantemente retrabalhada e renovada, à incompletude natural e irremediável das trocas sociais.

Em outras palavras, *tornamo-nos membro quando somos capazes de basear nossa ação sobre as "evidências" da organização social considerada, e nos servirmos delas como esquemas operadores de nossa prática.* Assim, não temos mais a necessidade de nos certificarmos, a cada instante, se a nossa compreensão dos acontecimentos é correta. Se é assim, é porque construímos a nossa prática a partir de um entendimento da ação social que se baseia em um pressuposto que é comum e compartilhado com os outros. Esse procedimento universal de objetivação do mundo social dá sua definição às evidências: é tudo que é aceito como não problemático, embora não claramente definido pelos membros que, para retomar aqui uma expressão da fenomenologia, estão apegados à "atitude natural".

Como resultado, podemos agora responder à nossa pergunta inicial: reconhecemos um membro pelo fato de não somente aceitar, mas utilizar na sua ação as evidências do mundo novo no qual ele vive, isto é, quando ele "naturalizou" os elementos anteriormente problemáticos desse mundo. Concretamente, o pesquisador pode perceber essa aquisição já que esse saber tácito é revelado por descrições e comentários que os membros fazem para esclarecer e justificar a sua ação.

Considerando as evidências, encontramos, certamente, o ambiente semântico do *habitus* como operador silencioso das trocas sociais. Mas, em minha opinião, soma-se a isso a ideia de contingência: a integração e a naturalização das evidências não impedem a produção de "equívocos" na interpretação e no desenrolar da ação, ao contrário das condutas geradas pelo *habitus*, cuja ação parece ser de uma fiabilidade e uma previsibilidade absolutas, na medida em que uma das propriedades do *habitus* é, precisamente, bloquear a lucidez necessária para questionar a legitimidade do arbitrário cultural e social.

Contudo, a interiorização necessária das evidências não é condição suficiente para se tornar um membro realmente afiliado da nova organização social. Ainda é preciso saber mostrar a sua competência de membro.

A competência

Com efeito, o essencial é ser reconhecido como membro pela comunidade especialmente, como é o caso nas instituições educativas, pelos agentes encarregados de julgar se os candidatos adquiriram essa qualidade. Não é suficiente acreditar que nos tornamos membros, é necessário, da mesma forma, mostrar a sua competência ao exibir as características manifestando que pertencemos ao mesmo grupo.

A competência de alguém deve ser diferenciada de *suas* competências. Por *a* competência não estou designando as capacidades intelectuais potenciais em si mesmas, ou o *savoir-faire* de uma pessoa. O termo, no singular, se refere antes *a um conjunto de conhecimentos práticos socialmente fundados, que sabemos mobilizar no momento adequado a fim de mostrarmos que os possuímos.*

A partir de Hugh Mehan,[17] podemos distinguir três tipos de competência:

— a competência cultural que é, de acordo com Ward Goodenough,[18] a aptidão de alguém para "interagir com os que são já competentes, em termos de conceitos, crenças, princípios de ação e de organização";

— a competência linguística é um pré-requisito para participar ativamente das atividades da comunidade. Ela foi definida por N. Chomsky,[19] cujo modelo generativo postula que um pequeno número de regras é capaz de originar uma infinidade de frases, como a capacidade e a aptidão de um locutor para compreender essas frases simultaneamente de um ponto de vista fonológico, gramatical e semântico. Mas essa definição da competência linguística, como mostrou, por exemplo, Dell Hymes,[20] John

---

17. Hugh Mehan, "The Competent Student", op. cit.

18. Ward Goodenough, "Multiculturalism as the Normal Human Experience", *Anthropology and Education Quarterly*, 7, 4, 1976, p. 4-6.

19. Noam Chomsky, *Aspects of the Theory of Syntax*, op. cit.

20. Dell Hymes, *Foundations of Sociolinguistics; an Ethnographic Approach*, Philadelphie, University of Pennsylvania Press, 1974, 246 p.

Gumperz[21] ou William Labov,[22] não leva em conta o fato de que ela se exerce através das interações reais estabelecidas entre os parceiros. A definição da competência linguística de N. Chomsky não nos diz, com efeito, quando falar, nem o que é necessário dizer, nem a quem etc. Ora, a comunicação linguística tem sempre um contexto social e, por essa razão, não se limita aos seus aspectos formais. Pelo contrário, é necessário considerar seu aspecto funcional, ou seja, sua utilização prática em quadros sociais, o que implica incluir na definição de tal competência linguística a aptidão em comunicar, interpretar as intenções do parceiro envolvido na situação de troca, conhecer as estratégias de emprego das expressões, e ter conhecimento dos constrangimentos sociais que pesam sobre as interações. É o que D. Hymes chamou de "competência comunicacional";

— a competência interacional foi definida por H. Mehan a partir de suas investigações etnográficas nas salas de aula (cf. *supra*, capítulo 4). Para ele, a competência não tem apenas um conteúdo cognitivo, como as definições precedentes poderiam nos fazer crer. Não reside somente na "cabeça dos indivíduos", nem poderia ser reduzida ao nível individual. Se os indivíduos devem mostrar o que sabem, este (re)conhecimento é estabelecido pelos outros. A competência é, portanto, "construída" pelos parceiros, nas suas interações: não é conduzida independentemente das circunstâncias sociais nas quais ela se produz. H. Mehan mostrou que a partir da escola primária se requer do aluno essa competência interacional que lhe permite participar com sucesso da comunidade da sala de aula. Essa competência interacional comporta dois aspectos:

---

21. John Gumperz, *Language in Social Groups*, Palo Alto, CA, Stanford University Press, 1971, 350 p. Parte desta obra foi traduzida em francês in John Gumperz, *Engager la conversation. Introduction à la sociolinguistique interactionnelle*, Paris, Éditions de Minuit, 1989, 186 p., capítulo 4, p. 79-104.

22. William Labov, *Le parler ordinaire. La langue dans les ghettos noirs des États-Unis*, Paris, Éditions de Minuit, 1978, 2 vol., 352 p. et 174 p.

a) por um lado um aspecto de comunicação, que dita ao aluno sua conduta em função dos acontecimentos na sala de aula e lhe permite participar dos procedimentos considerados adequados para pedir a palavra, falar em sua vez etc.;

b) por outro, um aspecto de interpretação das regras da sala de aula: nunca se fornece o modo de utilização das regras, quer elas sejam intelectuais ou de comportamento. As regras oficiais, como "não correr na sala de aula", "estar limpo", "respeitar os outros", são muito gerais e não dizem como se deve respeitá-las. Elas têm uma dimensão tácita que exige ser interpretada pelo aluno que deve, por sua vez, aprender os pressupostos sociais implícitos nas regras.

David Hustler e George Payne[23] examinaram, igualmente, o conceito de competência na escola, analisando o contexto das conversas. Mostraram que a organização interna do discurso não é idêntica em diferentes salas de aula, e varia até mesmo de uma atividade para outra. Eles escrevem o seguinte:

O reconhecimento de que uma criança é um aluno socialmente competente repousa sobre a sua capacidade de se virar em meio a estas sutilezas. [...] Do ponto de vista da criança, os enunciados devem ser produzidos no momento correto, na boa sequência, na forma correta quanto à sua organização, e devem apresentar uma coerência temática apropriada (p. 269-270).

Essa concepção de D. Hustler e G. Payne é próxima da que desenvolvi em minha investigação sobre a entrada dos novos estudantes na universidade. No entanto, "as sutilezas" que os estudantes que entram pela primeira vez na universidade devem enfrentar são infinitamente mais complexas e numerosas, principalmente porque elas se dissimulam em dispositivos institucionais naturalizados e não

---

23. David Hustler; George Payne, "Ethnographic Classroom Analysis: An Approach to Classroom Talk", p. 265-287, in R. G. Burgess (éd.): *Strategies of Educational Research*, op. cit.

questionados, cuja lógica — quando ela existe — deve ser primeiramente explorada antes de ser "aplicada" com sucesso nas diferentes ações que um estudante deve realizar para exercer o seu "ofício", — fazer o seu emprego do tempo, ler, tomar notas, escrever, pensar etc. —, condição para ser reconhecido como um estudante competente.

Poderíamos dizer, parafraseando o *labeling theory*, que o estudante competente é aquele que é rotulado como tal, ou seja, que tem todas as características de um membro e que, além disso, é suficientemente afiliado para que sua qualidade de estudante competente seja reconhecida, especialmente, pelos professores. É aquele que possui um tal domínio das diversas operações que são indispensáveis na vida cotidiana de um estudante que sua condição de *membership* é, imediatamente, reconhecida porque é "natural". Nesse sentido, podemos dizer que a sua competência *torna-se uma rotina*. O termo rotina deve ser tomado aqui sob duas acepções diferentes, mas que não são contraditórias:

— no seu sentido corrente, que implica deixar de pensar naquilo que estamos fazendo e realizamos algumas das nossas ações "maquinalmente";

— no sentido etnometodológico, como conjunto de procedimentos reflexivos, que sabem decodificar instantaneamente certos índices da experiência social a fim de produzir as regras práticas que permitem agir de forma adequada.

A competência tornada uma rotina é a própria definição da afiliação realizada.

A afiliação

Albert Ogien[24] recorreu à noção de afiliação no âmbito do seu trabalho sobre "a intervenção em psiquiatria", particularmente a fim

---

24. Albert Ogien, *Positivité de la pratique*, op. cit.; *Le raisonnement psychiatrique*, op. cit.

de compreender como se "mantém um acordo tácito sobre o sentido de uma hospitalização". Ele escreve:

> Os procedimentos de afiliação são os que permitem a um ator tomar parte adequadamente nas trocas que se articulam em torno de problemáticas psiquiátricas, emitir comentários argumentados e razoáveis sobre o desenrolar das atividades práticas às quais ele participa e, ao fazê-lo, mostra o controle sobre a "linguagem natural" que governa a compreensão do "o que se passa" em psiquiatria (p. 158).

Em outros termos, a pertença a uma organização social se apresenta como uma realização dos membros. Reconhecemos aí um dos *slogans* da etnometodologia, mas nada nos indica como se realiza essa afiliação que A. Ogien considera, com justeza, uma operação de raciocínio prático. Ele considera, igualmente, que é possível passar da noção geral de afiliação — "procedimento que simultaneamente organiza as trocas e estabelece o sentimento de uma compreensão mútua" — a uma outra mais restrita, "de afiliação institucional", que implica que os atores "possuam um saber explícito e implícito da instituição" (1986, p. 166)[25].

Em outro contexto, David Matza[26] desenvolveu, igualmente de maneira interessante, essa noção de afiliação no seu estudo sobre a constituição do comportamento desviante. Retomando o trabalho de Sutherland, e especialmente os da Escola de Chicago sobre o desvio, D. Matza opõe afiliação e afinidade. Dando seguimento a Sutherland, D. Matza considera que ninguém se torna desviante por atração, mas por afiliação.

De acordo com ele, a afiliação se refere à adoção de uma criança por uma família, e, por extensão, ao fato de vincular aqueles que antes estavam separados. Na sua forma mais desenvolvida,

---

25. Albert Ogien, "L'affiliation. Analyse de la constitution de l'intervention sur autrui", *Pratiques de formation*, 11/12, oct. 1986, p. 158-167.

26. David Matza, *Becoming Deviant*, Englewood Cliffs, N. J., Prentice-Hall, 1969, 204 p. Consultar, especialmente, o capítulo 6, p. 101-142.

[...] a afiliação descreve o processo pelo qual o sujeito é *convertido* para uma conduta nova para ele, mas já estabelecida para os outros. Sugerindo novas significações de comportamento, consideradas inicialmente estranhas ou impróprias, a afiliação fornece o contexto e o processo pelo qual o neófito acaba sendo transformado" (p. 101-102) [sublinhado no texto].

D. Matza, rompendo com a visão dominante da doutrina patológica do desvio que ele julga "surrealista", não considera o desvio uma doença contagiosa, nem uma fatalidade predestinada, mas uma conversão ativa, como foi apresentado por H. Becker[27] no seu estudo sobre fumantes de maconha: ninguém se torna desviante por contágio, mas por conversão, considera D. Matza. Essa conversão implica que o indivíduo mergulhe no seu novo universo e não que o observe a distância. Deve participar ativamente da atividade considerada, "estar dentro do fenômeno", o que lhe permite *construir* concretamente a significação dos seus atos. Assim, não nos tornamos desviantes contra nossa vontade, mas permanecendo aberto à experiência: o fumante deve aprender "a gostar disto", deve aprender, tecnicamente, a fumar, reconhecer os sintomas da "viagem", e construir com a ajuda do outro, ou seja, socialmente, a equivalência entre os efeitos físicos que sente e o prazer de "planar", que é o objetivo do uso da droga. O processo de afiliação é, por conseguinte, concreto e ativo, e implica profundamente o sujeito: "O sujeito é o mediador do processo de conversão" (p. 142).

Reencontramos a forma geral dessa conversão, descrita por H. Becker e retomada por D. Matza, nos processos de afiliação à universidade sobre os quais já tratamos em capítulos anteriores (cf. *supra*, capítulo 4). Eles exigem que o estudante aprenda a reconhecer, a exemplo do fumante de maconha, as numerosas modalidades do seu "ofício". Enquanto não for capaz de dominá-las e de reconhecê--las a fim de transformá-las em rotinas que possam ser consideradas "incorporadas", corre o risco de considerar-se a si mesmo, ou ser

---

27. Howard Becker, *Outsiders*, op. cit.

considerado rapidamente por aqueles que o avaliam, um estudante incompetente que, por conseguinte, não pode permanecer estudante. Mostrei que a afiliação universitária repousa em boa parte na capacidade de o estudante seguir as regras, institucionais e intelectuais, do seu novo universo. Mas o que se entende por "seguir uma regra"? Como, concretamente, seguimos regras? Quais os processos colocados em ação? Esse será o tema do próximo capítulo.

CAPÍTULO 6
SEGUIR UMA REGRA

1. NORMAS E REGRAS

Na Sociologia existem duas concepções sobre a utilização de uma regra: uma, tradicional, foi apresentada por Weber, Durkheim, Parsons; já a outra é de inspiração fenomenológica, etnometodológica ou tem origem na filosofia analítica, e foi desenvolvida por Harold Garfinkel, Thomas Wilson, Don Zimmerman, Lawrence Wieder e Ludwig Wittgenstein, dentre outros pesquisadores.

As regras governam nossas ações

Um dos teoremas constitutivos da Sociologia é que as nossas ações são governadas por regras: existe uma relação entre as normas sociais e as nossas condutas. A demonstração desse teorema se encontra em Talcott Parsons,[1] que considera, após Émile Durkheim e Max Weber, que

---

1. Talcott Parsons, *The Structure of Social Action. A Study in Social Theory with Special References to a Group of Recent European Writers*, New York, McGraw Hill, 1937, 818 p. Tradução em português:

se deve postular a existência de uma ordem normativa se pretendemos explicar as regularidades constatadas no comportamento humano. A ordem social torna-se sinônimo da existência de um conjunto de normas, e é possível supor que a estabilidade e a coesão dessa ordem se devem à existência de propriedades inerentes a essas normas.

Quando vivem em sociedade, os indivíduos se comportam como se seguissem regras regulares e repetitivas. Assim, a cada comportamento corresponderia uma regra, que seria, de algum modo, colocada em prática no momento da ação: os atores sociais desempenhariam papéis fundados sobre normas que lhes ditariam suas condutas. Sabemos que Durkheim define os fatos sociais como meios objetivos, ou seja, observáveis, de agir e pensar. Para ele, as normas sociais são exteriores a nós, coercitivas e típicas. Elas não são criadas por nós, ainda que as utilizemos: são independentes daquilo que elas produzem; são obrigatórias, impõem-se a todos e não dependem dos indivíduos, que devem respeitá-las porque vivem numa cultura normativa. Essas normas e esses valores, que são categorias culturais, são utilizados, pelos atores que as interiorizam, como se fossem instruções que eles devem seguir para realizar os atos da sua vida diária. Essa é, esquematicamente, a concepção sociológica clássica que relaciona a ação humana às normas às quais obedeceria.

Como fizeram os etnometodólogos, podemos também fazer várias críticas a essa concepção, por exemplo o fato de considerar que seguir uma regra é uma evidência, e calar sobre os processos pelos quais isso se torna possível.

A utilização da regra

Numerosos estudos etnometodólogicos mostraram que os indivíduos descobrem a extensão e a aplicação das regras no momento

---

A estrutura da ação social: Um estudo de teoria social com especial referência a um grupo de autores europeus recentes. V. I: Marshall, Pareto, Durkheim. V. II: Weber; Petrópolis: Vozes, 2010.

em que a situação se apresenta, ou seja, quando as colocam em prática. Nem as regras, nem suas instruções foram interiorizadas antes de serem utilizadas de modo concreto, como mostra efetivamente a impossibilidade de predizer um comportamento a partir unicamente da existência de uma regra. É o uso da regra que determina o comportamento, como mostrou Don H. Zimmerman.[2]

Ele estudou a forma como os empregados de um serviço público de ajuda social decidiam, com base em certo número de regras burocráticas, se atribuíam, ou não, uma alocação de recursos às pessoas que faziam essa demanda — pessoas oriundas das categorias mais desprovidas ou mais frágeis da população. D. Zimmerman considera que o uso prático do conjunto das regras adotadas para tomar decisões é ignorado sistematicamente, não somente pelos sociólogos, mas também pelos próprios empregados que realizam esse trabalho burocrático. Essa ignorância tem por consequência o fato de que as regras são consideradas como se fossem idealizações, com significados estáveis, independentes do seu uso concreto em diversas situações, distintas dos interesses práticos, das perspectivas e das interpretações daqueles que devem aplicar tais regras.

D. Zimmerman mostra que o pessoal, a fim de tomar as decisões quanto à aceitação das demandas de uma ajuda pública, recorre a certas regras, decide caso a caso e sempre com base em "fundamentos razoáveis". Uma das características do trabalho de rotina realizado pelos empregados era mostrar, para todos os fins práticos, que estavam trabalhando de acordo com as regras e a política geral adotadas pelo serviço: qualquer membro competente do serviço podia constatar que o trabalho era feito corretamente, ou seja, respeitava as regras, ao mesmo tempo tácitas e explícitas, que todos deviam seguir para decidir sobre os casos a serem analisados. Às vezes, certas regras eram "suspensas" porque a realidade do trabalho realizado exigia, por exemplo quando do um dos integrantes da equipe social de atendimento consagrava

---

2. Don H. Zimmerman, The Practicalities of Rule Use, p. 221-238, in Jack D. Douglas (ed.), *Understanding Everyday Life*, op. cit.

tempo excessivo à entrevista de um candidato. Assim, acontecia de a regra usada para analisar a demanda do primeiro candidato não ser transgredida, mas deixar de ser aplicada a "esse caso específico". Era então "razoável" inverter a ordem "normal", para que todos pudessem ser recebidos em prazos mais curtos que evitassem uma longa espera aos candidatos para que eles pudessem realizar suas outras obrigações além de comparecer ao serviço.

D. Zimmerman considera que essa situação tenderia a mostrar que uma ação não se desenvolve em conformidade a regras com o objetivo de respeitá-las, mas a fim de permitir que os atores mostrem o que há de "razoável" em sua ação:

> A referência às regras pode ser considerada como um meio, do senso comum, para dar conta do caráter ordenado das atividades da vida cotidiana (p. 233).

> "O uso competente" de um conjunto de regras se baseia na experiência dos membros, que decidem utilizá-las em função da situação considerada, de tal maneira que atinjam um resultado que pareça "normal". A compreensão de uma situação, escreve D. Zimmerman, depende do "conhecimento, fundado sobre a experiência, das ocorrências típicas, mas imprevisíveis que ameaçam os resultados esperados" (p. 237).

Seguir procedimentos obrigatórios de maneira competente não é, propriamente falando, uma questão de conformidade ou de desvio em relação a esses procedimentos. Isso consiste antes em julgar que tal ação satisfaz *grosso modo*, "razoavelmente", às exigências dessas regras.[3]

Frequentemente, encontramos essa propriedade na prática educativa: os alunos ou os estudantes, sobretudo se eles estão num momento da sua "carreira" em que tenham de realizar uma "passagem"

---

3. A operação tartaruga pode ser considerada como a vontade de aplicar as regras "estritamente". Se tal ação constitui, paradoxalmente, uma ameaça para a ordem social é porque os atores sabem bem que é impossível o respeito escrupuloso às regras, pois tal atitude resultaria em uma regressão infinita, exceto se o objetivo estiver em paralisar toda a vida coletiva.

— como é o caso, por exemplo, da turma do curso preparatório, o ingresso no 5º ano do ensino fundamental ou no ensino médio ou, ainda, o ingresso na universidade — devem considerar se determinado comportamento, fundado sobre certa interpretação de uma regra, se aproxima da interpretação média razoável que os professores, o pessoal administrativo e os outros alunos ou estudantes tem dela, definindo assim a competência média exigida.

Do recurso implícito ao objeto sociológico de pesquisa

Portanto, trata-se de uma inversão da problemática habitual, o que necessita de uma nova conceptualização do mundo social, ao transformar as próprias normas e regras em temas legítimos de investigação sociológica, e não apenas em recursos explicativos. Don Zimmerman e Lawrence Wieder[4] propuseram três etapas a fim de fazer das normas um tema de estudo para a Sociologia, e não apenas um recurso:

— a primeira é abandonar a hipótese segundo a qual as condutas sociais são governadas por normas;

— a segunda é considerar que os indivíduos comuns, assim como os sociólogos profissionais, sabem descrever e explicar a coerência e a regularidade da vida social;

— a terceiro é tratar essas descrições como aparências que os membros produzem quando utilizam procedimentos para analisar um acontecimento a fim de saber se ele segue ou não uma regra.

Quando estamos na posição de etnógrafo, podemos facilmente observar que as próprias propriedades das regras que os atores sociais seguem são, constantemente, objeto de seus comentários. Eles

---

4. Don H. Zimmerman; Lawrence Wieder, "Ethnomethodology and the Problem of Order: A Comment on Denzin", p. 287-295, in Jack D. Douglas (ed.), *Understanding Everyday Life*, op. cit.

explicam de maneira incessante suas condutas entre si, referindo-se a um conjunto de normas e regras utilizando a linguagem coloquial. Além disso, as suas explicações são reflexivas, ou seja, eles se tornam "objetos" constitutivos do próprio quadro. Entretanto, a maior parte do tempo, esses são dados que passam despercebidos, porque a própria concepção teórica que os sociólogos têm das regras, consideradas como o que rege nossas ações, os impede de ter acesso às suas ocorrências visíveis.

É, contudo, a análise do uso que os membros fazem das suas etnografias, para descreverem reciprocamente as suas ações, que torna observável o arranjo de sua realização. Assim, as normas sociais e as regras locais sobre as quais seus atos se baseiam podem ser analisadas como tais e tornar-se um objeto sociológico de pesquisa.

Como seguimos as instruções?

Adotar as normas sociais e suas regras como objeto de estudo implica analisar a forma como os atores seguem essas regras, a fim de descobrir as suas propriedades. É o que mostrou H. Garfinkel[5] a propósito dos jogos: se os jogos comportam as suas regras básicas, cujas propriedades ele chamou de "expectativas constitutivas", os jogadores utilizam igualmente as "regras preferenciais de jogo", que respeitam certamente o procedimento básico, mas cuja eficácia ou estética eles consideram melhores.

Isso ocorre em qualquer jogo, mas é particularmente espetacular, por exemplo, no jogo de xadrez, no qual as regras básicas dão aos jogadores, a cada instante, uma informação perfeita. No entanto, nem todas as regras do jogo são utilizadas simultaneamente, apenas algumas entre elas são mobilizadas, aplicadas no momento adequado, e os jogadores sabem reconhecê-lo.

---

5. Harold Garfinkel, A Conception of, and Experiments with, "Trust" as a Condition of Stable Concerted Actions, in O. J. Harvey (ed.), *Motivation and Social Interaction*, op. cit.

Podemos passar da análise das regras de um jogo à análise das normas sociais que dirigiriam o comportamento dos atores? O modelo mostra-se pertinente para caracterizar as condutas cotidianas dos indivíduos? H. Garfinkel considera que se estendermos a noção de "propriedades constitutivas" ao mundo social da vida cotidiana, o trabalho sociológico prioritário torna-se o de saber como as "normas" definem os acontecimentos que são percebidos como "normais", de modo semelhante à maneira como as regras básicas de um jogo fornecem aos participantes a trama do desenrolar "normal" da partida, o que eles sabem reconhecer. Essa ordem constitutiva dos acontecimentos é fundada, de acordo com H. Garfinkel, sobre a noção de "confiança". Mas essa ordem moral não é necessariamente percebida, explicitamente, pelos indivíduos. É por isso que eles devem "ter confiança" no ambiente em que estão inseridos quando hesitam, por exemplo, sobre a interpretação de uma regra.

Essa noção de "confiança" nos permite apreender como um ator dá sentido ao seu ambiente, e em que consiste a "percepção normal dos acontecimentos". Essa percepção mostra sua tipicidade, ela permite ao ator situar os fatos na trama do conhecimento de acontecimentos anteriores, bem como lhes atribuir uma causalidade, um lugar na relação entre os meios empregados e os objetivos perseguidos, e refletir se são necessários a sua ordem moral. Quando uma regra é violada num jogo, há uma ruptura da confiança e o jogo é paralisado. O mesmo não ocorre na vida cotidiana: a ordem social não desmorona cada vez que uma infração é cometida. É por isso que, de acordo com H. Garfinkel, é necessário analisar não as normas e as regras em si mesmas, mas as propriedades dos acontecimentos que elas produzem.

De acordo com H. Garfinkel,[6] é preciso estudar as instruções que balizam a vida cotidiana, isto é, examinar o domínio das ações práticas, do raciocínio prático, reespecificar em que consistem as normas,

---

6. O último curso da carreira de Harold Garfinkel, realizado na primavera de 1988 na UCLA, ao qual tive o privilégio de assistir, era intitulado: *"A Study of Norms"*. Este curso inspirou amplamente as reflexões que se seguem.

as regras, redefinir suas significações. É necessário distinguir, por exemplo, entre as instruções e as ações que nelas se baseiam: há, com efeito, uma incompletude irremediável nas regras, sempre marcadas pela necessidade de recorrer à cláusula "et caetera", que compensa, de certa maneira, suas múltiplas contingências. Conforme H. Garfinkel, nenhum estudo clássico foi capaz de dar conta desse fenômeno.

Esse fenômeno, simultaneamente, estranho e banal pode ser percebido no jogo que para se desenrolar tem a necessidade incessante de estar submetido à ativação das suas regras. O mesmo pode ser dito da vida cotidiana: as instruções, as normas, as regras, as instruções etc. têm necessidade, para que sejam seguidas e respeitadas, de ser ativadas: podemos considerar que a ação é uma instrução ativada, encarnada numa prática. Com efeito, as regras nunca descrevem as contingências das práticas que elas originam. É por isso que estudar as regras em si mesmas, tal como fazem a Sociologia das organizações ou a análise institucional, não serve para nada, pois não nos informa sobre a verdadeira natureza da ação social. Em contrapartida, o estudo das ações encarnadas pelas regras nos insere no mundo real das contingências. Como indica H. Garfinkel, é necessário fazer a distinção entre as instruções e as ações instruídas encarnadas (*affiliated instructed actions*),[7] para o que ele apresenta vários exemplos.

Assim, as placas das autoestradas são instruções para os motoristas. Mas, diz ele, se vamos pela primeira vez a Los Angeles, quando circulamos por essas autoestradas, as placas se tornam "instructed actions", ações ordenadas: são os detalhes, os traços constitutivos do trabalho de viajar. Outro exemplo: se pegamos um manual de Química de um estudante de graduação, ele trata das instruções para fazer o trabalho de laboratório. Mas em nenhum lugar do manual está descrito o trabalho de laboratório com todas as suas contingências. Mais

---

7. Nesta expressão difícil de traduzir, podemos observar a existência da palavra afiliação tal como eu a empreguei. À luz dessa expressão de H. Garfinkel, podemos definir minha noção de afiliação como a capacidade, adquirida progressivamente através de uma verdadeira aprendizagem prática, para realizar "ações instruídas", ou seja, ações que ativam as instruções sob as quais elas se baseiam.

um exemplo: as instruções do manual de um novo computador são incompreensíveis enquanto não começamos a fazê-las viver, ou seja, a nos servirmos do computador. Último exemplo: quando lemos uma peça de teatro, não se trata da mesma leitura feita pelos atores que encenam a peça. Há uma diferença entre o *script*, como um conjunto de instruções, e a *peça*, aquela que é encenada, a *peça viva*, que faz nascer os personagens. Entre essas duas situações que devem ser diferencia-das, há toda a densidade das práticas encarnadas, que constituem o domínio de estudos por excelência da etnometodologia, denominação que H. Garfinkel poderia ter substituído por a neopraxiologia, como ele mesmo afirmou durante o colóquio de Purdue em 1968.[8]

Portanto, as "affiliated instructed actions", as ações instruídas encarnadas, são, então, acessíveis se observamos os detalhes do trabalho local, *in situ*, que consiste em seguir as instruções. Quando pedimos a alguém que explique um jogo, a pessoa começa por ex-plicar as regras: o jogo é descrito pela lista das suas regras. Mas pelo contrário, essas regras não o definem inteiramente: não é suficiente conhecer as regras de um jogo para poder jogá-lo. Da mesma forma, podemos dizer que um curso universitário é descrito quando se fez a lista das regras que é necessário seguir para obter o diploma que as "resume". Mas a prática diária mostra, do mesmo modo, que se trata de um conhecimento insatisfatório dado que ele deve, necessa-riamente, ser encarnado para ser eficaz. Esse domínio de fenômenos, embora massivamente existente, foi completamente ignorado pela análise clássica. As instruções dissimulam em seu interior diversas propriedades (por exemplo, orientação cognitiva, sequencialidade, temporalidade), que aparecem quando são encarnadas no trabalho que consiste em segui-las, ou seja, colocá-las em prática. Assim, para descobrir essas propriedades devemos procurar o "pássaro escondido na folhagem".

---

8. Cf. Richard J. Hill; Kathleen S. Crittenden (eds.), *Proceedings of the Purdue Symposium on Ethnomethodology*, Institute Monograph Series, n° 1, Institute for the Study of Social Change, Dept of Sociology, Purdue University, 1968, 260 p.

Se todas as instruções são irremediavelmente incompletas e se, além disso, a linguagem natural estiver marcada pela indexicalidade, podemos nos perguntar através de qual milagre chegamos a nos compreender. É evidentemente por meio da interpretação, que é uma operação banal e permanente.

2. O MÉTODO DOCUMENTAL DE INTERPRETAÇÃO

A incompletude das trocas sociais deve ser, com efeito, compensada por um trabalho de interpretação por parte dos indivíduos, trabalho esse fundado sobre as "evidências" da situação considerada e que lhes permite emprestar um sentido às ações e aos acontecimentos que vivem.

Todo código é incompleto

L. Wieder[9] mostrou que o conjunto das regras de conduta, extremamente elaboradas, que formava o código dos detentos, nunca era uma totalidade acabada cujo sentido seria imediatamente compreensível, mas, pelo contrário, ele estava constantemente submetido a um trabalho incessante de interpretação. Com efeito, a significação nunca é "dada antecipadamente", é necessário recomeçar a cada acontecimento, procedendo por categorização. No código dos detentos, essa interpretação, como se estivesse cristalizada no código, não servia apenas para analisar e explicar o ambiente, era também um meio usado pelos residentes para guiar, instantaneamente, sua conduta, por exemplo parar ou desviar o assunto de uma conversação, declinar uma ordem ou um convite, reconhecer uma ação como aceitável. Dito

---

9. Lawrence Wieder, 1974, op. cit.

de outra maneira, era um meio para estruturar as trocas verbais de modo que o locutor aparecesse como um membro razoável, moral, competente da sua comunidade. O código era mais um método de persuasão e de justificação moral do que um simples relato da organização da vida comunitária. Era ele que atribuía às atividades da vida cotidiana o seu caráter ordenado, moral, repetitivo e coercitivo, e L. Wieder mostrou que *era sociologicamente inútil estudar esse código se não o considerássemos sob o ângulo do seu cumprimento*. Esse mecanismo banal de interpretação que é uma atividade do senso comum, e não um método científico, H. Garfinkel, depois de Mannheim, identificou sob o nome de "método documental de interpretação".

Como tornar a realidade social compreensível?

H. Garfinkel, servindo-se da noção de "método documental de interpretação" de Mannheim, que reservava sua utilização para o conhecimento erudito,[10] mostra que ela já está presente na Sociologia profana, ou seja, nos procedimentos pelos quais os indivíduos se compreendem reciprocamente e questionam, em certa medida, sobre o seu mundo cotidiano.

Thomas Wilson[11] resume o método documental como

[...] um procedimento que consiste em identificar um "pattern" subjacente a uma série de aparências, de tal modo que cada aparência seja considerada como se referindo a, como uma expressão de, ou "um documento do" "pattern" subjacente. No entanto, o próprio "pattern" é identificado através das suas aparências individuais concretas, de tal modo que as aparências que refletem o "pattern" e o próprio "pattern" determinam-se reciprocamente" (p. 68).

---

10. Na França o melhor especialista sobre Mannheim é, sem dúvida, Joseph Gabel. Ver, em especial Joseph Gabel, *Mannheim et le marxisme hongrois*, Paris, Méridiens-Klincksieck, 1987, 158 p.

11. Thomas P. Wilson, "Normative and Interpretative Paradigms in Sociology", 1970, op. cit.

Um *pattern* é um modelo subjacente, uma categoria que dá sentidos à experiência social incessantemente renovada. É importante compreender "pattern" como aquilo que é "accountable", ou seja, relatável-observável-descritível, que direciona a um sentido e, portanto, a um processo de interpretação, na medida em que, como destaca Jacqueline Signorini,[12] "a linguagem é o meio natural de exposição e confecção dos *patterns*" (p. 78). Nós estamos incessantemente à procura de "patterns" na condução das nossas conversas cotidianas, de outro modo as nossas trocas não teriam sentido. Os "patterns" subjacentes devem, imperativamente, ser convocados para compensar e superar a irremediável indexicalidade da linguagem.

Entretanto, é preciso destacar que isso não se passa apenas no âmbito da linguagem. O método documental de interpretação permite considerar as ações de outros como a expressão de *patterns*, permitindo compreendê-las. Os indivíduos tornam a realidade social reciprocamente compreensível construindo esses *patterns*. Incessantemente as ações são interpretadas em termos de contexto, e o contexto, por sua vez, é entendido como algo que se evidencia através dessas ações. É isso que nos permite reinterpretar, posteriormente, certas cenas que vivemos, e modificar os nossos julgamentos sobre os acontecimentos.

Uma experimentação

O funcionamento do método documental de interpretação torna-se visível através de uma experimentação realizada por H. Garfinkel. Ele convidou dez estudantes voluntários para participar de uma experiência que "consistia em estudar os métodos alternativos de psicoterapia que visavam aconselhar os indivíduos sobre os seus problemas pessoais". Cada estudante é visto individualmente por um experimentador. Depois de expor o contexto do problema sobre o qual

---

12. Jacqueline Signorini, *De Garfinkel à la communauté électronique Géocub: essai de méthodologie (et recherche des fondements)*, D.E.A. d'ethnologie, Université de Paris VII, 1985.

ETNOMETODOLOGIA E EDUCAÇÃO

desejava ser aconselhado, o estudante devia fazer, pelo menos, dez perguntas ao "conselheiro", de tal modo que ele pudesse respondê-las utilizando apenas sim ou não, oferecendo, portanto, o melhor conselho possível. Uma vez feita a primeira pergunta, o experimentador, que se encontra numa sala vizinha, responde sim ou não por meio de um interfone. Em seguida, o estudante deve desligar o sistema de comunicação para que o conselheiro "não ouça suas observações", e registrar num gravador seus comentários sobre a troca que fez e sobre a resposta que acaba de obter. Terminado o comentário, o estudante liga novamente o sistema e faz a pergunta seguinte, e assim sucessivamente até o fim da entrevista. Depois, o estudante deve resumir suas impressões sobre toda a entrevista, e depois ele é entrevistado.

As respostas "sim" ou "não" dos "conselheiros" estavam anteriormente determinadas, mediante uma tabela de números aleatórios. Contudo, elas sempre foram consideradas pelos estudantes respostas às perguntas feitas, mesmo quando eram surpreendentes ou contraditórias. Assim, um estudante judeu pergunta sobre qual conduta adotar, já que sua namorada não é judia e ele não ousa confessar isso a seu pai (*Studies* p. 80-85)[13].

Embora as respostas sejam aleatórias, o sujeito entende as respostas do experimentador como pertinentes às suas perguntas, mesmo quando é surpreendido por algumas delas. Ele reconstrói, então, um sentido lógico a partir dos novos elementos que as respostas parecem lhe fornecer. Apreende "o que o conselheiro tem em seu pensamento", entende "desde o primeiro momento" do que ele fala, ou seja, o que significa. Todos os estudantes que participaram da experiência consideraram que eles tinham realmente "aconselhado", como indica H. Garfinkel:

A pergunta que se seguia era fundamentada nas possibilidades retrospectivas-prospectivas da situação presente, que eram alteradas por

---

13. O diálogo entre o estudante e o experimentador pode ser encontrado em meu livro de introdução a etnometodologia: *L'Ethnométhodologie*, op. cit., p. 56-59. Tradução em português: *Etnometodologia*, Petrópolis: Rio de Janeiro: Vozes, 1995, p. 59-64.

cada troca efetiva. [...] Durante a troca, os sujeitos alteravam o sentido da sua pergunta precedente, revisando retrospectivamente o sentido para adaptá-lo à resposta. [...] O mesmo enunciado era utilizado para responder a várias perguntas diferentes escalonadas no tempo. Os sujeitos qualificavam isso de "uma nova luz" sobre o passado" (p. 89-90).

Quando as respostas lhes pareciam insatisfatórias, os sujeitos esperavam as respostas seguintes a fim de decidir sobre o sentido a atribuir às precedentes:

> A incongruência das respostas era resolvida pela atribuição de conhecimento e intenção ao conselheiro. [...] Os sujeitos pressupunham que os aspectos conhecidos-em-comum da coletividade constituíam um corpo de conhecimento de sentidos comum admitidos por cada um. Eles atribuíam aquilo que entendiam das respostas do conselheiro a estes *patterns* pressupostos (p. 91 e 93).
> Os valores normais percebidos naquilo que havia sido aconselhado eram verificados, reconsiderados, retidos, restabelecidos, em uma palavra administrados. É falso pensar, portanto, no método documental como um procedimento pelo qual as proposições possam ter um estatuto científico. Antes de tudo, o método documental desenvolve o conselho de tal modo que este último "se torna científico" continuamente (p. 94).

Assim, os atores utilizam os acontecimentos em curso como recursos para interpretar as ações passadas e para descobrir e lhes atribuir novas significações, escolhendo, permanentemente, elementos do contexto para prosseguir a busca de interpretação e construir, a cada momento, o quadro de referência do *pattern*. O trabalho do método documental de interpretação é, por conseguinte, uma atividade incessante de colocar em perspectiva, de avaliação das possibilidades oferecidas, de consideração das condições temporais, nas quais o ator se coloca permanentemente para compreender os seus atos bem como os dos outros. Certas suposições são utilizadas para tornar possível a interpretação: o fato interpretado ganha no futuro a realidade que ainda não adquiriu no presente.

L. Wieder mostrou como utilizava esse "método documental" a fim de interpretar as conversas etnográficas cotidianas que tinha com os prisioneiros ou com os vigias, reposicionando-as dentro do código geral que lhes dava sentido. Por seu turno, Hugh Mehan[14] analisou como os professores utilizavam o método documental de interpretação para classificar e identificar alguns dos seus alunos como suscetíveis a serem inseridos em um programa especial de educação.

Nós utilizamos, igualmente, esse "método" quando queremos seguir instruções, quando agimos em função de um conjunto de regras. Assim, esse procedimento é particularmente importante no momento em que os estudantes ingressam na universidade, e devem aprender a seguir e a se servir das novas regras que regem a sua vida estudantil, já que elas são a base definitiva da possibilidade de construir um modelo explicativo da competência. Sobreviver como estudante é, com efeito, mostrar que se tem um conhecimento comum ao da instituição e de seus esquemas de interpretação.

Vamos agora examinar, a partir de Wittgenstein, como podemos compreender e seguir uma regra.

3. A FORÇA DA REGRA

Embora Wittgenstein aborde a questão essencialmente sob o ângulo das regras gramaticais e das proposições matemáticas, ele nos ensina o que é uma regra em geral, em particular em que consiste o fato de "seguir uma regra", e a maior parte das suas reflexões pode ser diretamente utilizável no âmbito da Sociologia e as das ciências antropossociais. Depois de serem amplamente ignorados, como assinalou Jacques Bouveresse,[15] esses problemas tornaram-se, há alguns anos, centrais em Filosofia e Linguística, na medida em que permitem

---

14. Hugh Mehan, *Handicapping...*, 1986, op. cit.
15. Jacques Bouveresse, *La force de la règle*, Paris, Editions de Minuit, 1987, 176 p.

realizar uma reflexão "sobre a compreensão, a significação, a referência, a objetividade, a necessidade" (p. 11). Ele considera que a Linguística chomskyana tal como a Antropologia fizeram "uso não crítico da noção de regra (em especial da regra tácita ou implícita)".

A concepção wittgensteiniana da regra se apresenta sob o seguinte paradoxo: o domínio de uma língua não consiste em conhecer o seu sistema de regras, a linguagem é produzida por um processo de criação contínua. Entretanto, o domínio dessas regras permite, em certa medida, prever o seu comportamento. Em outras palavras, a linguagem não é o caos total de onde emergiria, como por milagre, um conjunto ordenado de significações, e esse caos não é uma condição para que a criatividade seja possível. Portanto, a regra aparece fraca e impotente para representar o uso da língua, mas ao mesmo tempo ela é forte, dado que, como indica Bouveresse

> [...] é através dela e apenas dela que se manifesta a necessidade diante da qual nós nos inclinamos. [...] A necessidade não nos é imposta pela natureza das coisas às quais nossos sistemas de representação devem ou deveriam se adequar, mas unicamente pela maneira como escolhemos os sistemas em questão (p. 14-15).

Assim, para Wittgenstein a necessidade, evidenciada na e pela linguagem, é apenas o reflexo fiel de regras gramaticais que adotamos para representar a realidade, e não se constitui como uma característica que lhe seja intrínseca.[16]

De fato, a gramática é autônoma em relação à realidade e não a representa, suas regras são arbitrárias:

> A gramática não tem de dar conta de nenhuma realidade. As regras gramaticais determinam a significação, que ainda não existe (elas a

---

16. Sobre o paradoxo de Wittgenstein consultar Jacques Bouveresse, "Le "paradoxe de Wittgenstein", ou comment peut-on suivre une règle?" *Sud*, número especial: "Ludwig Wittgenstein", 1986, p. 11-55.

constituem) e por esse motivo não são responsáveis por nenhuma significação, e, dessa forma, são arbitrárias (p. 247)[17]

O que Wittgenstein chama de gramática não se refere apenas à linguagem, mas também à Filosofia, às Matemáticas e mesmo às proposições empíricas que funcionam como regras.

Uma regra "corresponde" a quê?

Na introdução do livro *La parole malheureuse*, Jacques Bouveresse[18] coloca uma questão estranha que é, simultaneamente, vazia e fecunda de sentido, na medida em que abre o imenso domínio da reflexão sobre as regras: "podemos jogar xadrez sem a rainha?"(p. 25). Nós seriamos tentados a responder: "sim, mas então não podemos mais chamar esse jogo de xadrez!". Em todo caso, para responder a essa pergunta é necessário elencar as regras, demonstrar em que as regras do jogo de xadrez são, aparentemente, solidárias umas com as outras, como são agrupadas tal como um colar de contas. Certamente, elas são independentes desde que consideradas individualmente, mas, na prática do jogo, uma regra chama outra e, sobretudo, a transgressão de uma delas — como jogar sem a rainha — transforma a ação das demais a tal ponto que modifica a natureza do jogo que, por sua vez, torna-se sem objeto. Com efeito, o papel da rainha não se aplica apenas a ela mesma, mas afeta também as outras peças do jogo que se relacionam, necessariamente, com ela, já que tem um papel central graças aos privilégios que lhes são atribuídos pelas regras do jogo.

Embora a resposta seja um pouco diferente, essa questão é seme-lhante a que se segue: podemos jogar futebol sem o goleiro? Nesse

---

17. Ludwig Wittgenstein, *Remarques philosophiques*, tr. fr. por J. Fauve, Paris, Gallimard, 1975, 330 p.

18. Jacques Bouveresse, *La parole malheureuse. De l'alchimie linguistique à la grammaire philo-sophique*, Paris, Éditions de Minuit, 1971, 476 p.

caso, as regras, na prática, são da mesma forma solidárias entre elas embora formalmente independentes, e para responder a essa pergunta necessitamos, igualmente, desenrolar uma parte do carretel das regras do futebol. No entanto, a diferença reside no fato de que, na prática, é possível jogar o futebol sem goleiro porque, ainda que ele tenha um papel importante, sua ausência não elimina a natureza do jogo ao ponto em que devamos alterar sua nomenclatura. O jogo terá, simplesmente, um resultado diferente, uma tática de jogo distinta e, sem dúvida, um número muito maior de gols marcados pelos times. Como no caso do xadrez, as regras do futebol são, na prática, solidárias umas das outras, mas poucas dentre elas estão ligadas diretamente ao papel do goleiro que, considerado sob o ângulo das regras do jogo, é menos importante que o papel da rainha no xadrez. Isso indica, igualmente, que as regras do futebol não são tão bem definidas como as do xadrez ou, mais exatamente, que à cada fase da partida não corresponde um conjunto preciso de regras, como é o caso do xadrez.

Ao mesmo tempo, de acordo com Wittgenstein,[19] não há dependência mútua entre as regras da gramática. A significação não é inteiramente determinada pelas operações gramaticais lógicas e, assim, as regras não são o "reflexo fiel de conteúdos de significação preexistentes". Não há conexões conceptuais escondidas, esperando para serem descobertas: "Uma conexão escondida não existe na lógica". O sentido não está dado previamente como parte de estoque predeterminado: é construído pela ação.

Elas [as conexões] constituem, diz J. Bouveresse, uma determinação suplementar do sentido e uma extensão da gramática, e não uma simples explicitação do seu conteúdo latente (1987, p. 24).

Do mesmo modo, a significação das palavras, em Wittgenstein, não é uma caixa cheia que devamos apenas explorar.

---

19. Ludwig Wittgenstein, *Grammaire philosophique*, tr. fr. par M.-A. Lescourret, Paris, Gallimard, 1980, 494 p.

ETNOMETODOLOGIA E EDUCAÇÃO

Podemos deduzir dessas observações que dizer que o jogo de xadrez é definido por suas regras não é a mesma coisa de afirmar que jogar xadrez consiste apenas em seguir as regras do jogo. Não há uma equivalência entre o jogo e as suas regras. De acordo com J. Bouveresse, as regras do jogo de xadrez nos fazem reconhecer e distinguir esse jogo de outros jogos, mas aquilo que o diferencia de outras atividades, como se casar, assinar um contrato etc., "não é algo que poderíamos encontrar indicado na lista das regras constitutivas" (p. 359). O ato de jogar xadrez não consiste apenas em seguir suas regras, é uma atividade social entre dois jogadores que lhes atribui sentido, cujo comportamento pode ser comparado a uma *gramática* simplesmente conforme com as regras, que não são nem verdadeiras, nem falsas, mas que existem.

Dessa forma, a utilização de uma regra não está contida na regra. O enunciado de uma regra é "um depósito a partir do qual se desenvolve o seu uso".[20] Mas, em meu ponto de vista, isso não quer dizer que, em certa medida, a regra "contenha" suas significações, que serão construídas pelo seu uso social, pela sua implementação. Como observa Wittgenstein:[21]

A regra, enquanto regra, isolada, permanece, por assim dizer, em sua magnificência embora, o que lhe dê importância, sejam os fatos da experiência cotidiana.

Assim, é a regra que nos diz que duas de suas aplicações são idênticas. É a regra que cria a semelhança. É a regra que permite aproximar casos muito diferentes. A essência da regra é eliminar a distinção entre os casos antigos e os casos novos. Assim, *a função primeira da regra é permitir a repetição e, por consequência, a alternância.*

---

20. G. P. Baker; P. M. S. Hacker, *Skepticism, Rules and Language*, Oxford, Basil Blackwell, 1984, p. 17, citado em J. Bouveresse, *La force de la règle*, op. cit.

21. Ludwig Wittgenstein, *Remarques sur les fondements des mathématiques*, tr. fr. par M.-A. Lescourret, Paris, Gallimard, 1983, 352 p.

Por exemplo, no futebol "tocar na bola com as mãos" pode ganhar milhares de formas, incluindo casos limites e litigiosos que podem gerar contestações infinitas, mas todos os casos são "reconhecidos" pelo árbitro, os jogadores e os espectadores, e convergem para a mesma e única regra. A competência do árbitro consiste, exatamente, em ser capaz de associar casos diferentes à única regra que proíbe "tocar na bola com as mãos", reconhecendo suas semelhanças. É assim que podemos dizer que um advogado, um juiz, um professor, um estudante, um árbitro etc. são competentes, desde que saibam relacionar as ocorrências da experiência às regras que enquadram sua ação. A expressão usual "no âmbito da nossa competência" indica que se trata da capacidade para verificar certos casos que se apresentam na experiência e que sabemos relacioná-los às regras que compõem um quadro conhecido e familiar que chamamos de profissão.

Isso coloca a questão de saber como podemos reconhecer alguém como competente. Seria quando ele sabe estabelecer a correspondência entre uma realidade e uma regra? É o que parece indicar Eliseo Veron,[22] quando escreve:

> Tal como na gramática, qualquer controle de um sistema de regras se traduz, no âmbito do comportamento, por uma capacidade, ou, se preferimos, por uma competência (p. 268).

Seguir uma regra é uma prática

Uma lista de regras, em si mesma, não constitui uma teoria da competência daquele que pretende segui-las. No máximo podemos dizer que as regras, quer sejam lúdicas, linguísticas ou sociais, são uma descrição da competência dos indivíduos que se comprometem na atividade que elas supõem.

---

22. Eliseo Veron, "Vers une logique naturelle des mondes sociaux", *Communications*, 20, 1973, p. 246-278.

Colocar a questão de saber em que consiste o fato de seguir as regras nos leva a interrogar sobre sua aprendizagem. Wittgenstein[23] escreve: "poderíamos comparar a aprendizagem com o estabelecimento de uma conexão elétrica entre um interruptor e uma lâmpada". Mas se aprendemos uma regra, que aplicamos em seguida, ela "nos interessa apenas por estar implicada na aplicação. Uma regra não pode agir a distância".[24] Ou seja, no momento em que agimos nos desinteressamos, enquanto atores, das circunstâncias práticas da ação.

> Dar uma razão, escreve J. Bouveresse, para justificar o que fazemos ou dizemos (por exemplo, o fato de executar de certa maneira uma instrução), é mostrar um caminho que conduz a ação em questão (p. 367).

A pergunta: "por que agimos de tal maneira?", pode ser respondida por uma causa ou uma razão:

> A causa pode apenas ser conjecturada, e tal conjectura é suscetível, até certo ponto, de ser confirmada ou negada pela experiência, enquanto a razão pode ser conhecida (p. 368).

Explicar a nossa ação pela aprendizagem muda de sentido à medida que considerarmos essa aprendizagem uma razão ou uma causa. A causa supõe que somos capazes de explicar o processo que resulta na ação, enquanto a razão se satisfaz com o "provável": "uma boa razão é aquela que parece ser uma razão".

De acordo com Wittgenstein, entre a regra e o processo no qual ela está implicada, não existe uma relação causal, mas apenas uma concordância, que deve ser realizada nos dois sentidos: isso é seguir uma regra. A regra é incapaz de nos informar, e menos capaz ainda de nos ensinar, sobre a natureza da conexão que é necessário estabelecer

---

23. Ludwig Wittgenstein, *The Blue and Brown Books*, Oxford, Basil Blackwell, 1958; tr. fr. por G. Durand, *Le Cahier bleu et le Cahier brun*, Paris, Gallimard, 1988 [1965], 423 p.

24. Citado em J. Bouveresse, *La parole malheureuse*, op. cit., p. 366.

na prática para aplicá-la: em outras palavras, seguir uma regra não é um ato de obediência, ainda que possamos constatar que temos tendência a racionalizar os nossos comportamentos invocando regras que deveríamos aplicar. Como observa J. Bouveresse, essa concepção de Wittgenstein é, portanto, diferente do uso habitual da expressão "seguir uma regra":

> No que diz respeito ao uso da expressão "seguir uma regra", podemos ser seduzidos por dois excessos opostos, quais sejam: uma interpretação ficcionnalista em que a referência às regras faz parte, simplesmente, da descrição que fazemos de certos tipos de comportamentos, sem termos de intervir necessariamente, qualquer que seja a maneira, no próprio comportamento; e uma interpretação intelectualista (no sentido que Ryle dá à palavra): todas as vezes em que realizamos um ato conforme a regra, consultamos, interpretamos e aplicamos realmente a regra, ainda que tudo isso não apareça no nível da consciência (p. 372).

Tal como Searle observou, as regras são criadas pelas instituições: é a instituição do casamento que faz com que assimilemos certos comportamentos humanos ao fato de se casar. A instituição não é natural, e podemos dizer, pelo contrário, que "seguir uma regra" é uma práxis.

De fato, existe um "fosso entre a regra e a sua aplicação", que é preenchido pela aprendizagem, pela prática, pela familiaridade que a experiência proporciona, tal como escrevem P. Hacker e G. Baker:[25]

> [...] um mostruário pode ser considerado um conjunto de regras para o uso dos nomes das cores, associado às amostras de cores que compõem o quadro. Mas este uso não está "inscrito" no quadro" (p. 699).

As regras não são um reservatório que utilizamos para executar uma ação, nem determinam inteiramente a significação de nossos atos, na medida em que não se deve considerar a regra apenas uma

---

25. P. M. S. Hacker; G. P. Baker, Wittgenstein aujourd'hui, *Critique*, agosto-setembro, 1980.

obrigação. A solução de Wittgenstein consiste em estabelecer uma conexão interna entre a regra e o seu uso, o que torna impossível pensar uma sem a outra. Essa conexão interna, de natureza gramatical, nos faz acreditar que uma regra contém todas as suas aplicações possíveis, quando não é isso que ocorre. As aplicações de uma regra não estão dadas antecipadamente, e é necessário abandonar a ideia metafórica da regra como um reservatório acabado de potencialidades previsíveis. Nem mesmo é possível estabelecer uma relação causal entre um fato e a regra que se está supostamente obedecendo. Esse é o sentido que deve ser dado, por exemplo, à fórmula estranha de Wittgenstein quando ele nos recomenda parar de procurar explicar para retornar à descrição dos fenômenos.

O fato de uma ação ser determinada por uma regra, ou por um conjunto de regras, não implica, com efeito, que ela não possa ser influenciada, simultaneamente, por outros fatores que produzem a contingência. Na prática, a aplicação de uma regra abre sempre um imenso domínio de contingências. Não se trata de uma visão anárquica dela, pois essa propriedade não impede, evidentemente, que haja uma ou várias aplicações corretas da regra, e outras que não o são.

Como observa Christiane Chauviré,[26] saber aplicar uma regra, de acordo com Wittgenstein, depende "de uma capacidade ou de uma criação normativa, e não de um conhecimento tácito ou inconsciente" (p. 150). Esse aspecto foi claramente indicado por Wittgenstein[27] de uma forma que evoca irresistivelmente as posições da etnometodologia e, em particular, de H. Garfinkel:

> Quando se tem uma decisão espontânea isso não quer simplesmente dizer: "é assim que eu atuo, não me peçam nenhuma explicação!"? Vocês dizem que vocês devem, mas não podem dizer o que eu tenho que fazer em cada caso específico. Eu sei, isso quer dizer que não duvido:

---

26. Christiane Chauviré, *Ludwig Wittgenstein*, Paris, Éditions du Seuil, 1989, 280 p.

27. Ludwig Wittgenstein, *Remarques sur les fondements des mathématiques*, 1983, op. cit.

é evidente para mim. Digo: "Isso é evidente". Não posso indicar nenhuma razão (p. 326).

Nós reconheceremos, facilmente, um significado semelhante ao de afiliação, tal como desenvolvi, ao mesmo tempo, a partir da noção de membro, no sentido etnometodológico, e da noção de *habitus*: o que Wittgenstein descreve aqui é a familiaridade de um membro afiliado, que sabe o que tem de fazer, que não tem dúvidas, que naturalizou as evidências da situação social considerada, que aplica as regras sem que isso lhe proporcione problemas, que chegou mesmo a esquecê--las como razões de agir. *Um membro afiliado é aquele que compreendeu e depois esqueceu a potencialidade de repetição que está inscrita na regra e que a fundamenta.*

Seguir uma regra implica e gera uma criação contínua, que só pode se revelar na ação. O problema não é saber se as aplicações futuras da regra estão virtualmente presentes na própria regra, mas reconhecer que não há conexão mágica entre as duas, da mesma forma que H. Garfinkel faz a distinção entre as instruções e as ações que estão subordinadas a elas formando um par. Tanto para Wittgenstein como para H. Garfinkel, a conexão entre essas duas dimensões pode ser descoberta por todos, embora esse seja um campo de fenômenos inexplorados pela Filosofia e pela Sociologia.

Aprendizagem e afiliação

No domínio da educação, darei dois exemplos que me parecem ilustrar a maneira como o quadro instituído da aprendizagem influencia diretamente sobre o desempenho dos alunos, que têm de seguir um grande número de regras a fim de exercer as suas competências como tais.

O primeiro exemplo se refere ao erro de uma criança de seis anos durante um exercício de cálculo. Rafael está no primeiro ano do ensino fundamental menor. Em seu caderno de cálculo, sua professora

ETNOMETODOLOGIA E EDUCAÇÃO

escreveu: "É necessário ouvir atentamente!", o que constitui uma forma bastante indexical e indireta de apresentar a razão do erro, mas não a sua causa. Com efeito, o exercício que Rafael fez está todo errado. Intrigado com a observação da professora, examino cuidadosamente o exercício solicitado. No início não compreendo o que é perguntado, portanto não posso entender em que consiste o erro. Termino por descobrir que se trata de um exercício de reconhecimento das dezenas e unidades. A professora escreveu:

10 = 1 d e 0 u ;
11 = 1 d e 1 u ;

e instruiu as crianças a "continuar da mesma forma" para 12, 13, 14, 15. Rafael continuou e a sua resposta mostrava que ele tinha escutado bem a instrução — e mesmo muito bem —, contrariamente à avaliação demasiado rápida, de sentido comum, da sua professora. Com efeito, ele reproduziu o começo do modelo de raciocínio da docente, "continuando", ou seja, "reproduzindo" a sucessão de 0 unidade e 1 dezena que constava no início da série. Ele escreveu:

12 = 1 d e 0 u ;
13 = 1 d e 1 u ;
14 = 1 d e 0 u ;
15 = 1 d e 1 u.

Ou seja, ele respondeu como se fosse uma linguagem binária, uma sucessão de 0 e 1 dezena, independentemente dos números propostos, tal como estava indicava no início da sucessão de 0 e 1 dezena que estava indicado no início da série mostrada pela professora. Certamente é um mal-entendido, mas ele tinha "ouvido" muito bem as instruções, contrariamente ao que a observação registrada pela docente poderia deixar supor, ao atribuir o erro cometido à distração de seu aluno.

De fato, Rafael identificou bem a existência de um mecanismo de raciocínio, mas não aplicou o bom mecanismo ao exercício pedido.

Lembremos que se isso se reproduzisse várias vezes, ele poderia ser "rotulado" por sua professora como um aluno ligeiramente distraído, que "não ouve" as instruções. Para poder responder corretamente a uma pergunta, fazer com sucesso um exercício, o aluno deve compreender a questão, ou seja o que lhe é pedido. A resposta de Rafael tem certa lógica e poderíamos até mesmo considerar que, desse único ponto de vista, é uma resposta correta. Contudo, ela está errada, porque o garoto não compreendeu a resposta que a professora esperava. *Encontrar uma resposta certa é escolher, entre os diferentes caminhos possíveis, aquele que é esperado pelo docente*, ou seja, *utilizar o mesmo jogo de linguagem dele.*

Segundo exemplo: durante uma entrevista, uma jovem mulher explicava que sempre supervisionava o trabalho escolar de sua filha Agnès, que era a primeira da sua turma no ensino fundamental. Como lhe perguntei em que consistia essa "vigilância", especificou que se tratava de "conservar os cadernos limpos, trabalhar regularmente todas as noites, aprender a escrever bem e a apresentar bem o seu trabalho". O que ela descreveu não se tratava propriamente de trabalho intelectual, mas antes aquilo que o cerca, sua "base material", seu quadro institucional visível, sua execução. Isso parecia constituir, segundo essa jovem mulher, um trabalho educativo decisivo, que explicava, em certa medida, por que sua filha era uma boa aluna.

Esses dois exemplos correspondem a dois tipos distintos de afiliação: o primeiro é de ordem intelectual e cognitivo, o segundo se refere de maneira mais direta ao que é solicitado institucionalmente. *Afiliar-se é, portanto, aprender a instituição do trabalho escolar.* Ser um bom aluno, demostrar sua competência, ou seja, atribuir um senso comum aos objetos, institucionais e cognitivos, do mundo escolar. No caso de Rafael, ser competente é reproduzir, ou construir e reconhecer raciocínios familiares; é, finalmente, reconhecer *a instituição*, no sentido ativo do termo, *da resposta*, o que é uma outra forma de dizer que se trata de reencontrar o caminho pelo qual a pergunta foi construída e formulada em seguida.

A "praticalidade" da regra

O "caso Rafael" indica que se a aplicação de uma regra abre o imenso campo das contingências é devido ao problema fundamental que se apresenta ao homem, aquele da linguagem e da interpretação. Resolver a irremediável indexicalidade da linguagem é, obrigatoriamente, colocar em ação nossas capacidades interpretativas. Poder interpretar é ter acesso a um uso metafórico da regra. Ora, no momento em que Rafael realiza esse exercício ele não possui, manifestamente, tal domínio, pelo contrário, como ele permanece "colado" à regra, está limitado pela instrução dada para fazer o exercício, um uso metonímico, que lhe impossibilita de ter acesso ao simbólico e a uma possível multiplicidade. O garoto está condenado a fracassar porque não pode colocar em funcionamento a riqueza que a interpretação da regra possibilita. Ater-se ao que "diz" a instrução, ou a regra, é bloquear o acesso às suas diferentes ocorrências e, portanto, mostrar sua incapacidade de "brincar" com a regra, o que é uma condição para o sucesso, ou pelo menos da competência que ela supõe e que se manifesta pela capacidade distintiva de tomar distância, de se afastar "naturalmente" da regra "bruta" tal como ela é enunciada. *Demonstrar que sabemos fazer uso metafórico da regra é mostrar nossa competência de membro afiliado.*

Trata-se de ser capaz de identificar que uma instrução pode ser seguida apenas se transformada em um problema prático, isto é, se somos capazes de trabalhar com o que chamarei de *praticalidade da regra*. A praticalidade da regra *são suas potencialidades de aplicação, são os elementos invisíveis da sua aplicação concreta, são suas propriedades que aparecem apenas durante o trabalho que consiste em seguir a regra.*

Toda ação humana incluindo, naturalmente e talvez antes de tudo, a linguagem, certamente segue regras, e se baseia em normas sociais, como a Sociologia clássica mostrou repetidamente. As regras já existem, mas a sua aplicação exige uma ativação prática que se encontra na temporalidade da ação, que um observador descobre apenas se as observa em conjuntura, ou seja, no desenrolar da sua temporalidade ativa. Para agir de maneira adequada não é suficiente conhecer e poder identificar as regras que subjazem a ação. Podemos mesmo afirmar, paradoxalmente, que esse conhecimento não serve para nada ao longo da ação, que não tem qualquer utilidade. O importante é poder colocar em funcionamento a praticalidade das regras, sabendo utilizá-las no momento adequado, isto é, relacionando-as ao contexto de uma ação anterior e projetando o seu sentido no futuro. O sentido da regra aparece apenas nessa temporalidade da ação.

A questão do fracasso escolar poderia, sem dúvida, ser reexaminada sob a luz dessa hipótese. Com efeito, se aceitamos a ideia segundo a qual tem êxito aquele que é capaz de se afiliar, aquele que demonstra que se tornou um membro da organização social, escolar ou universitária, podemos nos interrogar se a manipulação da praticalidade das regras correspondentes não é uma condição da afiliação.

Mas como relacionar essa praticalidade da regra com a noção de afiliação? A relação poderia ser a seguinte: *somente aqueles que se tornaram membros são capazes de considerar as normas, as regras, como questões práticas*. É necessário compartilhar a linguagem comum do grupo no qual se vive para ser capaz de seguir uma regra, porque ela foi transformada em problema prático que sabemos resolver concretamente graças às interações que temos com os outros.

A afiliação é esse fenômeno, essa capacidade progressiva, que adquirimos no grupo e apenas no grupo, de transformar um conjunto de regras, instruções, normas, leis, que parecem inicialmente abstratas, exteriores a nós, que são em certa medida transcendentes, numa sucessão de pequenos problemas práticos que são, ao contrário, concretos, terrivelmente presentes, que emergem como uma evidência, que é preciso resolver imediatamente se queremos dar continuidade ao trabalho iniciado. Dito de outro modo, somos afiliados quando nos tornamos capazes de *ad hocing*, ou seja, quando sabemos, por um lado, classificar cada ocorrência da prática numa categoria já conhecida e, por outro, modificar as fronteiras e as definições das categorias a fim de incluir novas ocorrências. Sabemos então, aplicando uma regra, construir o caminho que nos conduz a sua utilização. Assim, construindo socialmente a regra, tornando-a um problema social-prático, nós temos acesso ao seu uso metafórico.

A construção social da regra

Essas questões teóricas são capitais porque colocam em jogo a aplicação das regras, o que constitui um fenômeno social permanente e fundamental. Com efeito, um conjunto de normas, na qualidade de regras, não diz nada nem descreve nada. Em contrapartida, designa a possibilidade de uma aplicação, que é um aspecto fundamental. Esse é o motivo da importância de analisar as regras e o seu funcionamento, posto que sua utilização é social.

Um exemplo vai nos permitir ilustrar como as regras são utilizadas socialmente e são, em alguma medida, "construídas" a partir de algumas das suas propriedades, sobretudo as mais fundamentais entre elas: sua praticalidade.

Trata-se do relato que Francis, estudante de graduação, faz da sua prática. Ele é inspetor num colégio há apenas um mês e tem o seu diário de "inspetor de externato". Certos temas clássicos dessa atividade aparecem: as questões de disciplina com os alunos, as relações com os outros inspetores, com os professores, com a administração ou com o pessoal da cozinha ou da limpeza.

Mas sobretudo, Francis, na sua nova e recente prática de inspetor, coloca-se um problema que nos interessa: como aplicamos e interpretamos o regulamento quando estamos fazendo o trabalho de inspetor? Ele se pergunta, por exemplo: a organização em filas quando a sirene toca deve ser sistemática, é um regulamento estável que deve ser aplicado constantemente ao longo de todo o ano, ou é simplesmente um ritual do começo do ano escolar, cujo rigor desaparece muito rapidamente, após algumas semanas ou mesmo alguns dias? Ou ainda: qual é a definição do atraso de um aluno?

A que horas começa o atraso? Oficialmente as 8h05, oficiosamente de acordo com a minha boa vontade. Mas essa boa vontade é contrariada pela presença da diretora, dos conselheiros de educação. Outros fatores interferem. Quem é o aluno? É conhecido? É um aluno sempre agitado? É um aluno que nunca ouvimos o som de sua voz? Ele chega correndo ou andando? Chega sorrindo ou fazendo caretas? Qual a desculpa que ele dá?

Francis mostra que desde que ele começa seu trabalho na porta do colégio, ele "constrói" a regra ao interpretá-la, transformando-a ativamente numa ação instruída encarnada, se apoiando sobre o que ele já conhece sobre o aluno, independentemente da sua situação presente. Francis constrói os diferentes modelos de aluno atrasado, "documenta" a situação presente com elementos já conhecidos previamente, o que lhe permite interpretar o regulamento, fazendo incessantemente operações de "rotulagem", de classificação social, que vão distinguir os alunos reincidentes, os agitados, os discretos e educados que correm e apresentam uma desculpa para seu atraso.

No plano teórico, esse exemplo mostra que o "método documental de interpretação", que utilizamos incessantemente para compreender e interpretar as situações que nos cercam e que fazem a nossa vida cotidiana, não é aplicável apenas para as interações verbais, como tenderiam a demonstrar os casos que H. Garfinkel apresentou em seus *Studies*. Não são apenas as situações de troca verbal que são objeto de documentação, mas igualmente as atitudes não verbais, de desafio ou respeito, provocação ou contrição, o aspecto exterior, a aparência, ou mesmo o vestuário, o aspecto físico, a distinção.

No meu ponto de vista, essas reflexões são diretamente utilizáveis em educação, e me proponho a mostrar que há uma relação entre a "praticalidade" da regra e a problemática da afiliação, ou seja, o fato de tornar-se membro de uma nova organização social. A partir das contribuições de Wittgenstein e de Garfinkel, proponho considerar que as regras têm o que chamo de *propriedades adormecidas*.

As propriedades adormecidas das regras

Um dia de fevereiro de 1989, durante um jogo do campeonato francês de futebol, o goleiro de uma equipe guianense, Geldar de

Kourou, fez algo inconcebível: saiu da sua "grande área", recuperou a bola com os pés, atravessou o campo a toda velocidade com a bola no pé, ultrapassando ou driblando todos os adversários surpresos, chegou a uns 20 metros do gol do adversário e chutou com muita força: gol!

As pessoas dirão: por que isso é tão excepcional? Qualquer torcedor de futebol pode testemunhar que é raríssimo ver um jogador atravessar todo o campo com a bola nos pés, driblar todos os adversários que encontra no caminho para marcar um gol. Mas quando se trata do goleiro e não um jogador "de campo" que realiza essa façanha, isso é ainda mais raro. Um pouco mais tarde, enquanto contava essa anedota, alguém que conhecia o futebol e suas regras apenas de maneira geral me perguntou: "Mas por que não acontece de modo mais frequente que um goleiro jogue com os pés e tente marcar um gol?"

É sempre difícil responder a esse tipo de perguntas ingênuas, mas, ao mesmo tempo, elas são muito úteis. Em verdade, elas exigem evocar as regras do jogo imediatamente. Respondi, então, que era muito arriscado, pois tendo o goleiro abandonado o seu posto não haveria ninguém que pudesse substituí-lo e se ele fosse interceptado, como acontece constantemente no futebol, um jogador do time adversário teria, então, boas chances de marcar um gol. Então fui obrigado a indicar que as regras que regem o papel do goleiro e as que regem o jogo dos outros jogadores não são as mesmas, a diferença essencial está em que o goleiro pode pegar a bola com as mãos apenas na grande área e não fora dela. Pelo contrário, se os outros dez jogadores tocarem a bola com a mão ou com o braço são penalizados com um chute direto ou mesmo com um pênalti se isso ocorrer no interior da "grande área".

Mas assim que começamos a detalhar as regras do jogo, todas desfilam numa sequência como as contas de um rosário. Isso porque uma das propriedades das regras, quando as enunciamos como orientação para uma ação prática, é serem solidárias umas com as outras. Elas estão como que encaixadas umas nas outras. Alguém então me respondeu: "Mas se o goleiro deixar o gol para jogar com os pés fora da 'grande área', outro jogador pode tomar o seu lugar no gol até que ele retome sua posição!" Não, é impossível, respondi, ele pode se posicionar no gol, mas não tem o direito de tocar a bola com as mãos, sob pena de ser sancionado com um pênalti. Ele não pode, de repente, mudar de papel e se tornar o novo goleiro temporário. É proibido. Em contrapartida, como mostra o feito desse goleiro, ele tem o direito de se tornar, temporariamente, "um jogador comum" e pode exercer todas as prerrogativas de um jogador de campo, inclusive aquela de marcar gols.

Entretanto, há casos em que as regras preveem que um jogador qualquer seja autorizado a substituir o goleiro, por exemplo se ele se machucar. Mas, nesse caso, o papel muda de maneira permanente e não provisória como sugeria a pergunta. Ainda que esta última afirmação não seja completamente verdadeira: um goleiro machucado, depois de ter sido tratado, pode retomar o seu lugar no gol, depois que um de seus companheiros de "campo" o tenha substituído, provisoriamente, no gol.

Dito isso, a proibição de substituir provisoriamente um goleiro que se "transformou em atacante" é uma regra que rege situações tão excepcionais que ela nem mesmo existe nos regulamentos do futebol, que, como todos os regulamentos, estão escritos em algum lugar. Mas também há as regras não escritas, como extensão de regras vizinhas, ou de regras mais gerais que as englobam, não sendo necessário nem possível indicar todas as situações prováveis. Elas têm, contudo, força de lei, mesmo se estão quase todo o tempo "adormecidas", posto que tratam de situações que praticamente nunca acontecem.

Uma das propriedades das regras é serem visíveis, descritíveis apenas quando determinado comportamento lhes ativam, lhes "acordam". É nesse sentido que podemos falar do que chamo de *propriedades adormecidas das regras*. Emprego essa expressão a fim de indicar que as regras sempre são consideradas como questões práticas, que são em certa medida "ativadas", como se fosse um vírus, pelo trabalho que os indivúdos devem fazer de compreendê-las, segui-las e respeitá-las que os indivíduos devem fazer. Com efeito, nem todas as regras são mobilizadas ao mesmo tempo por uma ação, nem todas se manifestam no momento em que se concretiza uma ação. Algumas entre elas são ativadas, outras são mais raramente e outras quase nunca. É na ação normal, comum, dos atores que podemos ver emergir essas curiosas propriedades das regras, quer se trate de jogar futebol, xadrez, supervisionar alunos, seguir currículos escolares ou universitários, ou respeitar o código de trânsito.

Adotando esse ponto de vista, compreendemos por que todos os jogos públicos, ou seja, que se realizam em público, devem obrigatoriamente recorrer a um ou a vários árbitros. O árbitro é aquele que introduz o arbitrário para que o jogo possa acontecer. O arbitrário consiste precisamente em inserir um comportamento, uma ação, uma regra, sem ter de explicar em que o comportamento corresponde exatamente à proibição que a regra estabelece. O árbitro é aquele que está encarregado de estabelecer uma correspondência entre os comportamentos que observa e as propriedades adormecidas das regras. Sobre esse aspecto, podemos falar em *ad hocing* instantâneo que o árbitro deve fazer permanentemente, ou seja, um trabalho de classificação da ação numa categoria preestabelecida a qual ele faz referência.

Sem essa posição neutra do árbitro não há jogo possível. Não se imagina que os próprios atores possam parar o jogo e começarem a debater sobre a manifestação das regras em certo comportamento. Mesmo admitindo que ambas as partes sejam de boa-fé, isso seria evidentemente interminável: seria necessário examinar todos os casos possíveis da manifestação da transgressão das regras, comprometer-se num trabalho de reflexão sobre a justiça das regras, sobre a sua justeza, a sua pertinência, a sua adequação à situação presente, a sua razão de ser, sobre sua incompletude, sua aplicabilidade etc., e o jogo nunca mais poderia ser retomado. A interpretação das regras seria interminável. *O árbitro é por conseguinte uma condição* sine qua non *do jogo,* o que se manifesta por fórmulas populares que podem ter uma vocação educativa para os jogadores jovens que devem aprender a aceitar esse arbitrário, do tipo: "não se discutem as decisões do árbitro" ou "é necessário respeitar as decisões do árbitro". Esses princípios não são recomendações educativas ou morais, como costumam ser apresentados frequentemente. São, com efeito, as regras técnicas que permitem realizar as condições práticas nas quais o jogo pode se desenrolar. Elas exigem que os jogadores, assim como os espectadores, aceitem a resolução arbitrária, e não negociada, dos conflitos.

Dizer que as regras têm "propriedades adormecidas" não contradiz a bela fórmula de Wittgenstein, segundo a qual "não há regra em repouso". Qualquer ação social supõe certamente uma ordem normativa, um regulamento sobre o qual ela se baseia. Mas, por um lado, nem todas as regras são mobilizadas ao mesmo tempo e, sobretudo, por outro, todas as propriedades de uma regra que orienta uma ação não são ativadas simultaneamente. Algumas dentre elas não são utilizadas, embora potencialmente utilizáveis. Algumas são reveladas apenas quando se evidenciam ações excepcionais e, nesse caso, certas propriedades "adormecidas" da regra emergem.

Assim, o paradoxo de Wittgenstein, mais do que na gramática, é aplicável a qualquer percurso escolar ou universitário, cuja "necessidade" é reconhecida por cada um, mas cujo fundamento foi esquecido para dar lugar a regras que aparecem como arbitrárias. É, contudo, necessário para qualquer estudante, tal como indica Wittgenstein, adquirir um conhecimento sintético das regras que regem o curso e as regras intelectuais, ou seja, a "transformação de uma experiência em definição", *operação que consiste em relacionar uma prática a sua regra.*[28] No entanto, ter realizado um curso universitário não resulta apenas do fato de ter respeitado as regras que constituem esse curso ou o seu percurso. É preciso lançar mão de muitos outros elementos para descrever o percurso universitário de um estudante. Será necessário portanto, como recomenda Wittgenstein a propósito dos enunciados, substituir a procura da significação da regra pela busca de sua utilização, ainda que não seja proibido conhecer primeiramente o sentido antes de estudar a prática.

---

28. Essa talvez seja a razão que tenha levado Wittgenstein, que foi professor da escola elementar durante seis anos, a inventar um dicionário particular, com uma nova concepção, direcionado a seus alunos do primário, a fim de melhorar sua ortografia: Ludwig Wittgenstein, *Wörterbuch für Volksschulen*. Vienne: Hölder-Pichler-Tempsky, 1926. Encontraremos extratos desse dicionário, assim como o prefácio de Wittgenstein, em *Aspects de Wittgenstein*. Textos reunidos, traduzidos e apresentados por Jean-Pierre Cometti [s.l.] [Marseille]: Sud, [s.d.] [1989]. 88 p.

BIBLIOGRAFIA

ACKERMANN, Werner et al. *Décrire:* un impératif? Description, explication, interprétation en sciences sociales. Paris: École des Hautes Études en Sciences Sociales, 1985, 2 v., 230 p. e 250 p.

ADLER, Patricia; ADLER, Peter. *Membership roles in field research.* New Parke, Sage: Qualitative Research Methods, 1987. v. 6, 96 p.

_____; _____; FONTANA, Andrea. Everyday life sociology. *Annual Review of Sociology,* v. 13, 1987, p. 217-35.

ANDERSON, Nels. *The hobo:* the sociology of the homeless man. Chicago: University of Chicago Press, 1923. 302 p.

ARDOINO, Jacques. Prefácio. In: LOBROT, Michel. *La pédagogie institutionnelle.* Paris: Gauthier-Villars, 1966. 282 p. (Hommes et organisations.)

_____. *Éducation et relations.* Paris: Gauthier-Villars, 1980. 184 p.

ANYON, Jean. Social class and school knowledge. *Curriculum Inquiry,* v. 11, n. 1, 1981.

BAGLEY, William C. *Classroom management:* its principles and technique. New York: Macmillan, 1907. 322 p.

BALL, Stephen J. Initial encounters in the classroom and the process of establishment. In: WOODS, Peter (Ed.). *Pupil strategies*: explorations in the sociology of the school. Londres: Croom Helm, 1980. 220 p.

BALL, Stephen J. *Beachside comprehensive:* a case-study of secondary schooling. Cambridge: Cambridge University Press, 1981. 328 p.

BARBERA-STEIN, Linda. Status and context in labeling. *Studies in Symbolic Interaction*, v. 7, Part B, p. 431-56, 1986.

BAKER, Carolyn D. The "search for adultness": membership work in adolescent talk. *Human Studies*, v. 7, p. 302-23, s.d.

_____; FREEBODY, Peter. Representations of questioning and answering in children's first school books. *Language in Society*, v. 15, p. 451-83, 1986.

_____. "Constituting the child" in beginning school reading books. *The British Journal of the Sociology of Education*, v. 15, p. 55-76, 1987.

BECKER, Howard. *Role and career problems of the Chicago public school teacher.* 1951. Tese (Ph. D.) — Department of Sociology, University of Chicago, Chicago.

_____. Social class variations in the teacher-pupil relationship. *Journal of Educational Sociology*, v. 25, p. 451-65, 1952.

_____. *Outsiders:* studies in the sociology of deviance. New York: The Free Press, 1963. 179 p.

_____ (Ed.). *The other side.* New York: The Free Press, 1964. 297 p.

_____. Studying urban schools. *Anthropology and Education Quarterly*, v. 14, p. 99-108, 1983.

_____. *Outsiders. Études de sociologie de la déviance.* Prefácio de Jean-Michel Chapoulie. Paris: A.-M. Métailié, 1985. 248 p.

_____. *Outsiders:* estudos de sociologia do desvio. Rio de Janeiro: Jorge Zahar, 2009.

_____ et al. *Boys in white. Student culture in medical school.* 2. ed. New Brunswick, NJ: Transaction Books, [1961], 1977. 456 p.

BERNSTEIN, Basil. Elaborated and restricted codes: their social origins and some consequences. *American Anthropologist*, v. 66, p. 55-69, 1964.

_____. *Langage et classes sociales:* codes sociolinguistiques et contrôle social. Paris: Éditions de Minuit, 1970. 348 p.

_____. On the classification and framing of educational knowledge. In: YOUNG, M. (Ed.). *Knowledge and control:* new directions for the sociology of education. Londres: Collier-Macmillan, 1971. p. 47-69.

BERTHELOT, Jean-Michel. *Le piège scolaire*. Paris: PUF, 1983. 298 p.

_____. *L'intelligence du social*. Paris: PUF, 1990. 249 p.

_____. *La construction de la sociologie*. Paris: PUF, 1991. 128 p. ("Que sais-je?", n. 2.602.)

BESNIER, Niko. Repairs and errors in tavaluan conversation. Comunicação não publicada, Departamento de Linguística. Califórnia: University of Southern California, 1982.

BLUMER, Herbert. Sociological implications of the thought of George Herbert Mead. *American Journal of Sociology*, v. 71, p. 535-44, mar. 1966.

_____. *Symbolic interactionism:* perspective and method. Englewood Cliffs, NJ: Prentice-Hall, 1969. 208 p.

BOURDIEU, Pierre. *Choses dites*. Paris: Éditions de Minuit, 1987. 232 p.

_____. *La noblesse d'état. Grandes écoles et esprit de corps*. Paris: Éditions de Minuit, 1989. 570 p.

_____. *Coisas ditas*. São Paulo: Brasiliense, 2009.

_____; PASSERON, Jean-Claude. *Les héritiers*. Paris: Éditions de Minuit, 1964. 192 p.

_____; _____. *La reproduction. Éléments pour une théorie du système d'enseignement*. Paris: Éditions de Minuit, 1970. 282 p.

_____; _____. *A reprodução:* elementos para uma teoria do sistema de ensino. 5. ed. Petrópolis: Vozes, 2011.

_____; _____. *Os herdeiros:* os estudantes e a cultura. Florianópolis: Editora da UFSC, 2014.

_____; _____; DE SAINT-MARTIN, Monique. *Rapport pédagogique et communication*. Paris: Mouton, 1965. 128 p.

BOUVERESSE, Jacques. *La parole malheureuse. De l'alchimie linguistique à la grammaire philosophique*. Paris: Éditions de Minuit, 1971. 476 p.

_____. Le "paradoxe de Wittgenstein", ou comment peut-on suivre une règle? *Sud*, número especial: "Ludwig Wittgenstein", p. 11-55, 1986.

_____. *La force de la règle*. Paris: Éditions de Minuit, 1987. 176 p.

CHAUVIRÉ, Christiane. *Ludwig Wittgenstein*. Paris: Éditions du Seuil, 1989. 280 p.

CHOMSKY, Noam. *Aspects of the theory of syntax*. Cambridge: MIT Press, 1965. 252 p.

_____. *Aspectos da teoria da sintaxe*. 2. ed. Coimbra: Armênio Amado, 1978.

CICOUREL, Aaron. The acquisition of social structure toward a developmental sociology of language and meaning. In: DOUGLAS, Jack D. *Understanding everyday life:* toward the reconstruction of sociological knowledge. Chicago: Aldine Publishing Company, 1970. 358 p.

_____. *Cognitive sociology:* language and meaning in social interaction. New York: Free Press, 1972. p. 87.

_____. *La sociologie cognitive*. Paris: PUF, 1979. 240 p.

_____. Three models of discourse analysis: the role of social structure. *Discourse Analysis*, v. 3, p. 101-31, 1980.

_____. Notes on the integration of micro- and macro-levels of analysis. In: KNORR-CETINA, Karin D.; CICOUREL, Aaron V. (Eds.). *Advances in social theory and methodology. Toward an integration of micro- and macro-sociologies*. Boston: Routledge & Kegan Paul, 1981. p. 52-80.

_____; KITSUSE, John. *The educational decision-makers*. Indianapolis: Bobbs-Merrill, 1963. 178 p.

_____; MEHAN, Hugh. Universal development, stratifying practices, and status attainment. *Research in Social Stratification and Mobility*, Greenwich: JAI Press, v. 4, p. 3-27, 1985.

_____ et al. *Language use and school performance*. New York: Academic Press, 1974. 368 p.

CLARK, Burton. *The open door college:* a case study. New York: McGraw Hill, 1960. 208 p.

COLEMAN, James et al. *Equality of educational opportunity*. Washington, DC: US Dept of Health, Education and Welfare, Office of Education, 1966. 548 p.

COLLINS, Randall. Micro-translation as a theory-building strategy. In: KNORR-CETINA, Karin D.; CICOUREL, Aaron V. (Eds.). *Advances in social theory and methodology. Toward an integration of micro- and macro-sociologies.* Boston: Routledge & Kegan Paul, 1981. p. 81-108.

COMETTI, Jean-Pierre (Ed.). *Aspects de Wittgenstein.* [s.l.] [Marseille]: Sud, [s.d.] [1989]. 88 p.

CONEIN, Bernard. L'enquête sociologique et l'analyse du langage: les formes linguistiques de la connaissance sociale. *Revue d'Épistémologie en Sciences Sociales,* Maison des Sciences de l'Homme/CNRS, n. 3, p. 5-30, s.d.

_____. Langage ordinaire et conversation: recherches sociologiques en analyse du discours. *Mots,* 7, p. 124-42, 1983.

_____. Les actions politiques sont accomplies localement et temporellement. *Raison Présente,* n. 82, p. 59-63, 1987.

_____; DE FORNEL, Michel; QUERE, Louis (Dir.). *Les formes de la conversation.* Paris: CNET, 1991. 2 v., 282 p. e 294 p.

COULON, Alain. *Le metier d'étudiant:* l'entrée dans la vie universitaire. Paris: PUF, 1977.

_____. L'affiliation institutionnelle à l'université. *Pratiques de Formation,* v. 9, p. 137-47, abr. 1985.

_____. *L'ethnométhodologie.* 2. ed. Paris: PUF, 1990a. 128 p. ("Que sais-je?", n. 2.393.)

_____. *Le métier d'étudiant. Approches ethnométhodologique et institutionnelle de l'entrée dans la vie universitaire.* 1990b. 1130 p. Tese (Doutorado de Estado) — Université de Paris VIII, Paris, 3 v.

_____. *L'école de Chicago.* Paris: PUF, 1992. 128 p. ("Que sais-je?", n. 2.639.)

_____. *A escola de Chicago.* Petrópolis: Vozes, 1995a. 132 p.

_____. *Etnometodologia.* Petrópolis: Vozes, 1995b. 134 p.

_____. *A condição de estudante:* a entrada na vida universitária. Salvador: EDUFBA, 2008.

CRESSEY, Paul G. *The taxi-dance hall:* a sociological study in commercialized recreation and city life. Chicago: University of Chicago Press, [1932] 1969. 300 p.

CUFF, E.; HUSTLER, D. Stories and storytime in an infant classroom: some features of language in social interaction. *Semiotica,* v. 42, n. 2, p. 119-45, 1982.

DADEN, Irene. *Bargaining in Guatemalan highland quiche-mayan market.* 1982. Tese (Ph.D.) — Department of Anthropology, University of California, Los Angeles.

DOUGLAS, Jack. *The home and the school.* Londres: MacGibbon and Kee, 1964.

_____. Understanding everyday life. In: _____ (Ed.). *Understanding everyday life:* toward the reconstruction of sociological knowledge. Londres: Routledge and Kegan Paul, 1971. p. 16.

DULONG, Renaud; PAPERMAN, Patricia. *La réputation des cités HLM. Enquête sur le langage de l'insécurité.* Paris: Editions L'Harmattan, 1992. 236 p.

EMERSON, Robert. *Contemporary field research.* 2. ed. Prospect Heights, Ill.: Waveland Press, [1983] 1988. 336 p.

ERICKSON, Frederick. Gatekeeping and the melting pot: interaction in counseling encounters. *Harvard Educational Review,* v. 45, n. 1, p. 44-70, 1975.

_____; MOHATT, G. Cultural organization of participation structures in two classrooms of indian students. In: SPLINDER, George. *Doing the ethnography of schooling:* educational anthropology in action. New York: Holt, Rinehart and Winston, 1982. p. 132-74.

_____; SHULTZ, Jeffrey. *The counsellor as gatekeeper:* social interaction in interviews. New York: Academic Press, 1982. 264 p.

ESLAND, G. Teaching and learning as the organization of knowledge. In: YOUNG, M. (Ed.). *Knowledge and control:* new directions for the sociology of education. Londres: Collier-Macmillan, 1971. p. 70-115.

FORQUIN, Jean-Claude. La "nouvelle sociologie de l'éducation" en Grande--Bretagne: orientations, apports théoriques, évolution (1970-1980). *Revue Française de Pédagogie,* n. 63, p. 61-79, abr./maio/jun. 1983.

FRENCH, Peter; MACLURE, Margaret (Eds.). *Adult-child conversation.* Londres: Croom Helm, 1981. 310 p.

FURLONG, V. J. Interaction sets in the classroom: towards a study of pupil knowledge. In: STUBBS, M.; DELAMONT, S. (Eds.). *Explorations in classroom observation.* Londres: Wiley, 1976. p. 24-44.

GABEL, Joseph. *Mannheim et le marxisme hongrois.* Paris: Méridiens--Klincksieck, 1987. 158 p.

GARFINKEL, Harold. *The perception of the other:* a study in social order. 1952. 602 p. Tese (Ph. D.) — Harvard University, Cambridge.

_____. A conception of, and experiments with, "trust" as a condition of stable concerted actions. In: HARVEY, O. J. (Ed.). *Motivation and social interaction, cognitive determinants.* New York: Ronald Press, 1963. p. 187-238.

_____. *Studies in ethnomethodology.* Englewood Cliffs: Prentice Hall, 1967; 2. ed. Cambridge: Polity Press, 1984. 288 p.

_____. *Recherches en ethnométhodologie.* Paris: PUF, 2007. (Col. "Quadrige".)

_____; SACKS, Harvey. On formal structures of practical action. In: MCKINNEY, J. C.; TIRYAKIAN, E. A. (Eds.). *Theoretical sociology.* New York: Appleton Century Crofts, 1970. p. 338-66.

GENNEP, Arnold van. *Les rites de passage.* Paris: Picard, [1909] 1981. 288 p.

GIDLOW, Bob. Ethnomethodology: a new name for old practices. *British Journal of Sociology,* v. 22, p. 395-405, dez. 1972.

GIROUX, Henry A. *Ideology, culture and the process of schooling.* Filadélfia: Temple University Press, 1981.

_____. Theories of reproduction and resistance in the new sociology of education: a critical analysis. *Harvard Educational Review,* v. 53, n. 3, p. 257-303, 1983.

_____. *Teoria crítica e resistência em educação. Para além das teorias de reprodução.* Petrópolis: Vozes, 1986.

_____. *Teachers as intellectuals. Toward a critical pedagogy of learning.* Granby, Mass.: Bergin & Garvey, 1988. 326 p.

_____. *Os professores como intelectuais:* rumo a uma pedagogia crítica da aprendizagem. Porto Alegre: Artes Médicas, 1997.

GLASER, Barney; STRAUSS, Anselm. *Status passage.* Londres: Routledge & Kegan Paul, 1971. 205 p.

GOFFMAN, Erving. Cooling the mark out: some aspects of adaptation to failure. *Psychiatry,* v. 15, 1952, p. 451-63. Reproduzido em: ROSE, Arnold. *Human behavior and social processes, an interactionist approach.* Boston: Houghton Mifflin Company, 1962. p. 482-505.

GOFFMAN, Erving. *Asiles*. Paris: Éditions de Minuit, 1968. 450 p.

_____. *La mise en scène de la vie quotidienne*. Paris: Éditions de Minuit, 1973. t. 1: La présentation de soi; t. 2: Les relations en public.

_____. *Les rites d'interaction*. Paris: Éditions de Minuit, 1974. 232 p.

_____. *Stigmate*. Paris: Éditions de Minuit, 1975. 178 p.

_____. *Estigma:* notas sobre a manipulação da identidade deteriorada. 4. ed. Rio de Janeiro: LTC, 1988.

_____. *Les moments et leurs hommes*. Textos reunidos e apresentados por Yves Winkin. Paris: Le Seuil/Minuit, 1989. 252 p.

_____. *Les cadres de l'expérience*. Paris: Éditions de Minuit, 1991. 574 p.

_____. *Manicômios, prisões e conventos*. 7. ed. São Paulo: Perspectiva, 2001.

_____. *A representação do eu na vida cotidiana*. 14. ed. Petrópolis: Vozes, 2011a.

_____. *Ritual de interação:* ensaios sobre o comportamento face a face. Petrópolis: Vozes, 2011b.

_____. *Os quadros da experiência social:* uma perspectiva de análise. Petrópolis: Vozes, 2012.

_____; BROPHY, Jere E. *Looking in classrooms*. New York: Harper and Row, 1973. 308 p.

GOLD, Raymond L. Roles in sociological field observations. *Social Forces*, v. 36, n. 3, p. 217-23, mar. 1958.

GOOD, Thomas L.; BROPHY, Jere E. *Looking in classrooms*. New York: Harper and Row, 1973. 308 p.

GOODENOUGH, Ward. Multiculturalism as the normal human experience. *Anthropology and Education Quarterly*, v. 7, n. 4, p. 4-6, 1976.

GUEST, Gérard. *Décrire:* un impératif? Description, explication, interprétation en sciences sociales. Paris: École des Hautes Études en Sciences Sociales, 1985. p. 126.

GUMPERZ, John. *Language in social groups*. Palo Alto, CA: Stanford University Press, 1971. 350 p.

_____. *Engager la conversation. Introduction à la sociolinguistique interactionnelle*. Paris: Éditions de Minuit, 1989. 186 p., cap. 4, p. 79-104.

HACKER, Peter M. S.; BAKER, Gordon P. Wittgenstein aujourd'hui. *Critique*, p. 699, ago./set. 1980.

HAMMERSLEY, Martyn (Ed.). *The ethnography of schooling*. Driffield: Nafferton Books, 1983. 202 p.

_____; WOODS, Peter (Eds.). *The process of schooling*. Londres: Routledge and Kegan Paul, 1976. 232 p.

_____; _____. *Life in school:* the sociology of pupil culture. Milton Keynes: Open University Press, 1984. 274 p.

HANNA, J. Public social policy and the children's world: implications of ethnographic research for desegregated schooling. In: SPINDLER, G. (Ed.). *Doing the ethnography of schooling:* educational anthropology in action. New York: Holt, Rinehart and Winston, 1982.

HARGREAVES, Andy. Resistance and relative autonomy theories: problems of distorsion and incoherence in recent marxist analyses of education. *British Journal of Sociology of Education*, v. 3, n. 2, 1982.

HARGREAVES, David Harold. *Social relations in a secondary school*. Londres: Routledge & Kegan Paul, 1967a. 226 p.

_____. Social relations in secondary school, In: ENTWISTLE, Noel J.; NISBET, John D. (Eds.). *Education research in action*. Londres: University of London Press, 1967b. 342 p.

HEAP, James L. What counts as reading: limit to certainty in assessment. *Curriculum Inquiry*, v. 10, n. 3, p. 265-92, 1980.

_____. The social organization of reading assessment: reasons for eclecticism. In: PAYNE, George C. F.; CUFF, E. C. (Eds.). *Doing teaching: the practical management of classrooms*. Londres: Batsford, 1982. p. 39-59.

_____. *Collaboration in word processing. The impact of technology on education: the evolving role of the student*. Relatório final, Ontário: Ministério da Educação, abr. 1985 (doc. mimeo., 68 p.).

_____. Normative order in collaborative computer editing. COLÓQUIO UNDERSTANDING LANGUAGE USE IN EVERYDAY LIFE. University of Calgary: Discourse Analysis Research Group, ago. 1989.

HERITAGE, John. *Garfinkel and ethnomethodology*. Cambridge: Polity Press, 1984. 336 p.

HESTER, S. Ethnomethodology and the study of deviance in schools. In: BURGESS, R. G. (Ed.). *Strategies of educational research. Qualitative methods.* Lewes: Falmer Press, 1985. p. 243-63.

HEYMAN, Richard. Formulating topic in the classroom. *Discourse Processes,* v. 9, p. 37-55, 1986.

HILL, Richard J.; CRITTENDEN, Kathleen S. (Eds.). SYMPOSIUM ON ETHNOMETHODOLOGY, 1968. Indiana. *Proceedings...* Indiana: Purdue University, Dept. of Sociology, Institute for the Study of Social Change, Institute Monograph Series, n. 1, 1968. 260 p.

HOLLINGSHEAD, August de Belmont. *Elmtown's youth, the impact of social class on adolescent.* New York: Wiley, 1949. 480 p.

HUMPHRIES, Stephen. *Hooligans or rebels? An oral history of working-class childhood and youth, 1889-1939.* Oxford: Blackwell, 1981. 279 p.

HUSTLER, D.; PAYNE, G. Power in classroom. *Research in Education,* v. 28, p. 49-64, 1981.

_____; _____. Ethnographic conversation analysis: an approach to classroom talk. In: BURGESS, R. G. (Ed.). *Strategies of educational research. Qualitative methods.* Lewes: Falmer Press, 1985. p. 265-87.

HYMES, Dell. *Foundations of sociolinguistics:* an ethnographic approach. Filadélfia: University of Pennsylvania Press, 1974. 246 p.

JEFFERSON, Gail. Arguments ethnométhodologiques. *Revue d'Épistémologie en Sciences Sociales,* Maison des Sciences de l'Homme/CNRS, n. 3, p. 138-44, s.d.

JULES-ROSETTE, Bennetta. Entrevista com Harold Garfinkel. *Sociétés,* v. 1, n. 5, p. 35-9, set. 1985.

_____; MEHAN, Hugh. Schools and social structure. An interactionist view. In: PRAGER, Jeffrey; LONGSHORE, Douglas; SEEMAN, Melvin. *School desegregation research: new directions in situational analysis.* New York: Plenum Press, 1986. p. 205-28.

KATZ, Jack. *Seductions of crime. Moral and sensual attractions in doing evil.* New York: Basic Books, 1988. 384 p.

KEDDIE, Nell. Classroom knowledge. In: YOUNG, M. (Ed.). *Knowledge and control:* new directions for the sociology of education. Londres: Collier--Macmillan, 1971. p. 133-160.

KERCKHOFF, Alan. Creating inequality in the schools: a structural perspective. COLÓQUIO ANUAL DA AMERICAN SOCIOLOGICAL ASSOCIATION. São Francisco, 9-13 ago. 1989.

KITSUSE, John. Societal reaction to deviant behavior: problems of theory and method. In: BECKER, Howard (Ed.). *The other side.* New York: The Free Press, 1964. p. 101.

KNORR-CETINA, Karin. The micro-sociological challenge of macro-sociology: towards a reconstruction of social theory and methodology. In: _____; CICOUREL, Aaron V. (Eds.). *Advances in social theory and methodology. Toward an integration of micro- and macro-sociologies.* Boston: Routledge & Kegan Paul, 1981. p. 1-47.

LABOV, William. The logic of nonstandard english. In: GIGLIOLI, P. (Ed.). *Language and social context.* Harmondsworth: Penguin Books, 1972.

_____. *Le parler ordinaire. La langue dans les ghettos noirs des États-Unis.* Paris: Éditions de Minuit, 1978. 2 v., 352 p. e 174 p.

LACEY, Colin. *Hightown grammar:* the school as a social system. Manchester: Manchester University Press, 1970. 214 p.

LEFÈBVRE, Henri. *La survie du capitalisme:* la re-production des rapports de production. Paris: Anthropos, 1973a. 274 p.

_____. *A reprodução das relações de produção.* Porto: Publicações Escorpião, 1973b.

LEITER, Kenneth. *Telling it like it is: a study of teachers' accounts.* 1971. Tese (Ph. D.) — University of California, Santa Barbara.

_____. Ad hocing in the schools: a study of placement practices in the kindergartens of two schools. In: CICOUREL, Aaron et al. *Language use and school performance.* New York: Academic Press, 1974. p. 17-75.

LEMERT, Edwin. *Human deviance, social problems and social control.* Englewood Cliffs: Prentice Hall, 1967. 212 p.

LOWY, Richard. George Herbert Mead: a bibliography of the secondary literature with relevant symbolic interactionist references. In: DENZIN, Norbert (Ed.). *Studies in symbolic interaction.* Grennwich CT: JAI Press, 1986. v. 7, parte B, p. 459-521.

MACBETH, Douglas. Classroom "floors": material organizations as a course of affairs. CONGRESSO ANUAL DA AMERICAN SOCIOLOGICAL ASSOCIATION. San Francisco, ago. 1989 (doc. mimeo., 42 p.).

MACKAY, Robert W. Conceptions of children and models of socialisation. In: TURNER, Roy (Ed.). *Ethnomethodology*. Harmondsworth: Penguin, 1974. p. 181.

MARLAIRE, Courtney L.; MAYNARD, Douglas W. Standardized testing as an interactional phenomenon. *Sociology of Education*, v. 63, p. 83-101, abr. 1990.

MARTINS, José de Souza. *A sociabilidade do homem simples:* cotidiano e história na modernidade anômala. São Paulo: Hucitec, 2000. 57 p.

MATZA, David. *Becoming deviant*. Englewood Cliffs: Prentice Hall, 1969. 204 p.

MAYNARD, Douglas W.; MARLAIRE, Courtney L. Good reasons for bad testing performance: the interactional substrate of educational exams. COLÓQUIO ANALYSE DE L'ACTION ET ANALYSE DE LA CONVERSATION. Paris: Maison des Sciences de l'Homme, 28-30 set. 1987 (nova versão comunicada pelo autor: set. 1991, doc. mimeo., 42 p.).

MCDERMOTT, Ray P. Achieving school failure. In: SPLINDER, G. D. (Ed.). *Education and cultural process:* toward an anthropology of education. New York: Holt, Rinehart & Winston, 1974. 562 p.

_____. *Kids make sense:* an ethnographic account of the interactional management of success and failure in one first-grade classroom. 1976. Tese (Ph. D.) — Stanford University, Anthropology Department, Califórnia.

_____. Social relations as contexts for learning in school. *Harvard Educational Review*, v. 47, n. 2, p. 196-213, maio 1977.

MCHOUL, Alec W. The organization of turns at formal talk in the classroom. *Language in Society*, v. 7, p. 183-213, 1978.

_____. The organization of repair in classroom talk. *Language in Society*, v. 19, p. 349-77, 1990.

_____; WATSON, Rod. Two axes for the analysis of "commonsense" and "formal" geographical knowledge in classroom talk. *British Journal of Sociology of Education*, v. 5, n. 3, p. 281-302, 1984.

MCLAREN, Peter. *Schooling as a ritual performance*. Boston: Routledge & Kegan Paul, 1986. 326 p.

MCLAREN, Peter. *Life in schools. An introduction to critical pedagogy in the foundations of education.* New York: Longman, 1989. 350 p.

_____. *A vida nas escolas:* uma introdução à pedagogia crítica nos fundamentos da educação. Porto Alegre: Artes Médicas, 1997. 353 p.

MEAD, George Herbert. *Mind, self and society from the standpoint of a social behaviorist.* Chicago: University of Chicago Press, 1934. 400 p.

_____. *L'esprit, le soi et la société.* Paris: PUF, 1963. 332 p.

MEHAN, Hugh. *Accomplishing understanding in educational settings.* 1971. 396 p. Tese (Ph. D.) — University of California, Santa Barbara.

_____. Structuring school structure. *Harvard Educational Review*, v. 48, n. 1, p. 32-64, fev. 1978.

_____. *Learning lessons. Social organization in the classroom.* Cambridge: Harvard University Press, 1979. 228 p.

_____. The competent student. *Anthropology and Education Quarterly*, v. XI, n. 3, p. 131-52, 1980.

_____. Le constructivisme social en psychologie et en sociologie. *Sociologies et Sociétés*, v. XIV, n. 2, p. 77-95, 1982.

_____. Creating inequality: an interactionist perspective. COLÓQUIO ANUAL DA AMERICAN SOCIOLOGICAL ASSOCIATION, São Francisco, 9-13 ago. 1989.

_____; HERTWECK, Alma; MEIHLS, J. Lee. *Handicapping the handicapped.* Stanford: Stanford University Press, 1986. 194 p.

MILLER, David L. *George Herbert mead:* self, language and the world. Chicago: University of Chicago Press, 1973. p. 249-63.

MOERMAN, Michael. The preference for self-correction in a tai conversational corpus. *Language*, v. 53, n. 4, p. 872-82, 1977.

_____. *Talking culture. Ethnography and conversation analysis.* Filadélfia: University of Pennsylvania Press, 1988. 212 p.

NIXON, Jon. *A teachers' guide to action research:* evaluation, enquiry and development in the classroom. Londres: Grant McIntyre, 1981. 209 p.

OGBU, John. *Minority education and caste*: the american system in cross-cultural perspective. New York: Academic Press, 1978.

OGIEN, Albert. *Positivité de la pratique. L'intervention en psychiatrie comme argumentation*. 1984. 340 p. Tese (Doutorado 3º ciclo) — Université de Paris VIII, Paris.

_____. L'affiliation. Analyse de la constitution de l'intervention sur autrui. *Pratiques de Formation*, 11/12, p. 158-67, out. 1986.

_____. *Le raisonnement psychiatrique*. Paris: Méridiens-Klincksieck, 1989. 274 p.

OSTROW, James. Habit and inhabitance: an analysis of experience in the classroom. *Human Studies*, v. 10, p. 213-24, 1987.

PAIXÃO, Lea Pinheiro; ZAGO, Nadir (Orgs.). *Sociologia da educação:* pesquisa e realidade brasileira. Petrópolis: Vozes, 2011. 261 p.

PAOLETTI, Isabella. Interpreting classroom climate: a study in a year five and six class. *Qualitative Studies in Education*, v. 3, n. 2, p. 113-37, s.d.

_____. Being unpopular: an analysis of a conversation with three primary school students. COLÓQUIO CURRENT WORK IN ETHNOMETHODOLOGY AND CONVERSATION ANALYSIS. Pays-Bas, Université d'Amsterdam, jul. 1989 (doc. mimeo., 16 p.).

PARK, Robert E.; BURGESS, Ernest W. *Introduction to the science of sociology*. 3. ed., Chicago: University of Chicago Press, [1921] 1969. 1040 p.

PARSONS, Talcott. *The structure of social action. A study in social theory with special references to a group of recent european writers*. New York: McGraw Hill, 1937. 818 p.

_____. The school as a social system. *Harvard Educational Review*, v. 29, p. 297-318, 1959.

_____. *A estrutura da ação social:* um estudo de teoria social com especial referência a um grupo de autores europeus recentes. Petrópolis: Vozes, 2010. 346 p. v. I: Marshall, Pareto, Durkheim; v. II: Weber.

PEFF, Suzanne; PEFF, Jean. Biographie et mosaïque scientifique. *Actes de la Recherche en Sciences Sociales*, v. 62/63, p. 105-10, jun. 1986.

PHILIPS, Susan. Participant structures and communicative competence: warm springs children in community and classroom. In: CAZDEN, Courtney B.; JOHN, Vera P.; HYMES, D. Hymes (Eds.). *Functions of language in the classroom*. New York: Teachers College Press, 1972. 394 p.

POISSON, Yves. *La recherche qualitative en éducation*. Québec: Presses de l'Université du Québec, 1990. 174 p.

POLLARD, Andrew. Negotiating deviance and "getting done" in primary school classrooms. In: BARTON, L.; MEIGHAN, R. (Eds.). *Schools, pupils and deviance*. Driffield: Nafferton Books, 1979. p. 89.

PONTES SPOSITO, Marília. Uma perspectiva não escolar no estudo sociológico da escola. In: PAIXÃO, Lea Pinheiro; ZAGO, Nadir (Orgs.). *Sociologia da educação:* pesquisa e realidade brasileira. Petrópolis: Vozes, 2011. 261 p.

PORRINI, Ruth Akers. *Élèves d'origine maghrébine en C.E.S. Entre compétences communes et expériences diversifiée:* une spécificité paradoxale. 1992. Tese (Doutorado em Sociologia) — Université de Nice-Sophia Antipolis, Nice.

PSATHAS, George. Approaches to the study of the world of everyday life. *Human Studies*, v. 3, p. 3-17, 1980.

PUJADE-RENAUD, Claude. *L'école dans la littérature*. Paris: Éditions ESF, 1986. 216 p.

_____; ZIMMERMANN, Daniel. *Voies non verbales de la relation pédagogique*. 2. ed. Paris: Éditions ESF, 1979. 118 p.

RECK, Andrew J. *Selected writings:* George Herbert Mead. Chicago: University of Chicago Press, 1964. 416 p.

RISTI, Ray. Student social class and teachers' expectations: the self-fulfilling prophecy in ghetto education. *Harvard Educational Review*, v. 40, p. 411-50, 1970.

_____. Social distance and social inequality in a kindergarten classroom: an examination of the "cultural gap" hypothesis. *Urban Education*, v. 7, p. 241-60, 1972.

_____. *The urban school:* a factory for failure. Cambridge: The MIT Press, 1973.

_____. On understanding the processes of schooling: the contributions of labeling theory. In: KARABEL, J.; HALSEY, A. H. *Power and ideology in education*. 3. ed. New York: Oxford University Press, [1977] 1979. p. 292-305.

ROBINS, David; COHEN, Phillip. *Knuckle sandwich:* growing up in the working-class city. Londres: Pelican Books, 1978. 203 p.

ROSE, Arnold M. (Ed.). *Human behavior and social processes. An interactionist approach.* Boston: Houghton Mifflin Company, 1962a. 680 p.

_____. A systematic summary of symbolic interaction theory. In: _____ (Ed.). *Human behavior and social processes. An interactionist approach.* Boston: Houghton Mifflin Company, 1962b. p. 3-19.

ROSENBAUM, James. *Making inequality:* the hidden curriculum of high school. New York: Wiley, 1976. 238 p.

ROSENTHAL, Robert; JACOBSON, Lenore. *Pygmalion in the classroom:* teacher expectation and pupils' intellectual development. New York: Holt, Rinehart and Winston, 1968. 240 p.

_____; _____. *Pygmalion à l'école.* Paris: Casterman, 1971. 294 p.

ROTH, David R. *Children's linguistic performance as a factor in school achievement.* 1972. Tese (Ph. D.) — University of California, Santa Barbara.

SACKS, Harvey. Sociological description. *Berkeley Journal of Sociology*, v. VIII, p. 1-16, 1963. Tr. fr. *Cahiers de Recherche Ethnométhodologique*, Laboratoire de Recherche Ethnométhodologique, Université de Paris VIII, n. 1, 1993.

SARUP, Madan. *Marxism and education.* London: Routledge and Kegan Paul, 1978. 224 p.

SCHEGLOFF, Emanuel. Between micro and macro: contexts and other connections., In: ALEXANDER, J. et al. *The micro-macro link.* Berkeley: University of California Press, 1987. 400 p.

_____. Repair after next turn: the last structurally provided defense of intersubjectivity in conversation. *American Journal of Sociology*, v. 97, n. 5, p. 1295-1345, mar. 1992.

SCHÜTZ, Alfred. *Le chercheur et le quotidien.* Paris: Méridiens-Klincksieck, 1987. 286 p.

SHAW, Clifford R. *Brothers in crime.* Chicago: University of Chicago Press, 1938. 364 p.

_____. *The Jack-Roller:* a delinquent boy's own story. 2. ed. Chicago: University of Chicago Press, [1930] 1966. 205 p.

SHAW, Clifford R. *The natural history of a delinquent career.* 2. ed. Chicago: University of Chicago Press, [1931] 1968, 280 p.

SKINNER, Burrhus F. *Science and human behavior.* New York: Macmillan, 1953. 461 p.

_____. *Verbal behavior.* New York: Appleton-Century-Crofts, 1957. 478 p.

SIGNORINI, Jacqueline. De Garfinkel à la communauté électronique Géocub: essai de méthodologie (et recherche des fondements). *DEA d'Ethnologie,* Université de Paris VII, p. 78, 1985.

SIROTA, Régine. La classe: un ensemble désespérément vide ou un ensemble désespérément plein? *Revue Française de Pédagogie,* v. 80, p. 69-89, 1987.

SMITH, Louis. The micro-ethnography of the classroom. *Psychology in the Schools,* v. 4, p. 216-21, 1967.

SPEIER, Matthew. The everyday world of the child. In: DOUGLAS, Jack. *Understanding everyday life:* toward the reconstruction of sociological knowledge. Londres: Routledge and Kegan Paul, 1971. p. 188-217.

_____. The child as a conversationalist: some culture contact features of conversational interaction between adults and children. In: HAMMERSLEY, Martyn; WOODS, Peter Woods (Eds.). *The process of schooling.* Londres: Routledge and Kegan Paul, 1976. p. 98-103.

SPLINDER, George (Ed.). *Education and anthropology.* Stanford: Stanford University Press, 1955. 302 p.

_____ (Ed.). *Education and cultural process:* toward an anthropology of education. New York: Holt, Rinehart & Winston, 1974. 561 p.

_____. *Doing the ethnography of schooling:* educational anthropology in action. New York: Holt, Rinehart and Winston, 1982. 257 p.

_____; SPINDLER, Louise (Eds.). *Interpretive ethnography of education:* at home and abroad. Hillsdale: Lawrence Erlbaum Associates, 1987. 506 p.

SPOSITO, Marilia Pontes. Uma perspectiva não escolar no estudo sociológico da escola. In: ZAGO, Nadir; PAIXÃO, Léa P. *Sociologia da educação. Pesquisa e realidade brasileira.* 2. ed. Petrópolis: Vozes, 2011.

_____. A Sociologia e a vida cotidiana: a contribuição pioneira de José de Souza Martins. In: FREHSE, Fraya (Org.). *A Sociologia enraizada de José de Souza Martins.* São Paulo, 2015. (No prelo.)

STEBBINS, Robert. The meanings of academic performance: how teachers define a classroom situation. In: WOODS, Peter; HAMMERSLEY, Martyn. *School experience:* explorations in the sociology of education. Londres: Croom Helm, 1977. 298 p.

STENHOUSE, Lawrence. *An introduction to curriculum research and development.* Londres: Heinemann Educational, 1975. 160 p.

STRAUSS, Anselm. *La trame de la négociation. Sociologie qualitative et interactionnisme.* Paris: Éditions L'Harmattan, 1992a. 320 p.

_____. *Miroirs et masques. Une introduction à l'interactionnisme.* Paris: A.-M. Métailié, 1992b. 194 p.

_____. *Espelhos e máscaras:* a busca da identidade. São Paulo: Edusp, 1999.

STUBBS, M.; DELAMONT, S. (Eds.). *Explorations in classroom observation.* Londres: Wiley, 1976.

SUTHERLAND, Edwin H. *The professional thief.* Chicago: University of Chicago Press, 1937; tr. fr. *Le voleur professionnel.* Paris: Éditions Spes, 1963. 164 p.

THOMAS, William I. *The child in America.* New York: Knopf, 1928. 583 p. (Em colaboração com Dorothy S. Thomas.)

_____; ZNANIECKI, Florian. *The polish peasant in Europe and America.* Chicago: Chicago University Press, [1918-1920]/New York: Knopf, 1927. 2232 p.

THOMPSON, Edward. *A miséria da teoria.* Rio de Janeiro: Zahar, 1981.

THRASHER, Frederic M. *The gang:* a study of 1313 gangs in Chicago. 2. ed. Chicago: University of Chicago Press, [1927] 1963. 388 p.

TROTTIER, Claude. La "nouvelle" sociologie de l'éducation en Grande--Bretagne: un mouvement de pensée en voie de dissolution?.*Revue Française de Pédagogie,* n. 78, p. 5-20, 1987.

TURNER, Ralph. Sponsored and contest mobility and the school system. *American Sociological Review,* v. 25, p. 855-67, dez. 1960.

VERON, Eliseo. Vers une logique naturelle des mondes sociaux. *Communications,* v. 20, p. 246-78, 1973.

VICTOROFF, D. *G. H. Mead:* sociologue et philosophe. Paris: PUF, 1953. 152 p.

WALLER, Willard W. *The sociology of teaching.* 2. ed. New York: John Wiley & Sons, [1932] 1967. 468 p.

WAX, M. (Ed.). *Within these schools* (Project Report, NIE-G-789-0046). Washington, DC: National Institute of Education, 1979.

WERTHMAN, Carl. Delinquents in schools: a test for the legitimacy of authority. *Berkeley Journal of Sociology*, v. 8, n. 1, p. 39-60, 1963.

WEST, Candance. Against our will: male interruptions of females in cross-sex conversation. *Annals of the New York Academy of Sciences*, v. 327, p. 81-97, 1979.

_____; ZIMMERMAN, Don H. Womens' place in everyday talk: reflections on parent-child interaction. *Social Problems*, v. 24, p. 521-29, 1977.

WILLIS, Paul E. *Learning to labour:* how working class kids get working class jobs. Westmead: Gower Publications, 1977. 204 p.

_____. *Aprendendo a ser trabalhador:* escola, resistência e reprodução social. Porto Alegre: Artes Médicas, 1991. 233 p.

WILSON, Thomas P. Normative and interpretive paradigms in sociology. In: DOUGLAS, Jack D. *Understanding everyday life:* toward the reconstruction of sociological knowledge. Chicago: Aldine Publishing Company, 1970. p. 57-79.

_____. Social structure and social interaction. INTERNATIONAL CONFERENCE ON ETHNOMETHODOLOGY AND CONVERSATION ANALYSIS. Boston, Boston University, ago. 1985.

WIRTH, Louis. *The ghetto.* Chicago: University of Chicago Press, 1928; tr. fr. *Le ghetto.* Tradução de P.-J. Rotjman. Saint-Martin-d'Hères: Presses Universitaires de Grenoble, 1980. 309 p.

WITTGENSTEIN, Ludwig. *Wörterbuch für Volksschulen.* Vienne: Hölder--Pichler-Tempsky, 1926.

_____. *The blue and brown books.* Oxford: Basil Blackwell, 1958.

_____. *Remarques philosophiques.* Tradução para o francês de J. Fauve. Paris: Gallimard, 1975. 330 p.

_____. *Grammaire philosophique.* Tradução para o francês de M.-A. Lescourret. Paris: Gallimard, 1980. 494 p.

WITTGENSTEIN, Ludwig. *Remarques sur les fondements des mathématiques.* Tradução para o francês de M.-A. Lescourret. Paris: Gallimard, 1983. 352 p.

_____. *Le cahier bleu et le cahier brun.* Paris: Gallimard, 1988 [1965]. 423 p.

WOODS, Peter (Ed.). *Pupil strategies:* explorations in the sociology of the school. Londres: Croom Helm, 1980. 220 p.

_____. *Sociology and the school:* an interactionist viewpoint. Londres: Routledge & Kegan Paul, 1983. 204 p.

_____. *Inside schools. Ethnography in educational research.* Londres: Routledge & Kegan Paul, 1986. 204 p.

_____. *L'ethnographie de l'école.* Paris: A. Colin, 1990. 176 p.

_____; HAMMERSLEY, Martyn, *School experience*: explorations in the sociology of education. Londres: Croom Helm, 1977. 298 p.

_____; POLLARD, Andrew (Eds.). *Sociology and teaching. A new challenge for the sociology of education.* Londres: Croom Helm, 1988. 239 p.

WOOTTON, A. The management of grantings and rejections by parents in request sequences. *Semiotica*, v. 37, p. 59-89, s.d.

_____. Children's use of address terms. In: FRENCH, Peter; MACLURE, Margaret (Eds.). *Adult-child conversation.* Londres: Croom Helm, 1981. p. 42-58.

YOUNG, Michael (Ed.). *Knowledge and control:* new directions for the sociology of education. Londres: Collier-Macmillan, 1971. 289 p.

ZIMMERMAN, Don H. *Fieldwork as a qualitative method.* Documento mimeografado, 18 p., comunicado pelo autor [s.l.; s.d.].

_____. The practicalities of rule use. In: DOUGLAS, Jack D. (Ed.). *Understanding everyday life:* toward the reconstruction of sociological knowledge. Chicago: Aldine Publishing Company, 1970. p. 221-38.

_____; WEST, C. Sex roles, interruptions and silences in conversation. In: THORNE, B.; HENLEY, N. Henley (Eds.). *Language and sex:* difference and dominance. Rowley, MA: Newbury House, 1975.

_____; WIEDER, Lawrence. Ethnomethodology and the problem of order: a comment on denzin. In: DOUGLAS, Jack D. (Ed.). *Understanding everyday life:* toward the reconstruction of sociological knowledge. Chicago: Aldine Publishing Company, 1970. p. 287-95.

ZIMMERMANN, Daniel. *La sélection non-verbale à l'école.* Paris: Éditions ESF, 1982a. 160 p.

_____. *Observation et communication non-verbale en école maternelle.* Paris: Éditions ESF, 1982b. 146 p.

ÍNDICE ONOMÁSTICO*

A

Ackermann, W. 62n.
Adler, Patricia 43, 91
Adler, Peter 43, 91
Akers Porrini, R. 165
Alexander, J. 52n.
Althusser, L. 184
Anderson, N. 70
Anyon, J. 106
Ardoino, J. 67

B

Bagley, W. C. 83
Baker, Carolyn D. 171
Baker, Gordon P. 221n., 224
Ball, S. J. 96-98, 105
Barbera-Stein, L. 120
Barton, L. 99n.
Baudelot, C. 128
Becker, H. 17, 70, 71n., 74n., 75n., 78n., 86-89, 95, 103, 115, 116n., 119n., 200

Bernstein, B. 111, 124
Berthelot, J.-M. 19n., 187
Besnier, N. 53
Blumer, H. 37, 71-72, 90
Bourdieu, P. 17, 20, 25, 48, 49n., 99, 128, 179-186, 188
Bouveresse, J. 217-221, 223n., 224
Brophy, J. E. 121
Burgess, E. W. 70, 77
Burgess, Robert G. 129n., 197n.

C

Cazden, C. B. 164n.
Chapoulie, J.-M. 74n.
Chauviré, C. 225
Chomsky, N. 182, 195-196
Cicourel, A. V. 27-29, 31, 44n., 46n., 56-61, 128, 134, 137-139, 141-142, 149, 150n., 158, 166, 171n.
Clark, B. 158
Cohen, P. 105
Coleman, J. 168

---

* O sinal "n." remete as entradas que se encontram nas notas de rodapé.

Collins, R. 44-45, 48
Cometti, J.-P. 236n.
Conein, B. 50n., 62n.
Coulon, A. 13, 16-18, 20n., 50n., 69n., 146n., 160n., 172n.
Cressey, P. G. 70
Crittenden, K. S. 211n.
Cuff, E. C. 128, 171n.

D

Daden, I. 53
de Fornel, M. 50n.
Delamont, S. 101n.
Denzin, N. 72n., 207n.
Dewey, J. 71
Douglas, J. D. 27n., 36n., 75-76, 119n., 170n., 205n., 207n.
Dulong, R. 27n.
Durand, G. 223n.
Durkheim, E. 14, 27, 46, 65, 72, 203, 204

E

Emerson, R. 133n.
Entwistle, N. J. 92n.
Erickson, F. 128, 131, 158-162, 164
Esland, G. 111
Establet, R. 128

F

Faris, E. 77
Fauve, J. 219n.
Fontana, A. 43
Forquin, J.-C. 109
Freebody, P. 171
Freinet, C. 85
French, P. 170

Freud, S. 80
Furlong, V. 101

G

Gabel, J. 213
Garfinkel, H. 16, 20-35, 37, 44, 50n., 64, 66, 93n., 132, 136, 147, 177, 190-191, 193, 203, 208-211, 213-215, 225-226, 232
Geer, B. 86
Gidlow, B. 192
Giesen, B. 52n.
Giglioli, P. 124n.
Giroux, H. A. 106
Glaser, B. 102
Goffman, E. 16, 41, 44, 49n., 75, 76n., 158, 160n.
Gold, R. L. 91
Goodenough, W. 195
Good, T. L. 121
Guest, G. 63n.
Guigues, C. 62n.
Gumperz, J. 196

H

Hacker, P. M. S. 221n., 224
Halsey, A. H. 117n.
Hammersley, M. 98n., 101n., 170n.
Hanna, J. 123
Hargreaves, Andy 105
Hargreaves, David H. 92, 102
Harvey, O. J. 25n., 147n., 208n.
Heap, J. L. 171
Heidegger, M. 44
Henley, N. 54n.
Heritage, J. 50n.
Hertweck, A. 151n.

Hester, S. 129
Heyman, R. 171
Hill, R. J. 211n.
Hollingshead, A. 166
Hughes, E. C. 86, 96, 133n.
Humphries, S. 105
Husserl, E. 25, 44
Hustler, D. 128, 129, 197
Hymes, D. 164n., 195, 196

J

Jacobson, L. 118, 122
James, W. 71
Janowitz, M. 70n.
Jefferson, G. 50n.
Jennings, Kenneth 134
Jennings, Sybillin 134
John, V. P. 164n.
Jules-Rosette, B. 122, 124, 191

K

Karabel, J. 117n.
Katz, J. 35n.
Keddie, N. 112
Kerckhoff, A. 42
Kitsuse, J. 116, 128, 137-139, 141-142, 158, 166
Knorr-Cetina, K. D. 44n., 46-48, 56n.

L

Labov, W. 124, 196
Lacan, J. 64
Lacey, C. 103
Lefèbvre, H. 179n.
Leiter, K. 134n., 171

Lemert, E. 117
Lescourret, M.-A. 220n., 221n.
Lévi-Strauss, C. 184
Lobrot, M. 67n.
Longshore, D. 122n.
Lowy, R. 72n.

M

Macbeth, D. 171, 172n.
Maclure, M. 170
Mannheim, K. 213
Marlaire, C. L. 170
Martins, José de Souza 13n., 15
Matza, D. 17, 76, 199-200
Maynard, D. W. 170
McDermott, R. P. 128, 131, 147-149, 162-163
McHoul, A. W. 129
McKay, R. W. 134n.
McLaren, P. 106
Mead, G. H. 37n., 71-73, 75, 88, 90, 109
Measor, L. 100
Mehan, H. 42, 118, 122, 124, 128-130, 132, 134-135, 137n., 143-147, 149-152, 154-157, 161, 195-196, 217
Meighan, R. 99n.
Meihls, J. L. 151n.
Merleau-Ponty, M. 44, 191
Miller, D. L. 72n.
Moerman, M. 53
Mohatt, G. 162, 164
Münch, R. 52n.

N

Nisbet, J. D. 92
Nixon, Jon 107
Nixon, Richard 55

O

Ogbu, J. 124
Ogien, A. 23, 198, 199
Ostrow, J. 172

P

Paixão, Lea Pinheiro 250
Paoletti, I. 172
Paperman, P. 27n.
Park, R. 70, 77
Parsons, T. 14, 22n., 32-34, 37, 43, 46, 138, 146, 190n., 203
Passeron, J.-C. 99n., 128, 179-180, 182-183
Payne, G. C. F. 129, 171n., 197
Peff, Jean 71n.
Peff, Suzanne 71n.
Peirce, C. 71
Philips, S. 164
Poisson, Y. 90n.
Pollard, A. 99, 107-108
Prager, J. 122n.
Psathas, G. 24, 192
Pujade-Renaud, C. 120

Q

Quéré, L. 50n., 62n.

R

Reck, A. J. 71, 72n.
Rist, R. C. 117, 119n.
Robins, D. 105
Rose, A. M. 72, 158n.
Rosenbaum, J. 166-167

Rosenthal, R. 118, 122
Roth, D. R. 134n., 170
Rotjman, P.-J. 70n.
Ryle, G. 224

S

Sacks, H. 50n., 56, 64-65, 136, 190
Saint-Martin, M. de 99n.
Sartre, J.-P. 44
Sarup, M. 113
Schegloff, E. 49n., 50, 52-55, 74n.
Schütz, A. 16, 25, 27-28, 38, 44, 88, 109, 111
Searle, J. R. 224
Seeman, M. 122
Shaw, C. R. 70
Shultz, J. 160
Shumsky, M. 134n.
Signorini, J. 214
Sirota, R. 162
Skinner, B. F. 37
Smelser, N. J. 52n.
Smith, L. 131-132
Speier, M. 170
Spindler, George 123n., 148n., 162n., 164n.
Spindler, Louise 162
Stebbins, R. 98
Stenhouse, L. 106
Strauss, A. 74n., 86, 102
Stubbs, M. 101n.
Sutherland, E. H. 70, 199

T

Thomas, Dorothy S. 95n.
Thomas, William I. 70, 80, 95
Thompson, E. 15n.
Thorne, B. 54n.

Thrasher, F. M. 70
Trottier, C. 110-111, 113
Turner, Ralph 141
Turner, Roy 169n.

V

Van Gennep, A. 102
Veron, E. 222
Victoroff, D. 71n.
Vidal, D. 62n.

W

Waller, W. W. 77-85, 96-97
Watson, R. 129
Wax, M. 123
Weber, M. 14, 33, 203
Werthman, C. 99
West, C. 54
Wieder, L. 203, 207, 212-213, 217

Willis, P. E. 104-105
Wilson, T. P. 36-39, 48-49, 203, 213
Winkin, Y. 49n.
Wirth, L. 70
Wittgenstein, L. 63-64, 203, 217-221, 223-226, 232, 236
Witty, G. 149
Woods, P. 90n., 92, 95, 96n., 98-102, 107-108, 170n.
Wootton, A. 170

Y

Young, M. 15, 110-112

Z

Zimmerman, Don H. 54, 135-136, 203, 205-207
Zimmermann, Daniel 120
Znaniecki, F. 14, 70n.

SOBRE O AUTOR

ALAIN COULON nasceu em Blois, na França, graduou-se em Sociologia e Psicologia pela Universidade de Tours, doutorou-se em Letras e Ciências Humanas, pela Universidade Paris 8.

Foi professor de Sociologia na Universidade Argel (Argélia) entre 1973 e 1977, em seguida volta a Paris e assume, em 1990, as funções de professor titular de Ciências da Educação na Universidade Paris 8, onde exerceu diversos cargos de gestão: Membro do Conselho Universitário, Presidente da Comissão de Especialista em Ciências da Educação, Diretor da Faculdade de Educação, dentre outras.

Foi Diretor do Centro de Iniciação ao Ensino Superior (CIES-Sorbonne), encarregado de preparar novos professores universitários (1998-2004), e Diretor-Geral do Centro Nacional de Documentação Pedagógica (2004-2005).

Orientou vários mestrados e doutorados tratando da temática do Ensino Superior em diferentes países da Europa e da África. Realizou e publicou os resultados de inúmeras pesquisas, nacionais e internacionais, relacionadas à vida universitária. Convidado para conferências em diferentes universidades no Japão, Espanha, Itália, Inglaterra, Bélgica, Estados Unidos, Coréia do Sul, Argentina, Brasil etc.

Publicou artigos e livros que são referência na área da sociologia do ensino superior e da etnometodologia traduzidos em diferentes idiomas, inclusive em português: *Etnometodologia, Etnometodologia e Educação, Escola de Chicago, A condição de Estudante*.

Entre 2009 e 2012 foi Diretor-Geral da Estratégia para o Ensino Superior e para Inserção Profissional do Ministério do Ensino Superior da França.